"十三五"国家重点出版物出版规划项目

转型时代的中国财经战略论丛

中国的城镇化与经济增长研究

孔艳芳 著

中国财经出版传媒集团
经济科学出版社
Economic Science Press

图书在版编目（CIP）数据

中国的城镇化与经济增长研究/孔艳芳著 . —北京：经济科学出版社，2019.11

（转型时代的中国财经战略论丛）

ISBN 978-7-5218-0880-3

Ⅰ.①中… Ⅱ.①孔… Ⅲ.①城市化-关系-经济增长-研究-中国 Ⅳ.①F299.21②F124

中国版本图书馆 CIP 数据核字（2019）第 202499 号

责任编辑：于　源
责任校对：王苗苗
责任印制：李　鹏

中国的城镇化与经济增长研究

孔艳芳　著

经济科学出版社出版、发行　新华书店经销

社址：北京市海淀区阜成路甲28号　邮编：100142

总编部电话：010-88191217　发行部电话：010-88191522

网址：www.esp.com.cn

电子邮件：esp@esp.com.cn

天猫网店：经济科学出版社旗舰店

网址：http://jjkxcbs.tmall.com

北京季蜂印刷有限公司印装

710×1000　16 开　16 印张　250000 字

2019 年 11 月第 1 版　2019 年 11 月第 1 次印刷

ISBN 978-7-5218-0880-3　定价：56.00 元

（图书出现印装问题，本社负责调换。电话：010-88191510）

（版权所有　侵权必究　打击盗版　举报热线：010-88191661

QQ：2242791300　营销中心电话：010-88191537

电子邮箱：dbts@esp.com.cn）

序　言

转型时代的中国财经战略论丛

新中国成立七十年来，中国特色社会主义经济体制改革的不断深化与经济制度的日益完善，推动着经济社会较快发展，经济总量跃居世界第二，人民生活水平大幅提高，创造了"增长的奇迹"；与此同时，经济结构不合理、创新驱动不足、增长效率较低等不平衡不充分的问题日益凸显并成为发展面临的主要矛盾。尤其是2008年全球性金融危机全面爆发以来，在全球化进程日益深化的背景下国际经济增长整体乏力，进出口贸易对中国经济增长的驱动急剧下滑，对中国未来经济持续健康的增长提出新挑战。在国内外因素的共同作用下，近年来中国的经济发展步入新常态，经济增长率由10%以上的超高速增长向中高速降档，增长动力由要素、投入驱动向创新驱动转换，发展方式由粗放式向集约式转换。在此背景下，结构性失衡尤其是区域发展不均衡问题日益突出，并成为中国特色社会主义现代化建设新时代下寻找新的经济增长点、实现经济增长数量与质量全面提升的关键突破口，是当前改革开放进程日益深化与全面建成小康社会等奋斗目标实践过程中所要解决的关键难题。

在区域经济社会发展过程中，城市经济的增长吸引着大量农村人口流入。20世纪80年代以来具有地方特色的"苏南模式""温州模式""成都模式"等典型模式的形成，开启了中国特色的城镇化建设热潮，部分农村地区或自发地、或被动地向城市形态转化和过渡，推动着城市规模的扩张，中国的城镇化建设获得快速发展。截至2018年我国城镇常住人口总量由1978年的1.7亿人次增加到8.1亿人次，城市数量由193个增至661个，以中心城市为核心的城市集群逐渐形成并日益壮大，工业化、信息化与现代化等多元化建设稳步推进。城市增长极的外显式扩张在促进城市部门经济跨越式增长的同时，亦对农村地区的经济发展和现代化建设形成较强的外溢效应。城镇化建设作为一项系统的工程，不仅包含着城市规模的扩张与数量的增多，还体现为城市文化社会体系向农村的渗透、农村人口与城市居民的融合等多元内涵，是经济社会转型中的重要过渡阶段，也是发展中国家普遍面临的主要社会形态，对其经济增长起到至关重要的作用。根据城镇化建设的具体进程，中国的城镇化可划分为传统粗放型城镇化与"以人为本"的新型城镇化两个阶段；根据城镇化建设的主要实现形式不同，可分为"人口城镇化"与"土地城镇化"等形态；根据建设质量差异，又可将城镇化细分为"常住人口城镇化"与"市民化"等环节。改革开放以来，中国的城镇化建设在推动城乡经济持续增长与现代化进程有效推进的同时，粗放的城镇化建设模式也积累了"量"与"质"增长的不匹配、资源空间配置的不协调、文化失范与价值冲突、社会阶层的分化等新问题，对经济持续健康增长产生一定的负面影响，进而推动着传统粗放型城镇化向"以人为本"的新型城镇化建设模式转化。

针对新中国成立以来中国经济发展所获得的巨大成就及新时代下经济增长面临的新问题，本书以区域经济均衡增长的主要实现途径——城镇化建设为研究视角，以马克思主义城乡关系理论和中国特色社会主义理论体系为指导，借鉴了西方经济学中相关增长理论，从城乡间要素流动与空间配置所产生的集聚效应和扩散效应入手，对中国城镇化建设的具体内容、实现形式、对经济增长数量与质量的作用进行系统研究。主要研究思路和内容设置如下：

首先，在对已有文献和相关理论进行梳理的基础上，探讨了城镇化建设推动经济增长的一般规律，并对世界各国的城镇化建设模式及其对经济增长的影响进行对比总结。研究发现在城乡二元经济结构下，城镇化建设是推动区域经济有效增长的重要途径；而城镇化对经济增长正向作用的发挥，需与生产力的发展水平相适应，超前或滞后的城镇化均会对经济增长产生不利影响。在借鉴国际经验的基础上，将中国的城镇化建设水平与经济发展情况进行国际比较，得出在适当的人口集聚度下，中国现阶段的城镇化建设处于有效推动经济增长的良好阶段，提高城镇化建设水平和建设质量是实现区域经济持续健康增长的动力源泉。

其次，在城镇化对经济增长"量"的影响研究基础上，立足于中国传统城镇化与新型城镇化建设等具体进程，以创新、协调、绿色、共享、开放等科学发展理念为先导，从人口城镇化、土地城镇化等城镇化建设具体内容出发，分别对产业结构优化、TFP增长和城乡收入差距等反映经济增长"质"的内容进行机制分析与经验论证，以系统说明城镇化建设具体过程对经济增长数量与质量的影响程度及作用机制。为了反映不同地区间、不同发展阶段内城镇化建设的作用程度差异，本书采用了时间序列数据、动态面板数据、微观调研数据等多元化的数据资料，将常住人口城镇化、户籍人口城镇化、土地城镇化建设等城镇化建设主要内容及其滞后项的影响纳入实证研究与经验测度中，以充分说明城镇化建设提升经济增长质量的作用条件与影响路径。

最后，在宏观分析的基础上，基于中国特色社会主义新型城镇化建设中"以人为本"的核心要义，进一步从迁移农民微观视角的切实需求出发，对影响其城镇化模式的选择决策及迁移后幸福感提升的主要因素进行成本收益分析。通过实证分析，探讨了新型城镇化建设过程中全面提升不同个体特征的迁移农民在城镇生活质量及幸福感的具体途径，并据此提出有效缓解城市人口集聚程度不均衡、市民化程度不高、社会阶层分化的针对性对策建议。

通过系统的理论分析和实证论证，本书的主要研究结论如下：

第一，国际比较发现，自改革开放以来，中国的城镇化较快推进并成为影响经济增长的重要因素；但城镇化建设水平仍滞后于发达国家，且不同实现形式间存在显著的不同步现象。其中，人口城镇化明显滞后于土地城镇化使建设质量大打折扣；基于中国城乡二元户籍制度的局限，在人口城镇化建设过程中亦呈现出"迁移"环节与"市民化"环节的阶段性分割特性，城镇化建设质量整体不高，对经济增长的正向推动效应随之受到抑制。因此，要在新型城镇化建设的过程中，逐渐形成经济增长的新动力，挖掘市场新潜力，需在进一步推动城镇化建设数量稳步增加的基础上，更加注重补齐人口城镇化建设短板，全面提升迁移农民的市民化水平，增强城镇化建设与经济增长的协调性。

第二，通过对近年来的产业结构优化度、全要素生产率（TFP）增长水平及城乡居民收入差距等反映经济增长质量的主要指标进行动态跟踪，并分别进行理论研究与实证分析，研究发现中国当前的人口城镇化与土地城镇化建设对经济增长、经济结构优化与创新驱动的形成均起到显著的积极效应，但这一效应的发挥存在明显的时滞性，并且作用的大小和方向存在一定的拐点，过度集聚或过度分散的城镇化对经济结构的优化与经济增长质量的提升均起到阻碍作用。

第三，在对迁移农民的微观样本分析中发现，在城镇化的推进过程中，基于迁移距离的远近，跨省迁移、省内跨市迁移、本市内迁移等不同城镇化实现模式下农民的迁移成本面临显著差异，进而对经济增长的作用呈现出一定的异质性。对于农民个体而言，近距离的就地、就近城镇化更有利于节省迁移成本，实现举家搬迁，是区域经济协同增长新动力的重要来源。迁移后农民幸福感的提升随地区经济发展差异呈现出较强的地域异质性特征，对于来自较东部地区的农民工而言，因流出地良好的经济社会环境，其返乡意愿较为强烈，将在城市所获得的非农收入寄回老家能更好地提升幸福感；而来源于中西部地区的迁移农民，更希望在东部城市购房定居，市民化意愿较强烈。

基于上述结论，本书提出，基于中国传统粗放型城镇化建设经验，在新型城镇建设过程中，要充分释放城镇化建设对经济增长及经济结构优化的正向推动效应，就需在促进城市规模扩张的基础上，更加注重建设质量的提升，可采取以下举措：

第一，基于中国特色社会主义建设过程中城市与乡村经济增长的二元结构现状，在促进城市"增长极"辐射效应有效发挥的同时，要抓住乡村振兴战略重要契机，全面提升农业适度规模经营的质量与效率，加大力度发展农村特色非农经济，以激活城市与乡村经济协调发展的内生动力与市场潜力，推动农业农村现代化与新型城镇化建设的协同并进，构建城市与乡村融合发展的新格局。

第二，全面深化城乡二元体制改革，打破城镇化过程中资源空间配置与区域经济协调增长的制度壁垒与人为局限。以户籍制度的改革为突破口，持续完善城乡土地的征用、流转体制，进一步加强城市群战略的建立力度，要以制度改革的全面深化为保障，在推动城乡间劳动力、土地、资本、公共服务等资源要素自由流动与公平配置的同时，进一步加大对城市包容能力建设的投资、管理力度，全面增强不同等级的城市对流动人口（尤其是迁移农民）的吸纳、服务能力，有节奏地促进城市中"滞留"人口市民化水平的整体提升，推动人口有序流动提高新型城镇化建设质量。

第三，加快推进城乡区域一体化的交通与信息通信网络体系的构建与深度融合，提升都市圈一体化水平。在新型城镇化建设的进一步推进中，要在充分发挥部分大中城市及小城镇辐射效应的同时，要以中心城市的发展为依托，以区域交通、信息、通信网络体系的构建与完善为契机，进一步厘清并合理确定大中小城市与小城镇发展的功能定位、产业布局及开发边界，加强对外圈层城市人口容纳与承接产业转移等能力建设，拓展城乡经济活动空间范围。新型城镇化的建设与区域经济健康有序的发展，要以都市圈模式健康创新式的发展为条件，提升城市增长极的集聚效应与扩散效应，进一步优化城乡互动合作路径，构建大中小城市与小城镇协同发展的新型城镇化体系，形成城乡社会、文化、生态与政治文明融合发展的区域空间新格局，为经济高质量增长提供新的助推力。

目 录

第1章 导论 ... 1
- 1.1 选题背景及研究对象 ... 1
- 1.2 范畴界定 ... 22
- 1.3 主要内容、架构与研究方法 ... 26
- 1.4 研究难点、拟实现的创新和不足 ... 31

第2章 国内外文献综述 ... 34
- 2.1 国外相关文献综述 ... 34
- 2.2 国内相关文献综述 ... 46
- 2.3 文献评述 ... 64

第3章 城镇化与经济增长的理论基础 ... 65
- 3.1 分工理论 ... 65
- 3.2 马克思主义城乡关系理论 ... 66
- 3.3 扩大再生产理论 ... 68
- 3.4 中国特色社会主义城镇化与经济增长相关理论 ... 70
- 3.5 非平衡增长理论 ... 75
- 3.6 核心—边缘理论 ... 77
- 3.7 本章小结 ... 80

第4章 城镇化与经济增长的国际比较及经验借鉴 ... 81
- 4.1 城镇化推动经济增长的国际经验借鉴 ... 81

4.2　城镇化推动经济增长的机制说明及国际经验论证 …………… 90
　　4.3　中国城镇化建设的国际比较 …………………………………… 99
　　4.4　本章小结 ………………………………………………………… 114

第5章　城镇化、产业结构优化与经济增长 ……………………… 116
　　5.1　我国产业间的就业结构现状 …………………………………… 117
　　5.2　城镇化、产业结构优化与经济增长的机制说明 ……………… 124
　　5.3　我国城镇化建设对产业结构优化的实证分析 ………………… 132
　　5.4　本章小结 ………………………………………………………… 138

第6章　城镇化、全要素生产率与经济增长 ……………………… 140
　　6.1　引言 ……………………………………………………………… 140
　　6.2　经济新常态下我国TFP增长率的动态测度 …………………… 148
　　6.3　我国城镇化建设与TFP增长率的实证研究 …………………… 155
　　6.4　本章小结 ………………………………………………………… 166

第7章　城镇化、城乡收入差距与经济增长 ……………………… 168
　　7.1　城乡收入差距的理论借鉴 ……………………………………… 169
　　7.2　我国城乡收入差距的现状说明 ………………………………… 173
　　7.3　城镇化建设对我国城乡收入差距影响的实证分析 …………… 182
　　7.4　本章小结 ………………………………………………………… 193

第8章　我国城镇化建设的微观样本分析 ………………………… 194
　　8.1　问题的提出 ……………………………………………………… 194
　　8.2　我国城乡劳动力迁移的主要特征 ……………………………… 197
　　8.3　城乡劳动力迁移的理论模型构建 ……………………………… 200
　　8.4　城镇化模式个体决策的实证研究 ……………………………… 206
　　8.5　本章小结 ………………………………………………………… 213

第9章　政策建议与研究展望 ………………………………………… 215
　　9.1　提高城镇化建设数量和质量的政策建议 ……………………… 216
　　9.2　城镇化建设推动经济增长的政策建议 ………………………… 223

9.3 研究展望 …………………………………………… 228

参考文献 …………………………………………………… 229
后记 ………………………………………………………… 244

第1章 导　　论

改革开放四十余年来，基于中国特色社会主义制度的优越性及人口红利等资源优势，中国的经济总量获得持续高速增长，并创造了"增长的奇迹"；与此同时，粗放型增长模式下生产力发展不充分不均衡的问题不断积累并日益凸显，对经济增长方式的转变提出新要求。近年来，在国内外因素的共同作用下，中国的经济发展已经告别了过去高速增长的旧时期，并呈现出增速放缓与结构优化并存的新特征，经济发展步入新常态。与此同时，中国还处于城镇化建设快速推进重要机遇期，城镇化率以年均1%的速度较快增长，成为同期世界上城镇化规模最大、发展速度最快的国家之一。在此背景下，如何通过城镇化建设，促进资源要素在城乡间更加合理有效地流动与配置，是实现经济社会持续健康增长、全面建成小康社会奋斗目标的重要议题。作为导论，本章将对选题背景、研究对象、研究方法和思路等内容逐一进行说明。

1.1　选题背景及研究对象

1.1.1　选题背景

1. 国内背景

中国城乡经济的发展及社会形态的转变，与中国特色社会主义政策体制密切相关。新中国成立之初，为打破国际社会对中国的经济封锁，摆脱贫困落后的经济面貌，在计划经济体制下我国实施了重点发展重工业的"赶超型"工业化战略。为降低城镇工业建设成本，在特殊时期，我国对农产品实行"统购统销"的资源控制政策，工农产品的"剪刀差"在促进工业经济较快发展的同时也推动着中国城市与乡村二元经济结构的形成。与此同时，在城乡分割的户籍制度和城市优先发展战略等多重政策因素的共同作用下，城市与乡村在经济发展、公共服务供给、居民生活水平等方面呈现出较大差距，城乡二元结构逐渐形成。20世纪80年代中期，随着户籍限制的逐步放宽与乡镇企业的兴起，大量农村人口向发达的城市地区迁移，中国涌现出第一批"民工潮"，城镇化建设随之兴起，城乡二元结构有所缓解。在市场经济的不断完善和城市经济的快速发展中，以城市要素的集聚为主要实现形式，城镇化进程持续推进，城市规模和人口数量日益增多。

中国的城镇化建设与经济增长密切相关，其中，经济发展过程中的工业化、信息化与农业现代化建设进程的有序推进，为城镇化建设水平的提高提供了技术支持和资金保障。工业化、农业现代化等进程推动着劳动生产率的普遍提升，使更多的农业人口摆脱了土地和农业生产的束缚，农村剩余劳动力数量增多，在为城乡非农产业发展与经济增长提供人力资源供给的同时，也为城镇化建设的有序推进提供了基础和保障。而城镇化建设进程的稳步推进，亦为经济结构调整和经济增长的实现创造了良好的空间和条件。城镇化建设过程中，大量农村人口向收入水平较高的城市迁移、定居，使居民整体的收入水平普遍提高，进而刺激了有效消费需求和公共服务需求，拓展了现有市场空间，促使投资、消费结构随之完善；在需求扩大的同时，城镇化建设过程中劳动力、土地、资本和技术等要素的空间流动与重新配置，有利于城市规模经济下集聚效应和扩散效应的发挥，为高新技术产业的发展、传统产业生产效率的提升、经济结构的优化提供了资源保障，为供给侧结构性改革的推进提供了更为广阔的市场空间，城镇化建设是形成新的经济增长点的重要来源。近年来，中国的城镇化建设保持1%以上较快增长，到2018年达到59.58%，推动着经济总量的较快增长，工业化、信息化、现代化建设进程随之显著提升。2015年中欧城镇化伙伴关系论坛提出：城镇化建设将成未来中国经济增长的持久动力和源泉。因此，在中国特色社会主义现代化建设进程中，城镇化的持续稳步推进与经济的高效健康增长要互为条件，相互促进。

第1章 导 论

从经济增长状况来看，改革开放以来，在工业化的带动下，基于丰富的劳动力资源及能源资源优势，到 2010 年，我国的 GDP 总量跃居世界第二，出口贸易总额持续居世界首位；2018 年，人均国内生产总值达到 6.46 万元。但传统粗放型增长模式忽略了对经济增长质量的关注，发展不充分、不均衡、不协调、不可持续等问题日渐突出，尤其是城乡区域发展的不均衡问题对经济增长方式的转变与经济结构的优化提出新要求。据统计，2012~2018 年，中国的 GDP 增速分别为 7.9%、7.8%、7.3%、6.9%、6.7%、6.8% 和 6.6%，[①] 创近十多年来的新低，经济增速这一持续走低的趋势在国内外引起广泛关注，不少学者担忧中国的经济增速是否已经偏离了潜在的增长率，未来的增长是否有保障。根据国家信息中心的测算，要实现"十八大"提出的"到 2020 年国内生产总值和城乡人均收入比 2010 年翻一番的目标"，"十三五"期间 GDP 增速应维持在 6.5%~7% 的中高速水平；同时，大量学者和研究部门建议将经济增长的底线设定为 6.5%。2014 年，习近平同志首次用"新常态"来描述我国经济发展中出现的新特征和新问题，提出在经济增速不断放缓的新常态下，我国已经告别了过去 30 多年年均两位数的高速增长时代，经济增速虽然放缓，但增量依旧可观，中国仍处于重要战略机遇期。在经济新常态下，通过调结构、促改革来推动经济增长数量和质量的双重提升更为关键。

从城镇化建设状况来看，在中国快速推进的城镇化进程中城乡人地关系发生急剧转变，主要表现为农村优质经济社会资源向城市的单向流动，这一要素流动趋势为城市经济部门的高速增长提供了资源保障，但城乡间劳动生产率的差距逐年扩大，农村经济对经济增长的贡献逐渐减弱，经济的增长主要依靠城镇经济来拉动。根据郑鑫（2014）[②] 的测算，到 2012 年城镇经济对 GDP 的贡献率达到 67%，而农村经济的贡献率仅占 1/3。城市优先发展的空间格局，在促进经济增长的同时，也积累着新的经济社会矛盾。城镇化建设过程中人口流动规模的快速增长与城市基础设施供给的滞后性，使大量迁移农民滞留在城市，难以顺利实现市民化，农民工群体日益壮大，到 2017 年，处于农民和市民之间的

[①] 数据来源于中国国家统计局数据库。
[②] 郑鑫：《城镇化对中国经济增长的贡献及其实现途径》，载于《中国农村经济》2014 年第 6 期。

农民工数量达到 2.86 亿人，其中外出农民工的数量 1.71 亿，城市的包容性建设与容纳能力的提升步伐远滞后于城镇化过程人口规模的扩张，城镇化建设质量随之大打折扣；而在广大农村地区，大量人口资源（尤其是青壮年劳动力）的大规模流失，使不少农村耕地撂荒、宅基地废弃等建设用地闲置的"空心化"现象频现，据统计，全国空心村综合整治增地潜力达到 760 万公顷，城乡之间人口的单向流动与不均衡配置严重制约着经济持续健康的增长与新增长动力的形成，并产生了一系列社会问题。在传统粗放型城镇化建设过程中，不仅乡村与城市的发展存在显著的不平衡，在不同规模的城市间亦出现了发展的不协调问题。如大多数中小城镇中人口、资本、技术等经济社会资源向超大城市、大城市集聚的单一流向特征明显，使大城市（尤其是特大城市）不同程度地出现了人口过度集聚、公共服务资源紧张、环境恶化等"城市病"，而在小城镇，因人口资源聚集程度较低引发的"空城""鬼城"现象频现，城市间资源的流动与空间配置亦显著不均衡。因此，在有序推动城镇化建设数量增加的同时，不断提升城镇化建设质量是当前乃至以后较长时间内我国经济社会建设的重要议题。

基于传统城镇化建设过程中城市与农村间、城市与城市间不均衡增长的经验与教训，党的十八大报告中提出：要坚持走中国特色新型城镇化道路，推动工业化与城镇化良性互动、城镇化与农业现代化相互协调，促进新型工业化、信息化、城镇化、农业现代化同步发展；十八届三中全会提出，要坚持走中国特色新型城镇化道路，推进以人为核心的城镇化，推动大中小城市和小城镇协调发展，至此，中国的城镇化建设逐渐由传统以规模数量扩张为核心的粗放型模式向"以人为核心"的新型城镇化模式转变。《国家新型城镇化规划（2014-2020）》的出台，进一步对中国特色"新型城镇化"发展道路的核心内涵与未来发展具体规划予以明确说明。中国新型城镇化建设的稳步推进，要将创新、协调、绿色、开放、共享的科学发展理念贯穿于城乡建设与经济发展过程中；要摆脱过去城镇化建设依靠廉价劳动力供给、土地资源粗放消耗、非均等化基本公共服务压低成本推动的不可持续型发展模式；要以实现经济社会的持续健康增长为目标，更加强调以人为本，更加注重与新型工业化、信息化、农业现代化的协调发展，更加强调经济社会发展结构的优化布局。

在中国特色社会主义市场经济的结构调整与增长方式转变的过程中，城市和农村协调增长、协同驱动的重要性不容忽视。中国经济发展步入新常态后，要适应新常态、引领新常态，就要在经济结构的调整与增长方式的转变过程中，始终坚持人民的主体地位，将实现好、维护好、发展好最广大人民的根本利益作为首要目标，以城镇化建设数量与质量的双重提升为契机，推动农村发展与城市建设的同步推进。当前，在中国特色社会主义理论体系的指导下，如何通过城镇化建设推动需求侧、供给侧结构性调整，全面提升城乡劳动力、土地、资本、技术等资源的有效配置，以有效促进全面建成小康社会奋斗目标的实现？如何通过劳动力资源的合理流动与配置来促进科技进步与技术创新，有效形成创新驱动以带动经济增速平稳换挡与增长方式的转换？这一系列问题是中国特色社会主义市场经济发展过程中面临的主要问题，也是推动未来经济持续、有效、健康增长的重要源泉。

2. 国际背景

自 20 世纪 80 年代全球化现象出现以来，随着经济全球化进程的逐步深入，技术、资源、劳动力等生产要素和商品、服务等社会产品的跨国流动日益频繁，贸易主体日趋多元化，地区间、国际性的经济管理组织与经济实体逐渐形成并发挥着重要作用，国际间经济、文化、政治、价值观念等各方面的竞争与合作持续深化，全球经济逐渐凝结成为统一的有机整体。经济、金融、贸易、投资等全球化具体进程的推进，为世界经济增长带来了良好机遇，同时也使各国面临着更加激烈的挑战和风险。

2006 年美国金融市场次贷危机出现，之后迅速波及欧盟和日本等主要金融市场，演化为席卷全球的国际性金融危机。2008 年以来，受国际金融危机的影响，全球经济在经历了一次重大冲击后，主要金融市场大多步入经济缓慢恢复的后危机时代，全球货物、服务与直接投资流量明显下滑。为了早日摆脱金融危机的影响，美国、日本、英国、法国、希腊等政府纷纷采取积极的刺激性政策，但仍难以逃离经济增速缓慢和失业严重等困境。与此同时，随着救市规模的不断扩大，政府长期负债的压力也成为各国面临的共同难题。其中，2009 年希腊政府因巨额财政赤字，三大评级机构对其信用评级连续下调，引发市场恐慌，加剧了区域经济的低迷状况；随后西班牙、比利时、葡萄牙、意大利、爱尔兰等欧洲国家陆续陷入政府债务危机的困扰，欧债危机全面爆发。国家财政赤字严重、政府投资乏力、失业比重持续上升等问题使欧洲的经济发展面临巨大挑战。为了维护经济稳定，欧元区陆续通过金融稳定工具（EFSF）、欧洲稳定机制（ESM）等举措向希腊等债务危机严重的国家进行援助，并对银行进行大规模重组，以维护欧元区投资者的信心，但对经济增长的刺激效应并不显著，全球贸易增长乏力。2015年IMF的研究报告显示，金融危机的扩散使全球经济不均衡问题加重，人口结构老龄化的趋势使潜在增长率严重受限；新兴国家的较快增长在一定程度上缓解了世界经济增长的疲软程度，但其对整体经济增长的支持和拉动作用有限。在全球经济处于增速减缓的新背景下，我国的外贸环境恶化，其中，出口总额的增速远滞后于GDP的增长，在2009年我国出口总额呈16%的负增长。

为摆脱后危机时代的困扰，实现经济较快复苏，欧美各国在多轮扩张性政策收效甚微之后，逐渐转变发展模式。如美国自2009年之后多次出台政策，实施"再工业化""重振制造业"发展战略；德国于2010年发布了《高技术战略2020》，提出"工业4.0"新战略，并于2014年出台《数字议程（2014~2017）》，以全面实现柔性智能制造，持续增强制造业竞争力；2014年，日本和韩国先后发布了《制造业白皮书》和《制造业创新3.0战略》等方案，将智能机器人、新一代清洁能源汽车、3D打印技术等创新产业的发展作为带动未来经济增长的重点领域。当前，以智能制造业为主要特征的新型工业化发展战略在全球范围的形成与扩张，为新一轮工业革命的兴起与新经济增长点的形成创造了条件；与此同时，也对全球化形成新冲击，助推了美国退出TTP、英国脱欧等"反全球化"趋势的出现，世界经济格局发生系列转变，呈现出逆全球化、自由化、数字化等新特征。

在欧美国家深度调整寻找经济增长动力的同时，大量发展中国家也面临着严峻的增长问题。在经过20世纪90年代的较快增长后，大多数发展中国家经济增长缓慢，步入"中等收入陷阱"，未能成功跨入发达国家行列，经济社会问题不断呈现，其中，在城镇化建设过程中城市人口规模与物资集聚程度的不匹配问题严重，成为大多数发展中国家面临的主要社会矛盾。如在印度、巴西、墨西哥等国，大城市中人口增速远超过物质资料的增长，过度城镇化导致城市人口膨胀，基础设施投资难以满足人口集聚的需要，失业问题严重，贫民窟频现，社会负担沉重。如何有效发挥城市经济在整体经济增长中的拉动作用，通过城镇化建设推动社会结构优化和经济增长也是发展中国家普遍面临的共同议题。

中国市场空间广阔、物质资源丰富、综合国力不断提升，在改革开放进程中与经济全球化的关系已经实现了由"旁观者"向"参与者"的转化，并正面临着"引领者"角色的抉择，对世界经济的影响日益增强。当前，中国正处在经济结构调整和增长方式转换的关键时期，正推动着人类历史上规模最大的城镇化建设进程，充分发挥城镇化在推动经济持续增长中的积极作用，是影响中国能否顺利完成由传统"高增长引领"模式向"高质量引领"新模式成功过渡的主要因素，也是实现全面建成小康社会奋斗目标，推动世界经济平稳复苏的重要条件。因此，中国的城镇化建设，要在总结发达国家经验的同时，积极借鉴发展中国家城市发展中出现问题的原因及经验教训；加强城镇化建设方面的国际交流，尤其是增加在构建智慧城市、节能环保、公共服务等项目上的合作，推动与世界各国的各项合作由务虚向务实转化，在相互依存中找到共同利益点，构建更加包容、更加和谐的城镇化发展新格局，充分利用好国际国内两个市场、两种资源，创造良好的城镇化建设、投资、消费环境，以实现经济持续有效增长。

1.1.2 研究对象

在国际金融危机和国内增长方式转变等因素的共同作用下，我国的经济发展步入新常态，面临着"稳增长、调结构、转方式"等多重压力，通过全面深化改革提高现有资源的配置效率和生产效率，发挥城市发展对农村经济的带动作用是今后经济持续增长的重要实现途径。当前，在社会主义初级阶段生产力发展不充分、不均衡的时代背景下，中国要实现经济的持续健康增长、在全球格局重构与优化中发挥更为重要的作用，需不断坚持并完善中国特色社会主义经济体制，始终坚持以人民为中心的发展思想，通过经济结构的调整和改革进程的全面深化，加快转变经济增长方式，消除阻碍经济持续增长的制度障碍，主动适应新常态、引领新常态。在此背景下，本书借鉴了世界各国城镇化建设的经验和教训，以马克思主义城乡理论和中国特色社会主义城镇化建设与经济增长理论为指导,对城镇化建设对于经济结构调整、要素配置效率提高和城乡经济协调发展等影响进行说明。

简言之,本书立足于中国经济增长步入新常态后出现的新问题,以城镇化建设对经济增长的作用为主要研究对象。

1. 我国经济发展步入新常态的阶段界定

为了对我国的经济增长所取得成就及经济发展步入新常态新阶段进行准确的阶段性描述,基于世界银行数据库,本书对 1978 年以来我国的 GDP 增速与高等收入国家、中等收入国家和低等收入国家进行了对比。得出我国经济增长速度的变动呈一定的周期性波动趋势,其中,1996 年之前的波动幅度较大;1996 年经济实现"软着陆"后,增长的波动幅度逐渐平稳,接近世界平均水平。2010 年以前,我国的经济一直保持 8% 以上的高速增长[①],但从增幅来看,在 2008 年之后,我国经济增速虽高于各收入水平国家的平均增速,但经济增长率持续放缓(详见图 1-1 所示)。

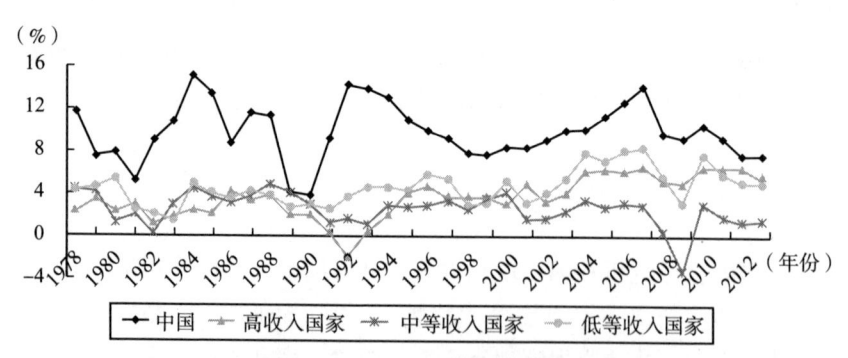

图 1-1 我国与不同收入水平国家的 GDP 增速对比

注:所需数据均来自世界银行官网数据库。

按照"谷—谷"的划分标准,1978 年改革开放以来,我国的经济增长主要表现为以下几个周期:1981 年以前为第一个周期,经济增速呈递减的趋势,1981 年降至 5.24%。1982~1990 年为第二个周期,随

---

① 当前国际通用的经济增速划分标准为:小于 0 为负增长;0%~3% 为低速增长;3%~6% 为中速增长;6%~8% 为中高速增长;8%~10% 为高速增长;10% 以上为超高速增长。

着 1982 年市场化改革的红利逐渐释放，经济增速上扬至 9.05%，到 1984 年增至 15.17%，经济实现了平稳高速的增长，年均增幅达到 11%，到 1989 年这种增长趋势受到政治风波的严重影响，经济增速突降至 4.06%，到 1990 年跌至谷底，GDP 增速降为 3%。1991~1999 年为第三个周期，1991 年经济增长逐渐恢复，1992 年之后，随着对外开放的不断深入和城镇化进程的推进，经济增速持续保持在 10% 以上的超高速增长，到 1998 年，受到国内自然灾害和国际金融风险的影响，经济增长速度放缓，1999 年降至 7.62%。2000~2009 年为第四个周期，在住房改革和中国加入世贸组织等因素的共同作用下，经济增长注入新的动力，城镇扩张过程中住房抵押贷款使居民的消费需求大大增强，与此同时，对外贸易的长足发展使出口和消费共同推动经济进入高速增长阶段；2008 年国际金融危机全面爆发使全球经济萎缩，我国出口总额大幅缩水，经济增长动力受限，经济增速降至 9.21%，为了对抗全球性金融危机对我国经济的冲击，我国政府采取了多轮积极财政政策救市。2010 年至今为第五个周期，在政府 4 万亿元人民币财政支出等积极政策的刺激下，2010 年经济增速呈现上扬的趋势，但新的经济增长动力尚未出现，政府政策刺激下的高增长难以持续，在短暂回升后，2011 年经济增速持续下降，2012 年降为 7.6%，经济由高速增长向中高速增长降档。上述结果表明，我国的经济增长波动具有明显的周期性，且符合朱格拉周期①的性质，波长约为 9 年。

为了进一步将我国经济增长过程中的长期趋势成分和短期波动成分分离开来，本书采用 H-P 滤波方法，对近年来的 GDP 变动进行分解。从长期趋势（Trend）来看，2009 年之前我国 GDP 呈稳步增长趋势，增长率保持在 10% 以上；2009 年之后长期趋势逐年下降，到 2015 年降至 7.2%。将长期趋势剔除后，我国经济增长总体呈周期性波动趋势主要来源于短期的波动（Cycle），在 20 世纪 90 年代后的短期波动中，1998 年经济增长降至谷底后逐渐回升，经济呈上扬态势，2007 年短期波动增至 3.7%；2008 年金融危机后短期波动导致经济增长降至负数，2010 年稍有回升但并未持续，2015 年为 -0.3%。

---

① 法国经济学家朱格拉在 1862 年提出，资本主义经济发展的波动周期一般在 9~10 年，因此将这种经济波动周期成为"朱格拉周期"，又称为中周期或主要经济周期。

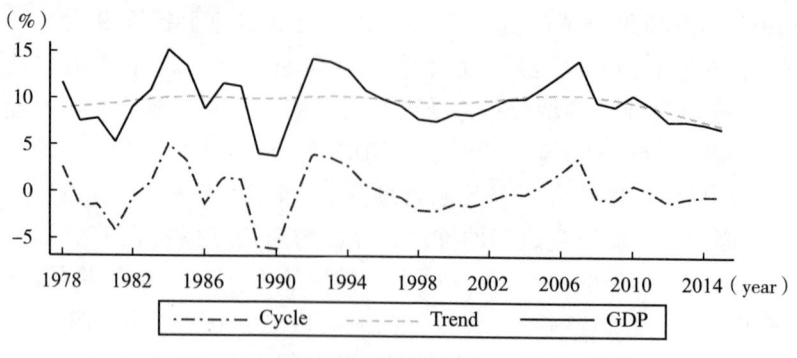

图 1-2　我国 GDP 波动的 H-P 滤波分解

基于 H-P 滤波的分析，为了更好地反映经济增速换挡过程中国内外冲击及长期趋势对我国新常态下经济增长的影响，本书将我国经济增长新常态研究的时间维度设定为 2008 年至今。这一阶段性范围的界定，既反映了我国经济增速下行的周期性冲击和长期趋势，也体现了国际环境对我国经济增长的影响，具有较强的理论意义和现实意义。

2. 新常态下我国经济增速放缓的原因分析

改革开放 40 多年来，我国经历了经济结构优化、增长方式转变的多方位调整，在经济总量高速增长的同时，社会主要矛盾已经转变为人民日益增长的美好生活需要和不平衡不充分的发展之间的矛盾，但社会主义初级阶段这一基本的国情没有变，人均收入水平仍然较低这个基本事实没有变，在经济下滑的趋势中寻找经济增长的基本点仍是当前乃至未来较长时间内发展的主要任务。2014 年，党中央做出我国经济处于"三期叠加"的战略性判断，即经济中维持传统中高速增长的动力机制正在减弱，经济增长进入换挡期；经济结构中落后产能仍未化解，创新产业发展不足，经济结构调整处于阵痛期；前期政府刺激经济的政策在导致产能过剩的同时，政府债务问题日渐突出，当前经济增长在某种程度上还处于前期刺激政策的消化期。中国经济发展新常态的出现，是"三期叠加"背景下呈现出的新特征；而区域经济平稳有效的增长是推动经济社会顺利完成三期过渡的根本途径和内在要求。2015 年"两会"期间，多次明确我国处于"三期叠加"的时代背景，为寻找新常态下的经济持续增长动力指明了方向；而经济发展新常态下，认清经济增长乏力的主要原因，是形成新的增长动力、促进经济社会健康发展的关键。大量学者[①]从产业结构、人口结构、技术进步和国内外需求等视角对中国经济增速逐渐放缓的原因进行探究，基于现有研究，本书对中国经济增速放缓的原因进行如下概括：

第一，从供给侧方面的因素来看，近年来三大产业对我国GDP增长的贡献率不断发生变化。其中，第一产业的贡献率保持在4%～5%的较低水平，GDP的增长和变动主要来源于第二、第三产业；第二产业的贡献率在2000年以前保持在60%以上，是经济高速增长的主要动力和支柱，2008年以来第二产业的贡献率递减，2012年降至50%以下且这一趋势仍在持续；与此同时，第三产业的贡献率递增，2013年第三产业对经济增长的拉动作用超过第二产业，服务业成为国民经济增长的主要驱动因素（黄群慧，2014）[②]，产业结构不断优化升级。

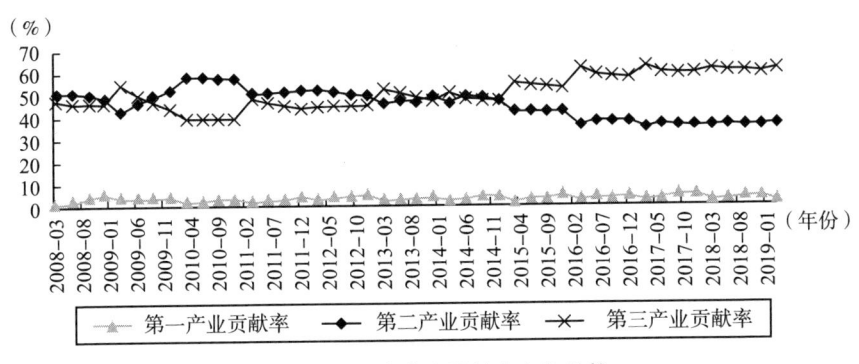

图1-3 三次产业贡献率变化趋势

注：以上数据均来自国家统计局数据库。

产业结构的变动主要通过各产业的增速来体现，经济新常态以来，中国第一产业的增速平稳降低，第二、第三产业均呈显著的先增后降趋势。受国家扩张性政策的影响，2010年各产业增幅均升至较高值，但财政刺激政策并未长久持续，2011年开始逐年降低，其中，第二产业

---

① 中国经济增长前沿课题组、张平、刘霞辉等：《中国经济增长的低效率冲击与减速治理》，载于《经济研究》2014年第12期。
② 黄群慧：《"新常态"、工业化后期与工业增长新动力》，载于《中国工业经济》2014年第10期。

的降幅最大，由12.7%的超高速增长降至2015年的5.9%；第三产业增速也由9.7%降至8.2%。

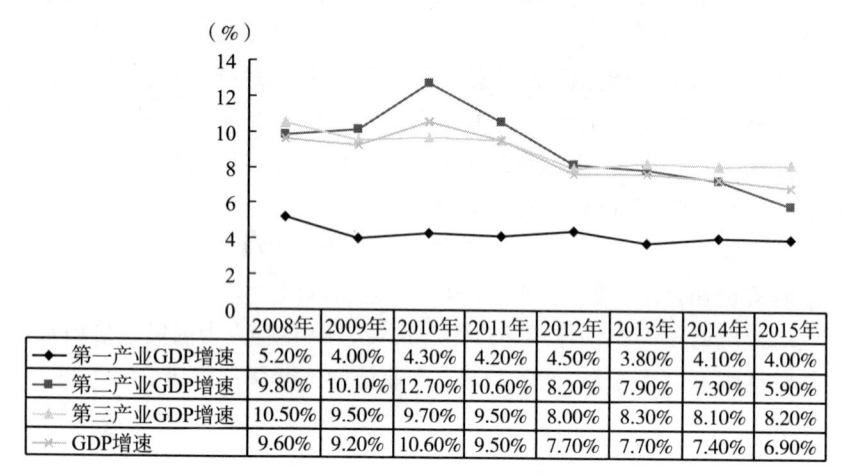

	2008年	2009年	2010年	2011年	2012年	2013年	2014年	2015年
第一产业GDP增速	5.20%	4.00%	4.30%	4.20%	4.50%	3.80%	4.10%	4.00%
第二产业GDP增速	9.80%	10.10%	12.70%	10.60%	8.20%	7.90%	7.30%	5.90%
第三产业GDP增速	10.50%	9.50%	9.70%	9.50%	8.00%	8.30%	8.10%	8.20%
GDP增速	9.60%	9.20%	10.60%	9.50%	7.70%	7.70%	7.40%	6.90%

图1-4 三次产业增速对比

注：以上数据均来自国家统计局数据库。

因此，经济发展新常态以来，中国GDP增速放缓主要原因在于产业结构调整过程中第二产业和第三产业增速的放缓，对工业和服务业增长面临的主要问题进行探究是解决经济增长问题的关键。当前，第二、第三产业增长面临着如下因素的制约：

（1）人口结构变动导致的劳动力成本提高。新中国成立初期，中国人口的出生率及人口总量的猛增，为工业和服务业的发展提供了丰富的劳动力资源，在促进国内物质资料快速增长的同时，较低的劳动成本优势促使我国在国际竞争中赢得一席之地，人口红利成为过去经济增长的重要因素，有研究提出，低成本的人口红利对中国经济增长的贡献率达到27%。人口规模的迅速膨胀在促进经济增长的同时也产生了一系列社会问题，为有效缓解人口压力，20世纪70年代我国实施计划生育政策，人口增长速度逐步放缓，与此同时，劳动力供给减缓趋势日趋显著（曾湘泉、刘彩凤，2006）[①]。近年来，中国15~59岁的劳动年龄人

---

① 曾湘泉、刘彩凤：《我国劳动力供需形势分析及展望——对我国"民工荒"与就业难并存的思考》，载于《中国劳动》2006年第1期。

口占比在较长的时间内呈现出逐年降低的趋势，人口抚养比递增，2014年抚养比上升至36.1%，其中，老年抚养比为13.7%，已经完全步入年老型社会结构。

当前，在城乡经济发展过程中，中国面临着较大的人口结构老龄化、劳动力成本增加等压力，人口红利逐渐消失（蔡昉，2010）[①]。在此背景下，大量企业，尤其是劳动密集型的微小服务业，因人口结构的变化而被动退出市场。经济增长不能再依靠低成本的劳动力驱动，需向依靠创新驱动转变，劳动力资源配置不合理问题成为制约经济增长的主要因素。人口结构变化过程中劳动力供给量的减少和劳动力成本上涨是第二、三产业增速减缓的重要原因之一。

（2）人力资本水平较低。随着数字经济时代的到来，制造业和服务业中大量劳动密集型产业向技术密集型产业过渡，产业结构随之优化升级并对人力资本提出新要求。在我国，大量闲置劳动力难以找到合适的工作，而高级技能人才的紧缺现象始终难以得到有效解决，传统"用工荒"问题逐渐向"人才荒"难题过渡，且人才短缺与失业问题并存。结构性失业存在的主要原因在于大量劳动力，尤其是农村转移劳动力，在认知技能、动作技能、社会与情感技能、可持续发展能力等各项专业及非专业技能方面难以满足企业需要，尤其是城镇化推进过程中流动人口就业技能的地区转换率水平较低，人力资本供给与市场需求间存在一定差距，劳动力就业技能结构的优化程度滞后于产业结构升级的速度，就业质量整体偏低。

（3）创新动力不足。过去中国经济的持续高速增长，主要依赖于高投入、高消耗、高污染的粗放型增长方式，虽增长速度较快但增长效率较低。在粗放型增长模式的推动下，2010年以来，我国钢铁、煤炭、平板玻璃、电解铝、石化产业、房地产等传统支柱产业不同程度地出现了产能过剩问题，社会资源浪费现象严重，依靠重化工为主导的高投入增长模式难以持续，经济增速放缓迫切需要新型主导产业来带动潜在经济增长率的提高。通过创新产业的发展转变经济增长方式、形成新的增长动力、提高经济增长效率成为未来经济发展的首要任务。近年来，在国家创新战略的鼓励下，创新产业的发展得到高度重视，创新驱动取得

[①] 蔡昉：《人口转变、人口红利与刘易斯转折点》，载于《经济研究》2010年第4期。

初步成效，但仍面临着很多问题，如：创新产业的发展缺乏技术链、产业链的综合支撑，创新产业孵化器发展缓慢，科技成果转化能力较差；市场中企业创新能力较差，尤其是小微企业，创新政策、资金支持不足严重制约着创新产业的发展；创新人才不足也是创新驱动力尚未形成的关键因素，如2013年我国R&D从业人员仅占全部就业人口的0.073%，人才匮乏使自主研发创新产业的发展难以有效推进；地区间科技创新投入不协调，中西部和东北部等地区对于创新产业的投入水平及技术引进能力明显滞后于东部沿海地区，进而助推了区域经济的不协调增长。

从需求方面的因素来看，在经济增长过程中，消费、净出口和投资是近年来推动中国经济增长和国民收入持续提高的三驾马车，且三者的贡献率持续发生变化。

自2001年中国加入WTO后，依靠廉价劳动力资源优势，对外贸易取得了较大成效，净出口总额逐年增加，对经济增长起到了积极推动作用；2008年金融危机以来，受国际市场萎缩的冲击，净出口对中国经济增长的贡献率持续降低，甚至为负，2009年净出口对经济增长的贡献率跌至 -42.6%。在净出口作用受阻的情况下，国内消费支出和投资逐渐成为中国GDP增长的主要来源，且消费支出的作用逐渐凸显，到2017年，最终消费支出的贡献率达58.8%，投资的贡献率为32.1%，居民消费的拉动作用成为经济增长的主力，详见表1-1。

表1-1　　　　　经济发展新常态以来三大需求对我国
GDP增长的贡献率分解　　　　　单位：%

年份	最终消费支出	资本形成总额	净出口
2008	44.20	53.20	2.60
2009	56.10	86.50	-42.60
2010	44.90	66.30	-11.20
2011	61.90	46.20	-8.10
2012	54.90	43.40	1.70
2013	47.00	55.30	-2.30
2014	48.80	46.90	4.30

续表

年份	最终消费支出	资本形成总额	净出口
2015	59.70	41.60	-1.30
2016	64.60	42.20	-6.80
2017	58.80	32.10	9.10

注：以上数据均来自 WIND 数据库。

在消费与投资对经济增长作用增强的同时，中国城乡居民的消费需求及投资需求增长也面临着较大挑战。

（1）居民有效需求不足。从国内需求来看，自1998年城镇住房制度改革和国有企业改革实施以来，城乡居民的消费需求得到进一步释放，促使社会资源配置不断优化。其中，停止住房实物分配、实行住房分配货币化等房改政策，使城镇住房的供求逐步纳入市场化体系，住房交易市场开始形成；与此相匹配的住房贷款制度的推行，使住房金融市场迅速活跃，住房市场化和住房金融的形成和不断完善为经济快速发展注入新的活力。在与日俱增的城市住房需求推动下，中国经济保持高速增长的势头。同时，国企改革的推行打破了部分行业中国有企业的垄断地位，民间资本逐渐参与到基础建设、社会公用事业、金融等重要领域和行业的投资之中，投资环境不断改善，投资供给的增加在对经济增长起到加强推动作用的同时，也积累了投资结构失衡、投资效益不高等问题。城市人口规模的迅速扩张与城市房价的市场化改革吸引着大量资本涌入房地产市场，城市房价随投资需求的膨胀而迅速飙升，且房价的上涨远超过居民收入的增长，居民的实际收入及其购买力大打折扣，投资需求挤占了刚性需求。近年来，中国不断加强对城市高房价的监管，投资热潮递减，但相对于较高的城市住房价格而言，城市居民尤其是农民工的购房能力仍然较弱，城市高涨的房价打压了居民的实际消费能力，依靠农民工的有效需求来消化房地产行业的库存仍需要较长时间。

随着中国特色社会主义市场经济的建立与逐步完善，当前，改革已经步入重要战略期、攻坚期、深水区，改革释放的红利虽逐渐变少但更加关键。国内经济发展的不充分不均衡问题，尤其是区域发展的不平衡和城乡之间的不平衡，大大压缩了国内消费需求、投资需求对经济增长的拉动作用。在经济落后的农村地区，居民收入仍处于较低水平，而优质的教育、医疗、卫生等资源往往集中在作为经济、政治、文化中心的城市，农民要享有较好的公共服务，需承担比城市居民更多的迁移成本和精神成本。经济增长过程中的区域经济发展不平衡等问题成为国内有效需求不足的重要原因之一，也是导致经济增长乏力的关键性因素。

（2）投资结构不合理。根据马克思再生产理论，将剩余价值转化为资本的资本积累是社会扩大再生产实现的基础和条件，社会经济中的居民储蓄会通过投资机制带来较高的经济增长率（Rebelo，1991）[1]。新常态出现之前，中国经济的高速增长在一定程度上得益于高储蓄率支持下投资需求的扩张，而良好的投资环境为经济增长提供了就业岗位、税收来源和改革动力；而投资结构的合理化程度则是决定经济增长速度与经济结构合理化程度的重要条件。

所谓投资结构，是指一定时期内，一国或地区投资总额中各构成部分之间的内在关系及其数量比重，是经济结构合理化程度的重要体现，包括投资的用途结构、地区结构、产业结构、主体结构、项目规模结构等内容。

从用途结构来看，在过去的经济快速增长过程中，中国的固定资本投资主要由房地产投资、基础设施投资和制造业投资三大部分构成，占总投资额的85%；其中，房地产及其相关产业的投资占据高位，相对于快速增长的房地产资本形成额而言，社会基础性投资和高新技术产业投资虽有所发展，但所占比重较少、增长速度较慢[2]。2010年以来，随着国家不断加强对房地产市场的宏观调控和监管力度，全国房地产开发投资完成额持续下降，盲目投资受到抑制，但新的有效投资空间尚未形成；与此同时，在传统制造业中产能过剩现象使大量新增投资转化为无效投资，对调整社会结构中不合理的投资结构提出了新要求，倒逼着社会资金逐渐流向生态环保、公共设施、道路运输、水利管理业、基础设施等投资短板，以形成固定资本投资结构不断优化的竞争动力。

从地区结构来看，在区域发展与城市建设过程中，只注重数量的

---

[1] Rebelo S., Long-run Policy Analysis and Long-run Growth. *Journal of Political Economy*, Vol. 99, No. 3, 1991, pp. 500–521.

[2] 中国经济增长前沿课题组、张平、刘霞辉等：《中国经济增长的低效率冲击与减速治理》，载于《经济研究》2014年第12期。

"摊大饼式"城镇化建设模式使大量城市出现盲目扩大规模的现象，是投资结构不合理的集中体现。粗放型城镇化建设模式下，投资结构的不合理使城市中大量新城建设侧重于房地产开发，而缺少支柱产业与基本公共服务配套支持，人口集聚程度与社会投资效率较低，"空城""鬼城"现象频现。与城市较为密集的投资资金相比，广大农村地区教育、医疗、卫生、交通等基础设施投资严重不足，农村非农产业投资匮乏，大量贫困地区基本生活条件难以得到有效保障，农村地区公共服务和产业发展投资缺位问题严重。城市产业部门投资过剩与农村地区投资不足的结构性投资矛盾，进一步加剧了我国经济增长的不平衡，成为阻碍经济增长持续增长的主要障碍，也是进一步深化改革的重点。

因此，在中国特色社会主义建设新时代下，面对经济发展新常态以来呈现的新情况、新问题，通过提高现有资源的配置效率来刺激总需求和总供给，不断优化投资结构和消费结构、促进产业结构优化和创新驱动的形成，以寻找新的经济增长点具有重要的现实意义。

3. 城镇化的内涵界定及其重要性说明

（1）城镇化的提出。"城镇化"一词的提出，来源于英文"Urbanization"，最早由西班牙建筑师赛达尔（Ildefonso Cerde，1867）在其著作《城市化概论》中提出用以描述城乡发展过程中的过渡阶段，之后城市化一词被广泛应用。

基于国际城市化建设的有序推进与研究的持续增多，20世纪80年代，国内学者对于该主题的研究日趋增多；但对于"Urbanization"的译文及专业术语的使用存在一定争议，如孙中和等学者提倡使用"城市化"的概念，而辜胜阻、姜爱林等学者将其翻译为"城镇化"，还有学者使用"都市化"等词汇。在1982年的中国城镇化道路问题学术讨论会上，经济学、地理学等学科的学者就"城市化"与"城镇化"的使用规范这一问题进行讨论，并建议统一使用"城市化"。根据《中华人民共和国城市规划法》相关规定，中国的城市包括按照国家行政体制设立的直辖市、市和镇，因此，广义的城市不仅包括建制市，还包括建制镇；因而"城市化"的表述侧重于市级以上城市的范围，忽略了建制镇在城市发展过程中的作用，统一使用城市化的概念受到大量学者的质疑和反对。2001年，在《第十个五年计划纲要》中明确指出

"城镇化"建设的战略地位和重要性,对长期以来专业术语使用的争论进行规范。

因此,在中国"城镇化"的提出要晚于"城市化",且与西方国家的城市化不同,突出对小城镇发展的关注,更加注重小城镇、中小城市与大城市的协调发展,是具有中国特色的城乡发展特殊形态。

(2) 城镇化水平的衡量标准。所谓城镇化,是指在城镇与农村地区发展不均衡的基础上,随着科学技术的进步与生产力水平的提高,以人口、土地、资本等要素的空间流动与配置为主要载体,出现的农村人口不断向城镇转移,第二、三产业及要素在城乡间的空间流动与聚集,城镇数量和规模持续扩张,城镇文化体系逐渐向农村地区渗透等历史性阶段。根据中国特色城镇化建设的具体实践过程,可将城镇化的主要内容确定为:①城乡间人口资源的流动与集聚;②土地、产业、资本等要素的空间重组与配置;③城乡间社会文化、生活方式及治理模式的渗透与转变等。因此,城镇化涉及国家宏观经济结构、社会结构和政治结构等调整转化,具体体现为农村居民在居住方式、消费方式、就业方式及生产方式等层面的系列转变,是一项系统性的建设工程。

根据城镇化的内涵及主要内容,对于城镇化建设水平(urbanization level)的衡量,直观地体现为:①一国或地区大、中、小城市及小城镇人口的规模与集聚程度及所占比重,常见的代表性指标为人口城镇化率;②城镇数量及空间规模的大小,如土地城镇化率;③城镇化率与工业化率的协同度,对城镇化建设水平的衡量还体现在指标之间的协调度上,城镇化的建设水平是区域经济发展程度的重要标志。

(3) 城镇化建设在经济增长中的重要性说明。在社会经济转型的阶段性过程中,城镇化与经济增长相互促进,互为条件。经济增长为农村人口向城市集聚和市民化等过程提供了就业岗位和物质基础,是促进城镇化建设水平提高、实现人的全面发展的重要保障;同时,城镇化建设进程的有序推进也为经济持续增长提供了丰富的人力资本和广阔的市场空间,城市建设规模的扩大和城乡经济的融合为经济结构调整和优化创造了战略机遇,新型城镇化建设的有序推进决定着经济增长重大结构性问题的解决程度,在很大程度上影响着经济增长新动力的形成,孕育着未来新的增长点。

从供给方面来看,在资源供给日趋紧张的条件下,城镇化建设有利于促进了城乡之间劳动力资源、土地资源和资金等要素的充分利用和有效配置，为产业结构优化升级和高新技术产业的发展提供了要素支持与市场空间，有利于经济的持续增长；企业间共享信息、通信、科技、基础设施等资源，降低了市场经济的运行成本，有利于促进规模效应的形成；此外，城市优质的社会资源逐步向周边城郊和农村地区的辐射，使城市增长极的集聚效应和扩散效应共同发挥作用，推动着生产效率与增长质量的协同提升。从需求视角来看，在"以人为本"的新型城镇化建设过程中，大规模的农村人口在城市就业、定居和发展拉动着农村居民收入水平的提高；有步骤地将农村建设纳入到城市发展体系中来，在推动城乡经济协调增长、缩小居民收入差距的同时，也产生了巨大的基本消费品、基础设施和文化软设施建设等需求，为投资需求的增长和第二、三产业的发展提供了广阔的市场空间。

（4）我国城镇化建设存在的主要问题。自改革开放以来，我国的城镇化建设有序开启并步入快速增长阶段，城镇人口占比在2011年已经超过50%，到2018年达到59.58%，城市数量已达661个，在人口结构的变动过程中，我国逐渐形成了以大城市为核心，中小城市为支撑、小城镇为基础的多层城镇化推进格局。城镇中人口与产业资源的集聚、城市规模与数量的扩张在推动区域经济增长的同时，也呈现出如下问题：

第一，对土地城镇化的过度依赖，有研究表明，中国的城市人口规模每增长1倍，城市建成区面积则相应增加近4倍左右（倪鹏飞，2013）[①]；传统城镇化建设过度依赖于土地规模的扩张和投资的增加，导致城乡资源要素的供求失衡，粗放型建设模式难以为继。第二，不同等级的城市发展不平衡性，基于城市要素集聚程度与政策资源差异，人口、资本、产业等资源向行政级别较高的特大城市和大城市等中心城市较快集聚，而中小城市及小城镇资源分配较为分散，发展缓慢，经济结构与社会结构失衡。第三，户籍人口城镇化率较低，因我国传统的城镇化建设进程滞后于工业化的发展，使得城市管理体制的改革及包容度的提升滞后于城市产业的发展及迁移农民的切实需求，大量迁移农民面临着就业与家庭生活、居住地与户籍地的多重分割，据统计到2018年

[①] 倪鹏飞：《新型城镇化的基本模式、具体路径与推进对策》，载于《江海学刊》2013年第1期。

年底，在 8.3 亿城镇常住人口中，户籍人口城镇化率仅 43.37%①，2.86 亿人难以均等地享有城镇公共服务，人户分离群体的存在易引发一定社会矛盾。第四，城乡要素仍以单向流动为主，近年来，随着部分城市拥挤效应的凸显与竞争压力的增强，"逆城镇化"趋势逐渐出现，但在现有的人口、技术、资本等要素的空间配置中仍以由农村向城镇的集聚单一流向为主，特大城市和大城市的吸引力仍显著强于小城镇和农村地区，要素空间流动模式单一。

2012 年党的十八大提出的走中国特色新型城镇化道路，就是在总结中国传统粗放型城镇化建设模式的基础上，坚持"以人为本"的基本原则，以城乡一体、产业互动、节约集约、生态宜居、和谐发展为特征，推动工业化与城镇化的良性互动，城镇化与农业现代化的相互协调，新型工业化、信息化、城镇化与农业现代化同步发展。

当前，在经济发展新常态下，中国经济增速下行的压力引起各界的担忧，中央和地方政府纷纷采取各项举措寻找经济持续、健康、平稳增长的动力机制，而通过数量与质量并重的新型城镇化建设对经济的供给侧和需求侧进行结构性调整，正是释放经济增长动力、潜力的重要途径，对中国特色社会主义建设新时代下经济增长的有效推动具有重要作用。那么，我国的城镇化建设对经济增长的贡献到底有多大？农村剩余劳动力向城镇迁移和市民化等不同阶段，是通过哪些途径来促进供给侧层面的产业结构优化升级和生产效率提高的？城镇化建设在缩小城乡居民收入差距方面的作用程度如何？流动人口能否真正地融入城市，城镇是否有能力接纳迁移农民？基于上述问题，对城镇化建设过程中产生的要素空间配置效应及其对中国经济增长数量和效率的影响进行深入剖析，是本书的核心内容。

1.1.3 研究意义

中国作为世界上经济总量最大的发展中国家，改革开放以来，经济总量的高速增长使中国摆脱了贫困落后的经济面貌，近年来持续年均脱贫人口在 1000 万以上，人民生活水平大幅提高，对综合国力的增强发

---

① 数据来源于《2018 年国民经济和社会发展统计公报》。

挥了举足轻重的作用。但是从经济增长的质量来看，人均 GDP、劳动生产率和创新驱动能力仍处于较低水平，城乡经济发展差距和城市建设滞后等问题仍然严峻。在中国特色社会主义建设新时代下，面对经济发展新常态的经济增长下行压力，如何实现经济降速与动力机制转换的平稳过渡是当前所要解决的首要问题。在此背景下，对中国的城乡二元管理体制下的新型城镇化建设对经济增长的作用机制及影响程度进行系统分析，具有深刻的理论意义和现实意义。

1. 理论意义

（1）当前中国的经济增长处于由高速向中高速换挡的新阶段，生产力发展不充分不均衡问题突出，在经济总体下行与社会主要矛盾发生转化等综合压力下，对经济增长和结构调整中存在的问题、主要原因及动力转换机制的研究需加强。本书立足于中国经济增长中的不充分不均衡现实问题，在继承发扬马克思主义城乡关系理论的基础上，以中国特色社会主义理论为指导，对中国经济发展步入新常态的时代背景、内涵、原因及影响因素进行系统阐述，对相关研究具有一定的参考价值。

（2）在系统梳理已有理论研究的基础上，本书将城镇化过程中劳动力、土地资源的重新配置所产生的集聚效应和扩散效应纳入到对经济增长的理论分析中，对中国特色社会主义城乡区域发展及经济增长理论、新经济地理学经济增长理论等现有理论进行扩展和丰富，使其对中国的城镇化建设和经济增长具有更强的时代价值和指导意义。

2. 现实意义

（1）本书立足于在中国经济发展步入新常态以来经济增长面临的新情况、新问题、新特征，从城镇化建设的视角出发，分别分析了劳动力、土地、资金等要素在城乡之间的流动与配置对中国经济增长方式转变、产业结构调整和城乡区域经济协调增长等内容的影响，拟在新型城镇化建设过程中寻找经济增长的动力机制，探究中国新型城镇化建设数量和质量的双重提升对经济增长的影响，并据此提出促进经济持续增长的政策建议。

（2）通过理论模型分析，将中国的城镇化建设水平及其对经济增长的作用程度与不同收入水平的国家进行对比，对中国的经济发展状况及城镇化建设水平进行准确定位；并总结各国城乡建设与经济增长的国际经验,为中国特色社会主义建设提供经验基础与政策借鉴。

(3)在宏观总体分析的基础上,从微观个体的视角出发,对中国城镇化建设过程中影响农民迁移模式决策与生活质量的主要因素进行分析,探究阻碍中国当前新型城镇化建设质量提升的障碍和因素;并根据不同农民的具体特征提出提升迁移农民市民化水平的政策建议,以通过全面提升迁移农民的生活质量,切实发挥以人为本的新型城镇化建设对经济增长的积极推动作用。

综上所述,无论从理论层面还是现实意义来看,通过系统梳理中国城镇化建设发展路程及新常态以来经济增长面临的新情况、新问题、新特征,探究新型城镇化建设数量和质量提升对经济创新、协调、绿色、共享式增长的作用机制,对中国特色社会主义现代化建设新时代下顺利实现经济增长方式转化、经济结构优化、全面建成小康社会具有重要意义。

1.2 范畴界定

1.2.1 经济增长

对于经济增长的概念,库兹涅茨(Kuznets)和刘易斯(Lewis)等学者早已进行了科学界定,他们将经济增长定义为人均产量的持续性增长;帕尔格雷夫经济学大词典进一步表明,经济增长是以固定价格计算的人均国民收入(使用最广泛的是人均GDP)的变化率。因此,学者们一致认可,经济增长是指一个国家或地区一年内的国内生产总值增长率,集中体现了在既定的要素投入水平下,该经济体的技术水平和生产能力的提高程度。

对经济增长水平的衡量可以通过经济增长的速度和质量两个维度来体现,其中,增长速度可以直观地通过价格调整后的国内生产总值(GDP)、国民生产总值(GNI)或人均国内生产总值、人均国民生产总值的年均增长率来测度;此外,由于经济增长的本质和根本衡量标准是人民收入的增加和生活水平的改善,因此人均可支配收入也是衡量经济增长速度的重要指标之一。经济增长速度的基本计算方法是将本年度的经济增长总量除以往年的总量,从而得到经济增长的百分率。

经济增长的质量主要体现在产业结构和投入——产出结构的调整优化上。(1) 随着信息、通信技术的不断发展，第二、第三产业，尤其是创新产业在拉动经济增长中的作用越来越突出。产业结构升级使得生产要素不断向附加值更高的产业转移，高能耗的落后产业逐渐淘汰，粗放型增长方式向集约型增长方式转变。产业结构的优化升级在促进社会财富积累的同时，也拉动着就业结构的不断完善。第二、第三产业（尤其是服务业）的发展吸收了大量农村闲置劳动力，推动经济增长中生产要素使用效率的提高。(2) 投入—产出结构主要体现了经济生产过程中要素的投入量与产出之间的数量关系，与技术创新能力及要素使用效率密切相关。在城镇化建设过程中，人口和产业向城镇集聚使城镇内部的竞争更加激烈，推进了劳动分工的深化和产品的多样化，劳动生产率的提高推动着经济增长质量的提升。

因此，经济增长的速度和质量，直观地体现了各经济体的生产力发展水平和综合竞争力，是各国经济社会发展的重要构成。要在日益深化的国际竞争与合作进程中维护国家主权和利益，持续稳定有效的经济增长是最基本的要求和保障。而要实现经济持续增长，需满足如下条件：(1) 有一定的自然资源、资本、技术等生产要素的积累；(2) 有良好的制度环境和有为的政府；(3) 在市场机制的作用下，劳动生产率不断提高。

1.2.2 经济发展新常态

新常态（New Normal）中的"新"，是指在新情况和新问题的基础上改变旧模式，是为了与"旧"的模式相区分；"常态"则表明这一新模式将成为一种相对稳定状态，在未来较长时间内持续下去。

2014年5月，习近平同志在赴河南考察时首次用"新常态"一词来描述中国的经济增长状态，并于同年11月对中国经济发展新常态的内涵进行系统阐述。中国经济发展新常态的提出，与西方所使用的新常态完全不同。西方的新常态是指经济危机之后，资本主义市场经济难以复苏，将在较长时间内出现低增长、高失业、高政府债务等问题。而中国的经济发展新常态是立足于发展处于经济增长换挡期、结构调整阵痛期和前期刺激政策消化期"三期叠加"的形势下，根据中国特色社会主义建设过程中出现的新特征和新情况提出来的，其根本目的是逐步构建和完善可持续发展的社会主义市场经济，实现全体人民共同富裕的共享性发展。因此，所谓"经济发展新常态"，是指中国当前乃至未来较长一段时期内，经济增长要摆脱过去不可持续的粗放型增长方式，通过结构调整优化降低经济增长中的资源消耗程度，用发展来促增长，促使经济由畸形、不对称的结构向协调、对称的新结构转化，促使经济增长方式由外延式增长向内涵式增长过渡，以推动中国经济增长环境和发展条件的不断优化和完善。中国经济发展步入新常态后，GDP 增长率的经济信号功能逐渐淡化，但并不表示不要 GDP，而是要在稳增长的基础上，找准新的 GDP 增长点，通过全面深化改革促进经济结构调整优化，实现经济增长方式转变、经济增长动力转化和经济增长质量的提升。

中国经济步入新常态以来，呈现出的新特征主要体现为：经济增速由高速向中高速降档；产业结构不断优化升级；要素驱动、投资驱动向创新驱动转化等。在此背景下，中国的经济增长和社会发展面临着增长动力更加多元、市场活力进一步释放、投资环境持续改善、区域发展更加协调融合等新机遇。要认识新常态、适应新常态、引领新常态，需在未来一段时间内逐步打破过去粗放型增长模式的束缚，扭转以高能耗为代价的增长观念，通过经济结构优化调整，转变经济增长方式，实现创新、协调、共享、绿色的发展。

1.2.3　城市化与城镇化

对于城市化的定义和内涵，经济学家、社会学家、人口学家等不同学科的学者从各层面进行界定。其中，社会学者认为，城市化是农民由自由、散居的农村生活、生产方式向紧张、密集的城市模式转化的过程，是社会发展进步的必经环节；人口学者从人口迁移的角度对城市化进行解读，他们认为城市化的本质是农村人口向城市集聚的过程；大量经济学者则认为城市化是现代化城市经济和文化向传统落后的农村地区转移和渗透的过程，在工业化和产业集聚的基础上，劳动力资源由农村非正式政治、经济文化向城市正式的经济环境集聚，从而使城市规模逐渐扩大、城市人口增多，是经济发展到一定阶段的必然产物。

在中国，由于译文的差异以及广义、狭义城市范围界定的模糊性，学术界对于"城市化"还是"城镇化"的使用存在一定分歧。由于中国存在两万多个建制镇，是城市和农村的过渡体制，在农村人口迁移与城乡经济社会形态转化等过程中发挥重要的作用，只考虑城市的接纳能力和存在的问题具有片面性，用城市化替代城镇化难以使人信服。近年来，关于"城镇化"建设的相关政策和法规陆续出台，城市化与城镇化的概念之争逐渐明晰。因此，"城镇化"的提出与使用要晚于"城市化"，但比"城市化"更符合中国的国情，更能确切地反映中国城乡经济发展过程中面临的问题和状况。

当前，国内学者纷纷对"城镇化"的内涵进行定义，综合现有文献，本书认为城镇化既是历史性范畴，又具有鲜明的中国特色和开放性特征，是在城乡二元结构的基础上形成的，基于城乡差异的客观存在，体现为农村人口、土地、资金等要素向城镇非农部门聚集的过程，包括人口资源、产业要素、土地资源、政治及文化体系等各项要素的城乡空间配置与结构重组，是推动城乡二元结构向一体化结构转化的重要实现途径，也是不断丰富和发展的系统性工程。

1.2.4 人口城镇化与土地城镇化

在中国城镇化建设过程中，根据承载主体的不同，城镇化的表现形式主要包括人口城镇化和土地城镇化两个基本方面。其中，土地城镇化主要以城镇数量的增多和土地空间规模的扩大为载体，是通过将农村集体土地转化为城市国有土地等途径来实现的，以城市土地规模的扩张和非农产业的集聚为主要实现形式。人口城镇化则主要表现为农村剩余劳动力通过向城镇迁移或就地城镇化等途径转变为城镇人口，逐步向城镇主流群体过渡并与城镇居民享有同等的权利和义务，是以人的就业、居住场所和身份的转变为载体。土地城镇化是实现人口城镇化的物质基础，为人口的集聚和发展创造了空间和场所；人口城镇化在为土地城镇化提供劳动力资源和市场需求，人口城镇化与土地城镇化建设互为条件，是城镇化建设的重要组成部分。当人口城镇化滞后于土地城镇化时，会出现"空城""鬼城""睡城"等土地资源闲置现象，造成严重的社会资源浪费；当土地城镇化滞后于人口城镇化的发展需求时，城镇现有规模和基础设施资源难以满足城镇居民的需求，交通拥挤、教育资源短缺、物价飞涨、房地产泡沫等"城市病"随之产生。在经济增长过程中，人口城镇化与土地城镇化的协调发展至关重要。

基于中国过去粗放型城镇化建设过程中人口城镇化建设的滞后性，"以人为本"的新型城镇化建设以实现人的全面发展为核心，更加关注农村迁移人口收入水平和生活条件的改善问题，厘清城市规模扩大的土地城镇化建设是为了满足人的生存、发展需求这一关系。当前，在中国特色社会主义现代化建设新时代下，新型城镇化建设的核心和关键在于人口城镇化建设水平的提高。由于中国城乡二元户籍制度的限制，人口城镇化建设进程被人为地分割为农村剩余劳动力向城镇转移和市民化转化两个阶段，其中迁移阶段主要通过在城镇获得非农就业岗位，实现工作场所和居住环境的空间转移；市民化阶段则通过在城镇定居并获得非农户籍，享有城镇公共服务，实现由农民向市民的身份转变。目前中国人口城镇化建设的滞后性主要体现在由于城乡二元的户籍制度及相关的公共服务管理体制等方面的约束，大量迁移农民难以顺利实现市民化，由农民转化为城镇边缘群体——农民工，处于"半城镇化"状态（李爱民，2013）[①]，人口"迁移率"与"市民化率"之间的城镇化缺口逐年扩大，城镇化建设质量较低。新型城镇化发展战略的实施，坚持"以人为本"，将人的全面发展确定为未来城镇化建设的主要目标，更加注重人口城镇化建设，正是适应经济结构调整与经济增长方式转变的根本要求，也是转变城镇化发展模式、提高城镇化建设质量的实现途径。

1.3 主要内容、架构与研究方法

1.3.1 研究思路

本书的研究拟在马克思主义城乡关系理论基础上，以中国特色社会主义城镇化与经济增长理论为指导，立足于中国经济发展步入新常态以来呈现出的具体问题，立足于中国特色社会主义建设新时代下的社会主要矛盾的转变及新特征，拟从城镇化建设促进生产要素在城乡间空间流

[①] 李爱民：《中国半城镇化研究》，载于《人口研究》2013年第4期。

动与配置的作用机制入手，对中国传统城镇化与"以人为本"的新型城镇化建设对经济增长的影响进行系统说明。

主要研究思路是：城镇化建设促进劳动力、土地、资本等资源由农村向城市集聚和流动，要素空间配置效率随之提高，有助于形成要素集聚效应和扩散效应；城镇化推进过程中农村劳动力迁移、市民化和城市规模的扩大等建设内容通过作用于就业结构、技术进步和城乡居民收入，对产业结构优化升级、全要素生产率和城乡经济协调发展等经济增长实现内容产生影响，从而推动城乡间、产业间的经济协调增长，促进要素驱动、投资驱动向创新驱动转化，实现中国特色社会主义创新、协调、绿色、开放、共享式发展，维护人民的主体地位。因此，城镇化建设的推进对经济增长的影响，不仅体现在 GDP 的增长速度上，还体现在产业结构、技术创新、收入差距等经济增长的质量上。

本书在理论研究和国际经验总结的基础上，分别从城镇化建设对经济增长数量和质量等指标的作用机制及影响程度进行说明，论证城镇化建设数量和建设质量的全面提升是中国经济新常态下转变发展方式、实现经济持续增长的重要实现途径（详见图 1-5 所示）。

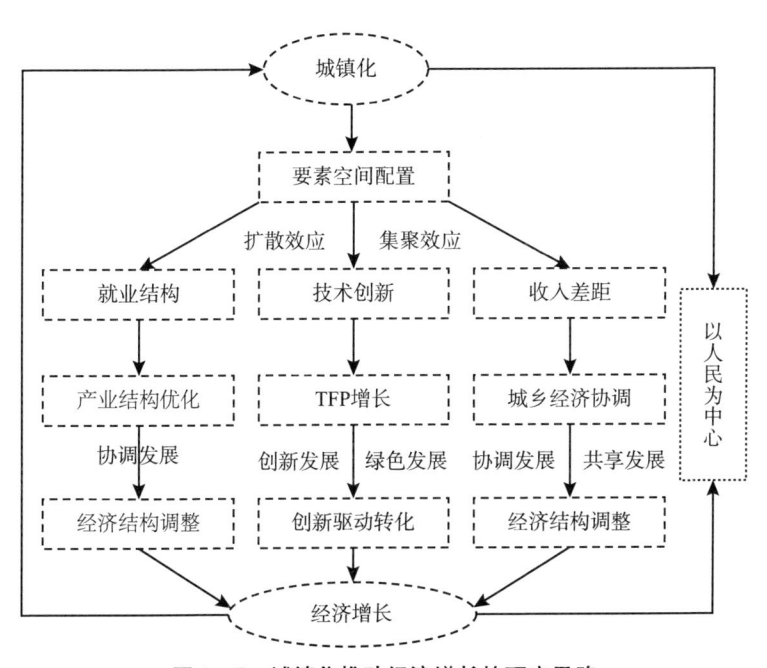

图 1-5 城镇化推动经济增长的研究思路

1.3.2 主要内容

城镇化建设与经济增长相互促进、协调统一，本书拟通过对理论模型的梳理，分析在中国自经济发展步入新常态以来，新型城镇化建设如何形成经济持续有效增长的动力机制，如何促进城镇化建设和经济增长在数量和质量上的双重提升，并据此提出相关政策建议。主要内容与构架安排如下：

第1章为导论部分。立足于中国经济步入新常态以来的经济增长不充分不均衡等切实问题，从城镇化建设的视角出发，系统阐述了本书的选题背景、研究意义、相关概念、研究思路和方法、创新点及存在的不足等内容。

第2章为国内外相关文献综述。通过对国外学者和国内学者的现有研究成果及主要结论进行梳理，找出本书的研究思路和写作主线，为后续研究提供材料支撑和理论借鉴。

第3章为城镇化与经济增长的理论基础部分。在对马克思主义城乡关系理论和西方区域经济增长理论进行总结梳理的基础上，以马克思主义城乡对立和融合理论、扩大再生产理论以及中国特色社会主义理论体系中"以人民为中心"的指导思想和协调、绿色、共享发展理念等为指导，同时借鉴了区域经济学中"不平衡增长"理论、新经济地理学中"核心—边缘"理论等研究方法和理论成果，对全书的研究和框架的构建提供理论基础。

第4章为城镇化与经济增长的国际比较及经验借鉴。本章对欧洲强制推进型、美国自由发展型、日韩政府主导型和人口过度集聚的拉美国家城镇化等典型城镇化建设模式进行总结，为中国新型城镇化建设的有序推进提供国际经验借鉴；此外，对不同国家的城镇化建设对经济增长的推动作用进行经验论证，以说明城镇化发展水平对经济增长的作用程度；并将中国的城镇化建设与不同收入水平国家的平均值进行国际比较，找到我国城镇化建设在数量和质量方面存在的差距和所处阶段，拟寻找影响我国经济增长的主要因素。

第5章为城镇化、产业结构优化与经济增长。从产业结构优化升级的供给侧结构性调整视角，分析了中国经济新常态以来，以人口迁移为主要实现形式的城镇化建设通过就业结构调整对产业结构优化升级的作用机制及影响程度,以推动城乡经济协调增长与劳动生产率显著提升。此外,通过对我国各省的面板数据进行广义矩估计(GMM)实证研究,证明我国的城镇化建设对产业结构优化升级具有显著的正向效应,有利于经济结构的优化升级。

第6章为城镇化、全要素生产率与经济增长。首先,对近年来决定我国经济增长效率的全要素生产率增长状况进行测度与现状描述,得出全要素生产率增长中的技术进步水平和技术效率降低是新常态下经济增长乏力的主要原因之一,创新驱动对经济持续增长至关重要;其次,对城镇化建设推动全要素生产率增长的作用机制及影响程度进行说明,实证研究得出人口、土地等生产要素的适当集聚对技术进步和技术效率的提高产生显著的正效应,市民化程度较低的城镇化现状是阻碍我国创新驱动形成和经济增长效率提高的关键性因素。

第7章为城镇化、城乡收入差距与经济增长。本章以城镇化过程中实现好、维护好、发展好最广大人民的根本利益为立足点,以经济增长中城乡居民收入差距问题为研究对象,借鉴城乡二元结构理论,对我国的城镇化建设对于城乡收入差距的作用进行探讨。通过对影响居民消费需求的收入差距进行泰尔指数测度,得出我国当前消费需求乏力的主要原因在于城乡居民收入的不平衡;以人为本的城镇化建设对缩小城乡收入差距的作用机制呈倒U型效应趋势,当前的城镇化建设对缩小收入差距产生正效应,提高城镇化建设水平有利于实现共享发展,是全面建成小康社会的重要实现途径。

第8章为对我国城镇化建设微观样本的实证分析。本章立足于我国当前新型城镇化建设过程中的主要难题——人口城镇化建设质量不高问题,从微观调研数据入手,对2011年长三角经济圈的迁移农民选择跨省异地城镇化、省内异地城镇化和本地就地城镇化等模式的决策进行成本—收益分析;并对微观调研数据进行实证研究,找出不同个体特征的农民在迁移决策和生活质量提高上的决定因素,为提升中国以人为本的新型城镇化建设质量提供数据支撑与政策建议。

第9章为政策建议和研究展望部分。在理论研究和实证分析的基础上,得出提高中国城镇化建设数量和质量,发挥城镇化建设经济增长正向效应的政策建议；此外，根据现有研究局限和不足，提出未来研究重点。

1.3.3 研究方法

（1）文献分析法。为了使本书的研究结论更有理论意义和现实意义，在确定选题、框架及写作过程中，收集、整理、阅读了大量国内外文献，通过文献梳理，对当前关于城镇化建设与经济增长及其作用机制的研究状况有了充分了解，并从中找到本书写作的重点和主要研究思路。在具体写作过程中，文献综述部分和理论基础部分主要通过文献分析法完成，同时理论模型的构建及说明也是建立在对相关文献进行学习和梳理的基础。

（2）比较分析法。在国内外双重因素的共同影响下，如何发挥城镇化建设正向效应以推动经济有效增长是发展中国家面临的共同议题。当前，发达国家的城镇化建设已经基本完成，对其建设过程及经验进行总结研究对我国的经济建设实践具有重要的指导意义。本书的研究借鉴了马克思主义历史唯物法，将中国的城镇化建设寓于世界各国的发展之中，将中国城镇化的经济增长效应与高收入、中等收入和低收入国家进行系统对比；对典型城镇化模式进行经验总结，为提高中国城镇化建设质量提供国际经验借鉴。此外，在中国内部，城市和农村之间、各区域之间的经济增长及城镇化建设也存在较大的地区差异，因此，本书对不同区域和省份的具体情况进行系统对比，以切实反映中国经济增长的实际情况，有效解决现实问题。

（3）实证分析法。在理论研究、数据搜集的基础上，为准确反映中国城镇化建设对经济增长的作用机制，本书首先对各省份的城镇化建设水平和经济增长发展现状进行定量、定性分析；其次从供给侧和需求侧入手，分别对城镇化建设与产业结构调整、全要素生产率增长、城乡收入差距等经济增长构成部分的作用程度进行实证分析，测度了农村人口迁移、市民化及城市规模扩大等城镇化建设内容对经济增长和经济结构调整的影响，论证了提高城镇化建设数量和建设质量是新常态下促进经济持续增长的重要动力。

（4）问题分析法。本书在研究对象和研究内容的确定过程中，以马克思主义城乡关系理论和中国特色社会主义理论体系为指导，以中国特色社会主义建设过程中出现的城镇化问题和经济增长问题为导向，对中国经济增长与城镇化建设过程中出现的具体问题及原因进行分析说明，拟对经济发展新常态下实现经济持续有效增长提供针对性政策建议。

1.4 研究难点、拟实现的创新和不足

1.4.1 研究难点

为实现预期的研究目标，本书需要解决以下几方面的研究难点：

（1）本书的主要研究对象为中国的城镇化建设对经济增长的影响，在理论框架的构建与模型的设定中，需将各项城镇化建设的具体内容纳入到经济增长研究之中，并充分体现中国特色社会主义制度的优越性及"以人民为中心"的指导思想。因此，如何将反映城镇化建设不同层面的指标纳入中国特色社会主义经济增长的理论分析之中，是本书进行理论分析和实证研究的关键和难点之一。

（2）在中国城乡二元管理体制下，传统城镇化建设中人口城镇化建设的滞后性积累了大量的经济问题与社会矛盾，那么，如何在理论研究和实证分析中将城镇化建设的不同阶段及滞后期的影响体现出来？在经济发展新常态下，以人为本的新型城镇化建设过程中具体实现路径对经济增长及其构成部分的作用又如何，也是本研究的难点之一。

（3）在理论分析的基础上，需选取合理的指标和实证方法，并搜集充分有效的数据进行实证分析，以验证中国城镇化建设对经济增长速度及质量的影响及作用程度；同时，需对人口城镇化、土地城镇化建设等不同城镇化建设实践路径及其建设数量与质量对经济增长的影响差异进行系统比较分析，找到阻碍城镇化正向效应发挥的主要障碍。

1.4.2 拟实现的创新点

在已有研究的基础上，本书拟从以下几个方面进行创新：

第一，研究视角方面。本研究立足于中国经济发展步入新常态以来城乡间经济增长的不充分不平衡具体问题，从城镇化建设的视角入手，分别对土地城镇化、人口城镇化及其"迁移"和"市民化"的阶段性分离等内容对于经济增长的影响进行论证和说明，以充分解释城镇化建设水平的提高及经济增长动力机制的形成过程，为相关研究提供借鉴。

第二，理论分析方面。当前国内外学者对城镇化建设的研究大多集中在城市人口集聚程度上，本书以马克思主义城乡关系理论和中国特色社会主义理论为指导，借鉴了区域学、新经济地理学等相关经济增长理论，从城镇化过程中要素的空间集聚和重新配置产生的集聚效应和扩散效应入手，将中国特色社会主义发展理念运用于城镇化建设和经济增长关系的研究中。本研究充分认识到中国"以人为本"的新型城镇化过程中"市民化"建设的重要性，将人口城镇化建设过程划分为向城镇迁移和市民化的两个阶段，以体现城镇化建设的数量和质量差异。

第三，实证研究方面。在对不同城镇化建设实践内容对于经济增长及其构成要素的影响分析中，充分认识到不同国家、地区、省份在各发展阶段中存在的异质性差异，采用宏观面板数据进行 GMM 和时间序列 VAR 模型等实证分析；此外，考虑到宏观数据研究的局限性，将宏观研究与微观分析相结合，对城镇化建设过程中迁移农民微观个体的状况进行 Order Probit 实证分析。拟在宏微观多维度实证分析和对比研究中找到促进我国城镇化建设水平、提高经济增长质量的有效途径。

1.4.3 研究不足

本书在研究难点和拟实现的创新点方面做了大量工作，但由于研究方法和数据的局限，仍存在以下不足：

第一，本书主要从宏观视角对城镇化建设和经济增长关系进行说明，然而仅进行宏观分析难以说明农民个体在迁移决策和市民化进程中的差异性和特殊性，由于可获得数据的限制，本书的微观样本分析仅限于对我国长三角地区部分迁移农民 2011 年的调研数据，有效样本和实证结果具有一定的地域和阶段局限性。在以后的研究中，将加大对有效数据的挖掘和调研力度，多渠道获得更加全面的微观、中观数据，进一步完善研究结果。

第二，由于经济增长问题的系统性和复杂性，本书的研究着重对近年来中国的经济增速，决定经济增长质量的产业结构调整、增长效率与城乡收入差异等主要方面进行系统说明，但未能对经济增长的所有构成因素及影响因素进行详细说明，在以后的研究中将做进一步完善。

第 2 章 国内外文献综述

从城镇化建设的视角出发,拟系统探寻中国经济发展步入新常态以来经济增长的新动力,首先需对当前学者的研究成果和结论进行充分了解和梳理。为了系统梳理国内外学者对于城镇化与经济增长关系的研究现状,本章从城镇化建设产生的要素集聚、产业结构调整和城乡协调发展等效应入手,对国内外学者的相关研究成果进行总结和评述,并对学者们对于中国特色社会主义制度下的城镇化建设产生的背景、存在的问题及其与经济增长关系的研究进行重点说明,拟在现有研究成果的基础上为本书的论述提供文献支撑。

2.1 国外相关文献综述

2.1.1 要素空间聚集与经济增长

城镇化的推进,其实质是人口、资本和土地等生产要素在空间上的聚集和流动,而要素集聚产生的规模效应和扩散效应是满足经济增长各项要求的基础。基于城镇化建设过程中要素流动的重要性,新古典经济学、新地理经济学等学派的大量学者从中心城形成引起的要素流动效应视角来探究城镇化建设对经济增长的作用机制。

韦伯(Weber,1929)的研究表明在城镇化过程中,服务业的发展会自发地在村庄之间形成多中心区域的网络体系,原本分散的农村会逐渐向各中心区域靠拢;劳动人口等生产要素向中心区域的空间聚集降低了经济发展的交通成本和服务费用,城镇化过程中要素的集聚使经济增长的成本大大节约。[1] 大量研究结论表明，生产要素向中心城聚集的城镇化不仅促进城市的发展，对周边地区、产业的发展亦产生显著的外部性，进而对经济增长产生了积极的推动效应。对于这一外部性的产生与适用性，学者们也进行了深入的探讨。其中，亨德森（Henderson，1974）[2] 等学者认为，人口和资本等要素聚集的正向外部性仅存在于具有一定关联性的产业之间。在各国的城镇化推进过程中，空间上聚集的企业并不一定具有相应的关联性，而不相关产业的聚集使企业的生产、社会成本提高，迫使部分产业被迫迁出聚集地，因此，城镇化建设过程不仅对经济增长具有正向推动作用，盲目的要素聚集亦会给经济增长带来负效应。

上述学者从要素空间流动的聚集效应角度对城镇化的形成及其作用进行说明，但分析大多建立在完全自由竞争的市场环境下，具有一定的局限性，难以有效解释现实问题。因此，有学者突破了完全竞争假设的束缚，从中心区域和外围区域的相互关系视角对要素空间集聚对经济增长的作用机制进行拓展探索。其中，阿根廷经济学家劳尔·普雷维什（Raúl Prebisch，1959）将世界划分为具有同质生产结构的"中心"（发达国家）和异质生产结构的"外围"（发展中国家），在国际分工专业化日益深化的背景下，落后的"外围"国家逐渐成为"中心"国家的原料提供地，[3] 这一分工的定位导致了技术进步利益分配中的不平衡，为中心—外围理论的形成奠定了理论基础。在此研究的基础上，克鲁格曼（Krugman，1991）[4] 和藤田（Fujita，1988）[5] 等学者从不完全竞争市场的环境出发，在边际收益递增的假设下，将规模经济和运输成本纳入均衡分析，并对迪克斯特—斯蒂格利茨垄断竞争模型（Dixit et al,

---

[1] Weber A., Theory of the Location of Industries. Chicago: University of Chicago Press, 1929, pp. 102 – 112.

[2] Henderson J. V., The Sizes and Types of Cities. *American Economic Review*, Vol. 61, No. 2, 1974, pp. 640 – 656.

[3] Raúl Prebisch, Commercial policy in the underdeveloped countries. *American Economic Review*, Vol. 49, 1959, pp. 251 – 273.

[4] Krugman P., Increasing Returns and Economic Geography. *Journal of Political Economy*, Vol. 99, 1991, pp. 483 – 499.

[5] Fujita, M., Krugman P. and A. J. Venbales, *The Spatial Economy: Cities, Regions and International Trade*. Cambridge: MIT Press, 1999.

1977)① 进行修正，提出了"核心—周边"模型（Core—Periphery 模型，简称为 CP 模型），进而创建了新经济地理学。他们认为，劳动力要素向城市集聚使企业间的生产、运输成本得到节省，随着人口聚集和城市化水平的提高，国际分工和专业化程度不断深化，推动着经济增长。大量学者对"核心—周边"理论进行修正和完善，其中，马丁和罗杰斯（Martin&Rogers，1995）等学者将资本要素的流动纳入到 CP 模型中，用资本的跨国流动代替了克鲁格曼的劳动力资源流动，提出在国际贸易中，资本会自动流向基础设施比较完善的国家和地区，不同国家间基础设施水平的改善程度是形成产业区位的基础，也是促进经济增长的重要条件，进而形成了自由资本模型（简称为 FC 模型）②。亨德森（Henderson，2003）等学者将动态均衡分析纳入模型中，对 CP 模型进一步给予修正，从中心区域和外围区域的长期互动过程中寻找经济增长的本质，使该理论更能有效地解释当时各国的经济现象③。

在经典理论模型推导的基础上，大量学者还从实证分析的角度论证了城镇化过程中的劳动力等要素集聚对经济增长的推动作用，得出城镇化对经济增长的作用机制主要体现在城市经济增长产生的集聚效应上（Wheaton 和 Shishido，1981）④。其中，威廉姆森（Williamson，1988）等学者通过对英国和第三世界国家的城镇化发展经验进行实证研究，验证了这一结论，得出大多数国家城市经济的发展主要依赖于农村人口在空间上的流动和集聚，而城市净出生人口的推动作用非常有限⑤。费景汉等（John C. H. Fei et al.，1999）认为，随着现代增长时代的到来，正是农业人口不断涌入非农业人口才使推动城乡二元结构向合理化变

---

① Dixit A. and J. Stiglitz, Monopolistic Competition and Optimum Product Diversity. *American Economic Review*, Vol. 67, 1977, pp. 297 – 308.

② Martin P. and Rogers C. A., Industrial Location Public Infrastructure. *Journal of International Economics*, Vol. 39, 1995, pp. 335 – 351.

③ Henderson J. V., *Urbanization Economic Geography and Growth*. Handbook, 2003.

④ Wheaton W. and H. Shishido, Urban Concentration, Agglomeration Economies, and the Level of Economic Development. *Economic Development and Cultural Change*, Vol. 30, 1981, pp. 17 – 30.

⑤ Jeffrey G. Williamson, Migrant Selectivity, Urbanization, and Industrial Revolutions. *Population and Development Review*, Vol. 14, No. 2, 1988, pp. 287 – 314.

迁①。斯凯尔斯等（Shatter et al., 1996）认为，这一作用机制主要体现在城市人口集聚过程所产生的正向外部性，对周边城郊地区及农村经济发展的带动②。但并不是要素的集聚程度越高，GDP 就会随之持续增长，城镇化过程中劳动力资源的过度集聚也会对经济增长产生一定的负效应，日本学者大野健一（Ohno, 2009）等对拉美国家和东南亚部分新兴国家的发展历程进行研究得出，在经济增长过程中，人口的过度集聚导致了这些发展中国家的经济增长陷入了"中等收入陷阱"，城市巨大的人口压力使经济增长难以获得突破③。因此，城镇化过程中要素的空间集聚存在一定的度，而对集聚程度最根本、最直接的衡量标准就是人均 GDP，亨德森（2003）认为这一最佳的度是人均 GDP 等于 2400 美元，如若超过这一标准，劳动力要素集聚程度的提高则会带来经济的负增长④。

2.1.2 产业结构调整与经济增长

为了说明城镇化对经济增长的作用机制，大量学者从产业结构调整的视角进行研究。新西兰经济学家费歇尔（Fischer, 1935）首次提出三次产业的划分方法，他指出在人类社会发展过程中，经济活动主要经历了以下三个阶段：（1）以农业和畜牧业为主的初级阶段，并将这一阶段的产业定义为第一产业；（2）英国工业革命后的机器大工业迅速发展阶段，在此阶段制造业取得较快发展，将此类产业设定为第二产业；（3）20 世纪初开始，大量的资本和劳动向非物质生产部门集聚，形成第三产业。⑤ 三大产业划分的研究方法自提出以来就受到广泛认可，大量学者在此基础上逐渐对该理论进行完善并建立起了产业结构体系。三

---

① John C. H. Fei and Gustav Ranis, *Growth and Development From an Evolutionary Perspective*. Blackwell Publishers Ltd, 1999.

② Moomaw, Ronald L. and Shatter A. M., Urbanization and Economic Development: A Bias toward Large Cities. *Journal of Urban Economics*, Vol. 4, No. 1, 1996, pp. 13 – 37.

③ Ohno K., Avoiding the Middle-income Trap: Renovating Inderstrial Policy Formulation in Vietnam. *ASRAN Economic Bulletin*, Vol. 26, No. 1, 2009, pp. 25 – 43.

④ Henderson J. V., *Urbanization, Economic Geography and Growth*. Handbook, 2003.

⑤ Fisher, Barnard A. G., *The Clash of Progress and Security*. Journal of Women's Health, 1935.

次产业产值所占的比重和产业发展状况在不同增长阶段各不相同，由产值和就业人员比重变化所产生的产业结构调整成为推动经济增长的重要动力。

　　对于产业结构的演化规律，学者们进行广泛的探讨并形成具有代表性的理论，提出在经济发展的过程中，三大产业的产品及其附加值的差异使行业间劳动者的报酬也呈现出较大差异。英国经济学家威廉·配弟（William Petty，1961）充分认识到行业间劳动收入的异质性，并以运输业船员和农民为例进行对比，发现船员的收入超出农民的3倍以上，因此，他认为在三大产业中，比起农业来，工业的收入较多，而商业的收入比工业还要多[1]。行业间在收入弹性和劳动报酬上的较大差异，逐渐形成了就业结构调整和产值结构变化的动力，从而推动产业结构的调整和完善。克拉克（John Bates Clark，1940）在《经济进步的条件》一书中以三次产业划分为基础对就业结构的变化趋势进行总结，提出在市场条件下，劳动力资源自发地由低级产业向高级产业流动，即先由第一产业流向第二产业，之后再向第三产业转移，这一就业结构调整导致产值结构的重心也逐渐转向第二、第三产业，因而形成著名的配第—克拉克定理[2]。在理论分析的基础上，库兹涅茨（Kuznets）继承和发展了配第—克拉克理论，并通过对57个国家的截面数据进行实证分析，得出在人均收入较低的经济增长阶段，产业结构的调整主要表现为农业部门产值份额向非农业部门转移的趋势；当国民收入处于较高阶段时，产业结构的调整则主要体现在工业和服务业的调整上，从而得出产业结构的调整升级受到人均收入水平的影响。学者们从就业结构、产值结构变化的视角对产业结构调整问题进行充分说明，对实体经济发展具有较强的指导意义，虽然各国对于三次产业的划分及产业结构调整的构成部分界定存在一定的差异，但在产业结构调整的基本趋势上表现出较强的一致性。

　　在对产业结构及其变化趋势进行说明的基础上，大量学者从生产函数的视角，对产业结构调整过程中产生的产业聚集经济对经济增长的作用进行研究。他们认为所谓的产业聚集经济是指在不同区域间和区域内

---

[1] [英]威廉·配第著，陈冬野译：《政治算术》，商务印书馆1978年版。
[2] Clark J. S. and J. C. Stabler, Gibrat's Law and the Growth of Canadian Cities. *Urban Studies*, Vol. 28, No. 4, 1991, pp. 635–39.

部，社会资源及要素由初始的分散分布状态逐渐向某地集聚的过程，众多企业聚集在一起，企业主体间共享生产要素和社会服务，社会分工进一步深化，生产、交易和创新成本降低。产业聚集经济对经济增长发挥作用的实质是经济活动的外部性。马歇尔（Marshall）在 1890 年就已提出集聚经济的外部性是促进产业结构发展及劳动生产率提高的重要因素之一，同时，他提出产业集群的积极效应是否能得到有效发挥依赖于以下三个社会条件：（1）良好的上下游配套供给网络；（2）劳动力资源的自由流动及人力资本的提高；（3）知识和信息的外溢效应等[①]。在马歇尔产业集聚理论的基础上，学者们将要素集聚的外部性进行时间维度的拓展，并提出了动态外部性，研究大多认可产业集聚效应对经济增长的推动作用；但对于产业集聚效应过程中技术创新正外部性的来源，学者们存在一定的分歧。根据观点的不同，可将产业集聚过程中的技术创新外部性归纳为 Mar 外部性、Porter 外部性和 Jacobs 外部性等类型，其中 Mar 外部性和 Porter 外部性在强调社会分工专业化重要作用的同时，主张技术外部性主要形成于产业内部，从而强调了产业内部企业集聚对经济增长的促进作用；而 Jacobs 外部性则认为产业间聚集产生的技术外部性起主导作用，主张在经济增长过程中要逐渐形成差异化、多元化的产业集群，以充分发挥技术进步和知识积累的正外部性效应，从而实现经济增长过程中城市产业群的规模经济。

为了分析上述外部性在不同国家的适用性，学者们通过构建外部性评价体系对典型国家的情况进行实证测度。其中，亨德森等（Henderson et al.，1996）通过构建动态外部性函数对美国 8 个制造业发展的外部性程度进行测度，得出美国制造业专业化分工深化的过程中，就业人员通过培训和干中学等途径逐渐推动了高新技术产业和创新产业的发展。该研究证实了产业结构调整过程中的第二产业集聚产生了 Mar 外部性，成为经济增长的重要条件，制造业等第二产业的规模化发展在一定阶段对整体经济的增长起到积极推动作用。此外，罗伯特（Robert，2002）等学者则选用全要素生产率来构建外部性测度函数，对日本 1975～1995 年的产业集聚过程中的动态外部性进行研究，发现此阶段内，日本制造业的集聚正外部效应比较微弱，产业集聚对经济增长的正

[①] Marshall A., *Principles of Economics: an Introductory Volume.* Canada: McMaster University, 1890.

外部效应主要体现在服务业。① 不同经济发展阶段和市场环境中,各国产业集聚的外部性呈现出一定的差异性,部分学者对这一差异进行探讨,其中,菲利普(Philippe,2000)的实证研究结果表明,产业集聚经济的外部性与劳动力资源的流动程度正相关,与美国相对自由的劳动市场相比,欧洲劳动力市场的流动性相对较低,其产业集聚外部性效应的发挥受到一定抑制,对经济增长的推动性较弱;当专业化分工达到一定阶段后,产业集聚的 Mar 外部效应会逐渐消失。②

产业经济在空间上的流动和集聚是城镇化的重要实现形式之一,城镇化的过程也是资本、劳动和政策倾斜等因素由第一产业逐渐向城市中第二、第三产业集聚的过程,因此,从城镇化的视角研究产业结构调整对经济增长的作用机制也成为学者们关注的焦点。科尔克(Kolko,2010)等学者的研究表明城镇化过程中产业集聚对经济增长的推动作用,主要通过服务业等第三产业的发展来实现③。同时,有部分学者关注到城镇化进程对产业结构升级和经济增长也产生一定的负面影响,尤其是在经济水平较低的发展中国家,其中,法尔哈纳等(Farhana et al.,2012)经济学者的研究提出当经济发展到一定阶段时,处于全球产业链底端的发展中国家大多采取高污染、高消耗和高排放的增长方式,城市中产业集聚和企业数量的增加不利于传统产业的转型和升级。④ 此外,罗纳德(Ronald,1998)等学者认为发展中国家城镇化过程中传统产业集聚的发展模式阻碍了创新产业和新兴技术产业的形成和扩大,不利于产业结构的合理化和高级化演进,从而对经济增长产生负向效应。⑤ 在经济增长的过程中,如何发挥城镇化建设中产业集聚对经济增长的正效应是发展中国家跨越中等收入陷阱,实现经济持续增长的

---

① Dekle R., Industrial Concentration and Regional Growth: Evidence from the Prefectures. *Review of economics and statistics*, Vol. 84, No. 2, 2002, pp. 310 – 315.

② Combes P. P., Economic structure and local growth: France, 1984 – 1993. *Journal of Urban Economics*, Vol. 47, No. 2, 2000, pp. 329 – 355.

③ Kolko J., *Urbanization, Agglomeration and Coag-glomeration of Service Industries*. Chicago: Universityof Chicago Press, 2010.

④ Farhana, Khandaker, S. A. Rahman, and M. Rahman, Factors of Migration in Urban Bangladesh: An Empirical Study of Poor Migrants in Rahshahi City. *Social Science Electronic Publishing*, Vol. 9, No. 1, 2012, pp. 105 – 117.

⑤ Hope K. Ronald, Urbanization and Urban Growth in Africa. *Journal of Asian and African Studies*, Vol. 33, No. 4, 1998, pp. 345 – 358.

主要途径和关键。

2.1.3　城乡二元差异与城市化建设的推进

"城镇化"的使用，是在中国特色社会主义制度下对中国城乡发展特殊情况的描述，而在世界各国的城乡发展中，"城市化"的使用更为广泛。对于城市化的来源及定义，国外学者进行广泛探讨，其中，西班牙学者赛达尔（Ildefonso Cerde，1867）首次用"城市化"（Urbanization）来描述城乡发展过程中的过渡阶段，之后城市化一词被广泛应用。大量学者对城市化的内涵进行界定，部分学者认为城市化的内涵主要体现为农村人口向城市的转移和集聚，城市人口占比的增加；在此基础上，学者对城市化的内涵不断进行拓展，提出城市化不仅表现为人口的迁移，还体现在农村产业、土地等经济因素向城市转变以及社会文化的转变等层面（Harvey，1985）[①]，是一个系统性的建设过程。

威廉姆森（Williamson，1965）提出，在经济增长的过程中，由于地区之间自然资源、人力资本、市场环境等方面存在的差异，地区经济的不平衡增长是经济发展过程的阶段性产物，而城乡差异成为阻碍经济增长的主要因素，同时也推动着城市化建设的形成[②]。大量学者从城乡二元差异的视角对城市化的产生进行说明。早在1938年，赫伯尔（R. Herberle）就在城市和农村两部门经济假设的基础上，构建了劳动力迁移的推拉理论模型，他认为在经济发展的过程中，城乡劳动力迁移是农村推力和城市拉力共同作用的结果，而这一推拉力最直接的体现是城乡之间的收入差距。赫伯尔的推拉理论为城乡二元结构下的经济增长研究提供了良好的理论基础，之后大量学者从这一视角对劳动人口迁移和城市化的形成给出解释。其中，刘易斯（Lewis，1954）首次提出了农业部门和非农业部门并存的二元经济结构理论，他认为发展中国家存在技术先进的工业部门和落后的农业部门并存的二元体制，随着工业化过程的不断推进，农业部门成为非农业部门的劳动力供给地，农村剩余

[①] Harvey D., *The Urbanization of Capital: Studies in the History and Theory of Capitalist Urbanization*. Johns Hopkins University Press, 1985.

[②] Williamson J. G., Regional Inequality and the Process of National Development: A Description of the Patterns. *Economic Development and Cultural Change*, Vol. 13, No. 4, 1965, pp. 3–45.

劳动力持续向城市部门转移,城市化进程产生;当农村剩余劳动力减少到一定程度时,非农业部门的工资水平上涨,刘易斯拐点出现;农业部门向城市非农业部门劳动力资源的转移是消除城乡二元结构的重要途径,人口迁移推动下的城市化是发展中国家摆脱贫困的唯一途径,刘易斯二元结构理论的构建为区域经济学的形成奠定了基础。[1] 此后,拉尼斯和费景汉（Gustav Ranis and John C. H. Fei, 1964）等学者对刘易斯的二元结构模型进行修正,提出了在农业部门和非农业部门均衡增长的假设,他们认为劳动力在部门之间配置是城乡二元经济发展中出现的根本现象,其原因在于部门间的工资差异;农业劳动力向非农业部门迁移可划分为三个阶段,其转折点分别为短缺点和商业化点;当经济跨过商业化点进入第三阶段后,农业剩余劳动力全部转移。因此,经济增长的目标是通过劳动力资源的再配置来消化农村剩余劳动力,促进城乡经济均衡增长。此外,美国经济学家乔根森（Jogenson, 1967）在新古典主义理论的基础上也对刘易斯二元体系进行发展,并提出工业部门的发展取决于城市化过程中的劳动力迁移数量,劳动力向城市转移的前提是农村剩余劳动力的存在,工业化的推进依赖于农业[2];虽然该模型对二元经济结构下的农业剩余劳动力的迁移和城市化的产生做了充分解释,但是由于忽视了对农业投资的重要性和城市失业等问题的研究,适用程度具有一定的局限性。20世纪六七十年代,许多国家的城市部门中出现严重的失业问题,同时,越来越多的农民试图进入城市,城市化对发展产生了负面效应,传统的二元理论难以解释这种现象,为了弥补传统理论的不足,托达罗（Todaro, 1969）在对已有的理论进行综合的基础上,提出了托达罗人口迁移理论,以解释城市化过程中人口集聚和城市失业并存的问题,他认为农村剩余劳动力的迁移数量与城乡预期收入差异正相关;而城市的预期收入取决于城市既定的岗位工资水平和农民获得就业岗位的概率,农民获得城市就业岗位的可能性越大,迁移的数量就越多,但并不是所有迁移者都能顺利在城市部门就业。托达罗的人口迁移理论通过对微观个体进行成本—收益分析,为提高城市化建设水平发挥

---

[1] Lewis W. A., Economic Development with Unlimited Supplies of Labor. *Manchester School of Economics and Social Studies*, No. 22, 1954, pp. 139 – 191.

[2] Jorgenson D. W., Surplus Agricultural Labor and the Development of a Dual Economy. Oxford Economic Papers, Vol. 19, No. 3, 1967, pp. 288 – 312.

了重要的指导作用。

还有学者认识到政策倾斜在城乡经济发展中的重要作用，从政策因素进行了分析。其中，雷诺和伯特兰德（Renaud and Bertrand，1981）认为政府在物价、税收、补贴等方面的政策倾斜和偏倚及其对经济部门的影响是城乡二元结构形成的重要条件，城市部门的政策优势吸引着农村人口向城市部门转移[①]。戴维斯和亨德森（Davis and Henderson，2001）等学者的实证研究也证明了这一结论，他们认为在资本主义体制下，政策倾斜对城乡人口迁移和城市化间接地发挥作用，主要通过部门结构的调整来引导就业结构的调整和人口布局的变化进而作用于经济增长[②]。为了测度政策因素对城镇化的影响程度，贝克尔等（Becker et al.，1992）美国经济学者构建了 CGE 动态模型，分别测度了贸易条件、货币政策和行业政策对城市和农村经济增长的影响，得出政策对城市经济的推动作用大于对农村经济的影响，城市化进程是城市技术、贸易发展外部性的成果[③]。此外，格莱泽和艾德思（Ades and Glaeser，1995）等学者立足于当前经济增长中的不平衡问题，从资本积累的视角对政策因素进行解读，认为政府制度，尤其是城乡投资政策，使社会资本涌向城市，城市资本积累的增加在一定阶段内对经济增长产生积极作用；当资本积累到一定程度时，对社会资本的垄断性优势使大城市逐渐拥堵，生活成本增加。[④] 因此，政策对城市的一味倾斜也是导致当前发展中国家城市化建设质量不高、经济增长不平衡的主要原因。

2.1.4 城市化与经济增长关系研究

从 1960~1995 年，在工业化的推动下，世界经济快速增长，经济水平不断提高，各国纷纷开展了农村人口向城市聚集的城市化进程，并

[①] Renaud and Bertrand，*National Urbanization Policy in Developing Countries*. Oxford University Press，1981.

[②] Davis J. C. and J. V. Henderson，Evidence on the Political Economy of the Urbanization Process. *Journal of Urban Economics*，Vol. 53，No. 1，2004，pp. 98 – 125.

[③] Becker C. M. and Williamson J. G. and Mills E. S.，*Indian Urbanization and Economic Growth Since 1960*. Baltimore：The Johns Hopkins University Press，1991.

[④] Glaeser E. L. and Ades A. F.，Trade and Circuses：Explaining Urban Giants. *Quarterly Journal of Economics*，Vol. 110，No. 1，1995，pp. 195 – 227.

基本席卷全球，但不同经济水平的国家之间存在较大差异。20世纪70年代中期发达国家的城市化在达到较高的程度后，增速逐渐放缓；截至1995年，拉美国家也已经基本接近发达国家的城市化水平，但撒哈拉以南的非洲和亚洲国家的城市化发展水平较低（Henderson，2003）。随着世界经济的发展与城市化建设的不断推进，对于经济增长与城市化建设水平的关系问题逐渐成为学者们关注的焦点，有学者认为城市化是人类社会发展过程中的过渡阶段，是一个暂时的历史现象，当经济社会发展到一定阶段，城市化过程会逐渐消失。研究城市化建设对经济增长的作用机制对世界经济，尤其是发展中国家的经济增长具有重要的指导意义。

　　大量学者对于城市化与经济增长的相关性展开多层面的系统分析。其中，库兹尼茨（Kuznets，1955）通过对世界经济的增长进行核算，得出经济增长具有一定的周期性，其原因在于劳动力流动和人口结构的变化，随着农业人口向城市迁移，社会结构发生一系列转变，工业化和城市化是实现社会变革的两大主体[1]。贝克尔和威廉姆森（Becker and Williamson，1991）的研究得出，经济增长与城市化的发展呈相同趋势，城镇人口增长的"S"型趋势导致国际人均GDP的增长也成"S"型[2]。亨德森（Henderson，2000）在国际数据的比较分析中得出，城市化率与人均GDP的相关系数达到0.85。因此，学者大多认可促进经济增长是城市化发展的首要目标，城市化建设水平的提高对经济增长具有显著的正效应[3]。此外，学者们（Krey et al.，2012[4]）将研究的重点转向发展中国家，认为在经济增长较快的发展中国家，尤其是中国和印度等人口大国（O'Neill et al.，2012[5]），城市化为维持经济高速增长的过程中

---

[1] Kuznets S., Economic Growth and Income Inequality. *American Economic Review*, Vol. 45, No. 1, 1955, pp. 1–28.

[2] Becker C. M. and Williamson J. G., *Indian Urbanization and Economic Growth Since 1960*. Baltimore: The Johns Hopkins University Press, 1991.

[3] Henderson J. V., *The Effects of Urban Concentration on Economic Growth*. NBER Working Paper, 2000.

[4] Volker Krey et al., Urban and Rural Energy Use and Carbon Dioxide Emissions in Asia. *Energy Economics*, Vol. 34, 2012, pp. 272–283.

[5] Brian C. O'Neill, Xiaolin Ren, Leiwen Jiang and Michael Dalton. The Effect of Urbanization on Energy Use in India and China in the iPETS Model. *Energy Economics*, Vol. 34, 2012, pp. 339–345.

发挥着引擎作用，是经济增长的重要动力。

大量学者对这一正效用的作用机制进行说明，得出城市化推动经济增长主要通过以下几方面发挥作用：（1）农村人口在向城市转移和集聚的过程中，使城市的人力资本和物质资本投资增加，技术和信息水平随之提高；（2）由于迁移人口在社会资本和网络关系方面的特殊性，随着迁移农民在农村和城市之间的往返以及其亲属的作用，信息技术逐渐向农村渗透，产生正的外部性（Gallup et al.，1999）[1]；（3）农村剩余劳动力及其家属在城市的定居和融合等行为，有利于提高农民收入，促进居民消费，缩小城乡之间的收入差距。

在城市化建设对经济增长的推动过程中，政府决策发挥着重要作用，政策决策的作用机制既体现在经济发展的宏观政策上，如开放程度、政府税收、补贴等（Renaud，1981）[2]，也体现在对交通、教育等公共设施的投资力度上。大量学者以日本和韩国等东亚国家为例，证实了政府宏观政策在城乡经济发展中的积极作用。研究表明，在城市化建设初期，日本国内出现了严重的地区经济不平衡，三大都市圈人口膨胀给经济增长带来困扰；为提高落后地区的经济赶超能力，在城市化建设后期，日本政府通过五次全国综合开发政策，大力支持落户地区生产，鼓励农业发展。在政策引导下，日本的城市化建设取得较快发展，城乡经济一体化水平较高，从而促进了日本整体经济的快速增长。此外，亨德森等（Henderson et al.，1996）的研究提出，韩国经济的整体增长取决于城市化过程中基础设施投资的增加和交通环境的改善，政府固定资产投资对落后地区的经济发展起到至关重要的作用[3]。因此，在经济增长的过程中，有效的政府决策和政策倾斜对提高城市化建设质量、促进区域经济协调发展发挥着重要作用，是经济持续增长的重要条件。

那么，在经济增长的过程中，是否存在最优的城市化水平？学者们对这一最优城市化率进行测度，其中，亨德森（2003）通过对不同国家间的面板数据进行工具变量回归分析，结果显示，经济增长率是测度

---

[1] Gallup J. L., Sachs J. D. and A. D. Mellinger, Geography and Economic Development. *International Regional Science Review*, Vol. 22, No. 2, 1999, pp. 179–232.

[2] Renaud B., *National Urbanization Policy in Developing Countries*. Oxford University Press, 1981.

[3] Henderson J. V. and Kuncoro A., Industrial Centralization in Indonesia. *World Bank Economic Review*, No. 10, 1996, pp. 513–540.

城市化建设是否合理的根本指标,最优的城市化水平是能实现经济增长率最大化时的状态,验证了最优城市化率结论的存在性与普遍适用性。在此基础上,大量学者基于不同国家的数据进行了实证检验。[①] 世界银行课题组(World Bank Group,1996)对中国1978~1995年的测度结果表明,中国的城镇化建设对经济增长的作用以正向效应为主,贡献率达到16%[②],尚未达到最优的城镇化规模;还有部分学者对中国的情况进行实证研究,进一步证实了这一结论,并发现随着经济的增长,到1997年,中国的城镇化贡献率比世界银行的测算高出4.2%,城镇化建设水平提高,有利于中国经济增长的实现(Cai Fang and Wang Dewen,1999)。[③]

综上所述,国外学者们从城市化的产生、要素集聚经济、主要影响因素及其对产业结构的影响等角度,对城市化建设与经济增长的相互关系及作用机制进行理论分析和实证论证。研究一致认可城市化对经济增长产生积极推动作用,提高城市化建设质量是当前各国(尤其是发展中国家)经济增长过程中共同面临的难题,将城市化建设作为促进经济增长的重要突破口具有一定的理论意义和现实意义。但当前学者的研究大多集中在对正向效应的研究上,而在发展中国家的建设过程中,城市化的负面效应逐渐凸显,现有研究对于城市化在经济增长过程中正效应发挥所需条件,及如何避免城市化建设过程中人口资源过度集聚等方面的论证尚不完善。

2.2 国内相关文献综述

2.2.1 我国经济长期波动分析

对于我国经济新常态的出现和经济增速持续放缓的原因,很多学者

[①] Henderson J. V., *Urbanization Economic Geography and Growth*. Handbook, 2003.
[②] World Bank Group, *World Bank Development Report 1996*. World Bank Publications, 1996.
[③] Cai Fang and Wang Dewen, Sustainability and Labor Contribution of Economic Growth in China. *Journal of Economic Research* (*in Chinese*), No. 10, 1999, pp. 62-68.

(陈锐，2013[①]；汪红驹，2014[②]）从经济周期性波动的视角进行分析，认为当前我国经济下行的趋势是经济长期波动过程中经济结构调整和社会进步的必经环节。因此，对于我国的经济周期性波动及规律，大量学者进行探讨，并试图从中寻找新常态下新经济增长点形成的动力机制。

根据不同的波动周期标准，学者们将改革开放以来我国的经济周期划分为以下几种类型：（1）中长期型波动周期。如李建伟（2003）[③]等学者通过实证分析得出：到2000年，我国经济增长经历了多个平均波长为14年左右的中长期波动。（2）朱格拉周期波动。还有学者认为我国经济的波动周期在9~10年，平均波长小于中长期波动周期。其中，陈磊（2005）等的研究表明，在1978~2000年我国的经济增长符合朱格拉周期波动的特性，平均波动周期为9年[④]。（3）短周期波动。还有大量学者认为我国的经济波动周期大概在5年左右，属于短周期波动。如刘树成（2000）的研究得出，改革开放到1998年，我国经济增长呈现出显著的四个短周期波动，且波动幅度由"大起大落"型向"高位平缓"型转化，经济发展具有出较强的增长动力，表现出稳定性的增长趋势[⑤]。黄赜琳（2008）在此研究的基础上，采用H-P滤波法也将1978~2007年的经济波动划分为5个短周期[⑥]。

对于我国经济波动的周期长短，学者们所持观点不同，但对经济增长波动趋势的观点基本保持一致，他们大多认可我国的经济呈"增长型"波动，即在不同阶段GDP增速呈持续减缓的趋势，但各周期谷底的GDP总量持续提高，且周期性波动趋势减缓。经济增长速度在繁荣和萧条时期表现出不同的特征，在经济周期性波动的规律下，我国经济出现增速放缓的趋势是经济长期波动的阶段性表现，是经济发展的必经环节，这种现象的产生受到多方面因素的影响。对于我国经济增长的这

---

① 陈锐：《现代增长理论视角下的中国经济增长动力研究》，中共中央党校2013年。
② 汪红驹：《防止中美两种"新常态"经济周期错配深度恶化》，载于《经济学动态》2014年第7期。
③ 李建伟：《当前我国经济运行的周期性波动特征》，载于《经济研究》2003年第7期。
④ 陈磊、李颖、邵明振：《经济周期态势与通货膨胀成因分析》，载于《数量经济技术研究》2011年第8期。
⑤ 刘树成：《中国经济波动的新阶段》，上海远东出版社1996年版。
⑥ 黄赜琳：《改革开放三十年中国经济周期与宏观调控》，载于《财经研究》2008年第11期。

种平缓的周期性波动，刘金全、刘汉（2009）等学者认为主要原因在于消费、住房投资和固定资产投资等需求冲击的作用，供给冲击的作用并不明显，因此，主张要实现我国经济持续平稳增长，政府需更加注重对需求因素的调整和管理①。此外，还有大量学者提倡在经济周期性波动的过程中，推动供给侧方面的改革更适用于经济新常态的发展需要。

2.2.2 人口结构变动与经济增长

1. 城市经济增长中的人口结构

改革开放四十余年来，我国经济的增长主要依靠城市经济的较快增长来拉动，在此背景下，大量学者试图探寻城市经济增长的主要动力，以为未来经济增长新动力的形成提供借鉴。大量研究表明，城市经济的发展随着人口结构的变动而变化，虽然在经济水平较高的城市中出现了部分"逆城市化"现象，但从整体来说，城市劳动人口的增多与集聚推动着城市经济的增长。

我国各城市人口规模的增长主要来源于人口的自然增长、农村迁移人口和行政区划变动带来的人口增长三种途径（王桂新，2014 等）②，在不同的发展阶段城市人口规模增加的主要途径不同。吴汉良（1988）等学者较早地对城市人口增长的来源进行探索，他们的研究表明由于政策因素的限制，1985 年前我国城市人口规模的扩张主要源于人口的自然增长，人口迁移的作用微弱③。随着市场经济的发展和城乡收入差距的拉大，人口自然增长率对城市人口规模和城市经济增长的贡献逐渐减小，城市人口增长的主要来源逐渐转向城镇化过程中的农村迁移人口（胡英、陈金永，2002④）。王桂新、黄祖宇（2014）的研究证实了这一结论，他们认为 1996 年后城乡迁移人口逐渐成为促进城市人口规模增

---

① 刘金全、刘汉：《我国经济周期波动的非对称性检验——基于"三元组"检验方法的新证据》，载于《经济科学》2009 年第 3 期。

② 王桂新、沈建法、刘建波：《中国城市农民工市民化研究——以上海为例》，载于《人口与发展》2008 年第 1 期。

③ 吴汉良：《我国市镇人口增长来源的动态变化》，载于《经济地理》1988 年第 3 期。

④ 胡英、陈金永：《1990～2000 年中国城镇人口增加量的构成及变动》，载于《中国人口科学》2002 年第 4 期。

长和城镇化率提高的首要因素，对城市经济增长的贡献逐年增强；到2010年迁移人口对经济增长的贡献率达到15%，占城市新增人口贡献率的56%，即城市新增人口带来的经济增长一半以上来源于农村迁入的劳动力。① 因此，城镇化过程中的城乡迁移劳动力是城市建设和经济增长的主力军，在我国城乡二元结构下，对农村人力资本投资的缺位和迁移制度壁垒的存在使劳动力资源合理配置受到严重束缚，实现劳动力资源有效配置、促进经济持续增长的根本途径之一在于提高城镇化过程中城乡劳动力资源迁移与融合的数量和质量。

2. 人口结构变动趋势

基于人口迁移和结构变动对于经济增长的重要作用，大量学者对近年来我国的人口结构变动趋势进行深入探讨。有研究提出，自1972年计划生育政策实施以来，我国新增人口的数量急剧下降，人口增长进入低出生率、低死亡率和低自然增长率的阶段，人口结构逐渐从年轻型向年老型转变。人口结构老龄化的趋势对我国传统的经济增长方式产生较大冲击，人口红利逐渐消失，中国经济持续增长受阻。李建民（2015）等学者提出我国的人口结构变动亦呈现出新常态是经济增长新常态的主要原因之一。② 当前，我国人口结构调整的主要特征表现为：（1）劳动年龄人口总量呈下降趋势，人口抚养比重增加，人口老龄化结构性问题日益突出，劳动人口的抚养压力增加使劳动力成本逐渐上升（张杰、卜茂亮等，2012）③；（2）农村剩余劳动力的数量减少，农村不再是城市不限量人口供给的蓄水池，人口红利逐渐消失（蔡昉，2010）④；（3）在人口向城镇转移的城镇化过程中，虽然跨省迁移模式仍为当前城镇化建设的主要实现形式，但就地转移和就近转移等近距离的被动式城镇化以及农村自发的内生式城镇化等趋势日益增强，城镇化实现模式逐渐多元化。

---

① 王桂新、黄祖宇：《中国城市人口增长来源构成及其对城市化的贡献：1991~2010》，载于《中国人口科学》2014年第2期。
② 李建民：《中国的人口新常态与经济新常态》，载于《人口研究》2015年第1期。
③ 张杰、卜茂亮、陈志远：《中国制造业部门劳动报酬比重的下降及其动因分析》，载于《中国工业经济》2012年第5期。
④ 蔡昉：《人口转变、人口红利与刘易斯转折点》，载于《经济研究》2010年第4期。

3. 人口结构变动对经济增长的作用研究

随着人口结构的转变，我国传统制造业和服务业的人口红利逐渐消失，这也是经济增速放缓的主要原因之一。很多国内学者从人口红利的视角进行阐述（蔡昉、王德文，1999；中国人民大学宏观经济分析与预测课题组，2015）①②，认为改革开放以来中国经济的持续高速增长与廉价劳动力资源密切相关。随着生育率的降低和医疗技术的进步，我国逐渐由人口高出生、高增长阶段向低出生、低死亡、低增长的阶段过渡。

（1）人口结构老龄化使劳动人口的抚养负担增大，不利于劳动力资源密集的制造业的发展。要实现经济持续有效增长，需增加储蓄比重促进资本积累，降低劳动力的经济负担是内在要求。有研究表明我国的经济增长与人口抚养比负相关，劳动人口的抚养压力每降低1%，将刺激经济增速提高1.06%，劳动人口抚养压力降低对经济增长的贡献达到27%（王金营、杨磊，2010）③。

（2）人口结构性变动使传统的人口红利逐渐消失。我国人口结构的老龄化使刘易斯转折点出现，劳动力资源供给的减少促进了生产成本的增加，传统制造业依靠廉价劳动力的低成本优势随之丧失，因此，中国未来经济持续高效增长的关键在于通过政府职能转变和人力资本提升来再造"人口红利"（蔡昉，2010）。经济增速下行和人口老龄化趋势增强使企业中人力资源的流动性增强，尤其是在劳动密集型企业，员工的离职率较高。到2013年，通过城镇化实现转移的外地员工，其离职率达到40.5%（黄红芳等，2014）④，人员流动性较大使企业陷入更加不利的发展环境，也在一定程度上加剧了经济下行的压力。但并不是所有学者都认同人口红利在经济增长过程中的作用，丁志国、赵宣凯和苏治（2012）等学者对中国近13年的实证研究表明，劳动力资源供给的

---

① 中国人民大学宏观经济分析与预测课题组：《2014－2015年中国宏观经济分析与预测》，载于《经济理论与经济管理》2015年第3期。

② 蔡昉、王德文：《中国经济增长可持续性与劳动贡献》，载于《经济研究》1999年第10期。

③ 王金营、杨磊：《中国人口转变、人口红利与经济增长的实证》，载于《人口学刊》2010年第5期。

④ 黄红芳、汪晓霞、宋金萍：《新型城镇化，核心是人的城镇化》，载于《新华日报》2014年5月27日。

增加对三次产业的影响均不显著，中国经济增长中所谓的人口红利并不存在。① 但绝大多数学者认可人口结构老龄化和人力资本供给不足使我国依靠廉价劳动力资源的传统劳动力密集型产业逐渐失去比较优势，人口红利不再是当前经济增长的主要动力。

（3）劳动力配置效率较低。近年来，在劳动力供给数量逐年减少的同时，劳动力资源的配置效率也呈现出结构性矛盾，引起了学者们的高度关注。当前市场经济中出现了高技能人才缺失与失业并重的现象，劳动力资源配置效率较低（蔺思涛，2015）②。在人口结构老龄化的趋势下，实现经济增速降档和产业结构升级的过程也是劳动力结构从劳动密集型产业向技术密集型产业过渡的过程，要适应新常态、引领新常态，就要在经济增长的过程中，通过城镇化提高劳动力资源配置效率，提高劳动生产率。

学者们的研究从理论和实证研究视角验证了我国经济增长过程中人口结构变动的重要作用，并提出通过城镇化建设提高劳动力资源配置效率是形成经济增长动力的重要途径，对解决我国经济新常态下的新情况、新问题具有较强的指导意义，但学者的研究未系统说明作为个体的农民在迁移和市民化中遇到的具体问题及其与经济新常态下经济增长的相关性，对推动经济增长质量提升的指导意义具有一定的局限性。

2.2.3 我国的经济结构调整与经济增长

改革开放 40 余年来，我国的经济增长在总量上取得了令人瞩目的成就，这一成果受到国内外学者的一致认可，同时学术界也意识到，我国过去经济的高速增长主要依靠高储蓄、高投资、高消耗的粗放型方式推动（王小鲁等，2009③），在推动经济高速增长的同时也付出了巨大的代价，经济发展中的不平衡现象及资源环境过度消耗问题值得关注，大量学者称我国过去粗放型增长方式为"不可持续的增长"（Krugman，

---

① 丁志国、赵宣凯、苏治：《中国经济增长的核心动力—基于资源配置效率的产业升级方向与路径选择》，载于《中国工业经济》2012 年第 9 期。

② 蔺思涛：《经济新常态下我国就业形势的变化与政策创新》，载于《中州学刊》2015年第 2 期。

③ 王小鲁、樊纲、刘鹏：《中国经济增长方式转换和增长可持续性》，载于《经济研究》2009 年第 1 期。

1994；Young，2000）①②，学者们也逐渐将关注的焦点转移到经济增长质量上来。钞小静、任保平（2011）等的研究得出自1978年以来经济增长质量总体呈波动中不断上涨的态势，但1987～1993年出现了向下的波动，1994年之后经济增长质量不断提升。③ 在未来的发展战略中，我国必须对经济增长方式进行改革，在经济减速的同时更加注重增长质量的提升，以实现经济持续、有效增长（刘伟，张辉，2008④；金碚，2011⑤）。对于过去经济增长方式的定位和结论学术界仍存有争议，但随着近年来经济增长的矛盾及增速放缓等状况的出现，逐渐表明依赖要素投入来推动经济增长的模式必须转换。在劳动力和资本投入路径受限的条件下，寻找适合我国持续增长的动力机制和增长方式是当前迫切需要解决的问题。为实现我国经济的健康增长，大量学者提出我国劳动生产效率较低和经济结构失衡是造成经济增长质量不高的重要原因，并从多个视角进行系统说明。

（1）有学者从产业结构的视角进行研究。在国民经济的核算过程，GDP总量的增长源于农业、工业和服务业等三大产业的增长。在产业结构变化过程中，资源要素会由生产效率较低的部门向生产效率较高的部门转移，进而推进部门间资源配置的均衡与合理化（何德平和闫子恒，2019）⑥。新中国成立以来，受产业政策的影响，我国三次产业的结构逐渐由第一产业产值占比约70%的格局转化为2017年的7.9∶40.5∶51.6，产业结构逐步合理化，制造业支柱地位不断巩固，软件、信息技术等战略新兴产业持续增强，为经济的健康、可持续发展提供了重要的支撑

---

① Krugman P., Biases in Dynamic Models with Fixed Effects.. *Foreign Affairs*, Vol. 73, No. 6, 1994, pp. 62 – 78.
② Young A., Gold into Base Metals: Productivity Growth in the People's Republic of China during the Reform Period. *Journal of Political Economy*, Vol. 111, No. 6, 2000, pp. 1220 – 1262.
③ 钞小静、任保平：《中国经济增长质量的时序变化与地区差异分析》，载于《经济研究》2011年第4期。
④ 刘伟、张辉：《中国经济增长中的产业结构变迁和技术进步》，载于《经济研究》2008年第11期。
⑤ 金碚：《中国工业的转型升级》，载于《中国工业经济》2011年第7期。
⑥ 何德平、闫子恒：《中国产业结构与经济增长关系的统计研究》，载于《现代商贸工业》2019年第9期。

（张永安等，2019）[1]。从增长来源看，改革开放以来，我国经济增长的主要支柱产业一直为工业，近年来，第三产业的贡献率在不断提升且逐渐超过第二产业，但是工业依旧是经济增长的主要来源。工业化过程中提供的产品供给和城镇化过程中形成的市场需求构成了经济增长的主要驱动力（黄群慧，2014）[2]。当前，我国部分地区已经步入工业化后期阶段，但产业结构升级滞后于经济增长使产能过剩、生产率低等问题日益凸显，工业发展呈现出增速趋缓、结构调整等新特征；而以重化工业为主要特征的传统工业化发展道路所引发的产业结构不合理对未来经济增长中第三产业的健康发展形成障碍（中国人民大学宏观经济分析与预测课题组，2015）[3]。有研究表明，2007年以前我国的产业结构调整对于经济增长质量的贡献是负的，究其原因在于，我国产业结构中工业占比远大于服务业占比，产业结构失衡不利于经济增长质量的提高。李翔和邓峰（2018）通过动态面板门限模型实证研究得出中国产业结构的优化对经济发展的影响并不稳定，仅实现产业结构服务化的调整不利于经济增长，而产业结构的高级化与经济增长呈显著的U型非线性效应[4]。在各产业间其优化路径也呈现出显著的差异，其中，第二产业内部的结构优化表现为：轻工业化→重工业化→高度工业化→信息工业化的变化趋势；第三产业内部的结构优化则表现为：传统型服务业→多元化服务业→现代服务业→信息产业→知识型产业的趋势；第二、第三产业通过不同路径来推动整体产业结构优化，从而推动整体经济增长（陈仲常，2005；石奇，2008）[5]。因此，进一步提升服务业发展水平、促进产业结构优化升级是驱动未来经济增长的重要因素（钞小静、任保

---

[1] 张永安、张彦军、马昱：《产业结构升级对经济发展的影响与机制研究——基于固定效应与面板分位数回归模型的估计》，载于《当代经济管理》2019年第4期。
[2] 黄群慧：《"新常态"、工业化后期与工业增长新动力》，载于《中国工业经济》2014年第10期。
[3] 中国人民大学宏观经济分析与预测课题组、刘元春、阎衍：《2014—2015年中国宏观经济分析与预测——步入"新常态"攻坚期的中国宏观经济》，载于《经济理论与经济管理》2015年第3期。
[4] 李翔、邓峰：《科技创新与产业结构优化的经济增长效应研究——基于动态空间面板模型的实证分析》，载于《经济问题探索》2018年第6期。
[5] 陈仲常：《产业经济理论与实证分析》，重庆大学出版社2005年版。

平，2011）①。

胡鞍钢和郑京海（2004）等学者认为我国产业结构不合理的根本原因在于资本和劳动等要素投资的结构性失衡。促进资源有效配置在推动本地经济增长的同时，也会对其他地区产生间接的溢出效应（丁志国、赵宣凯和苏治，2012②）。在我国经济增长的过程中，资本较低的价格和较高的回报率大大刺激了企业对资本的投入，劳动力投入比重随之降低，从而出现资本和劳动力投资失调的现象，严重阻碍劳动生产率的提高和产业结构的优化。大量学者以中等收入陷阱为切入点，通过国际比较和国内比较等实证分析，得出我国要实现经济的持续增长，关键在于：①通过市场结构的集中化趋势提高要素配置效率（周叔莲、吕铁、贺俊，2008）③；②改善创新体制（张德荣，2013）④，提高自主创新能力，通过科技创新提高经济增长效率，转变经济增长方式。

（2）有学者从技术创新的视角，对经济结构调整与经济增长的关系进行说明。研究表明通过技术进步和创新，促进经济增长方式由粗放型向集约型转变，是提高经济增长质量的重要途径（刘伟、蔡志洲，2008⑤）。其中，部分学者从技术创新对全要素生产率提升的视角来进行分析（胡鞍钢、郑京海，2004）⑥，提出近年来我国创新动力不足导致了全要素生产率水平较低，是经济增长质量不高的根本原因之所在。在全要素生产率提升的贡献构成中，技术进步和创新对经济增长的贡献达到29%（樊纲、王小鲁、马光荣，2011）⑦。对于发达国家来说，技术进步带来的效率改进是全要素生产率提高的主要实现形式；但对于具

---

① 钞小静、任保平：《中国经济增长质量的时序变化与地区差异分析》，载于《经济研究》2011年第4期。

② 丁志国、赵宣凯、苏治：《中国经济增长的核心动力——基于资源配置效率的产业升级方向与路径选择》，载于《中国工业经济》2012年第9期。

③ 周叔莲、吕铁、贺俊：《我国高增长行业的特征及影响分析》，载于《经济学动态》2008年第12期。

④ 张德荣：《"中等收入陷阱"发生机理与中国经济增长的阶段性动力》，载于《经济研究》2013年第9期。

⑤ 刘伟、蔡志洲：《技术进步、结构变动与改善国民经济中间消耗》，载于《经济研究》2008年第4期。

⑥ 胡鞍钢、郑京海：《中国全要素生产率为何明显下降（1995—2001年）》，载于《中国经济时报》2004年03月26日。

⑦ 樊纲、王小鲁、马光荣：《中国市场化进程对经济增长的贡献》，载于《经济研究》2011年第9期。

有技术后发优势的中国，因大量劳动密集型产业在区域间的大规模流动，全要素生产率驱动力的主要形成途径在于劳动力资源向非农产业的集聚及其集聚效应与扩散效应的发挥。

因此，大量学者采用全要素生产率指标来衡量我国的经济增长质量，并据此提出政策建议，但这种单一指标的评价方法受到很多学者的质疑。其中，郑玉歆（2007）[①]认为全要素生产率难以体现资源配置的过程，而这一过程是决定经济增长质量提升和长期动力形成的核心，因此，仅采用全要素生产率来衡量经济增长质量有很大的局限性。为了克服单一指标的局限性，钞小静、惠康（2009）[②]等学者从经济增长的结构、增长的稳定性、福利变化与成果分配、资源消耗等多个方面构建指标体系，通过主成分分析法来测度我国经济增长的质量水平及发展趋势，从而探究促进经济增长方式转型、实现经济高质量增长的有效途径。

此外，还有学者从人力资本的视角进行说明。在物质资本发挥作用的同时，由于人力资本边际收益递增特性，人力资本对技术进步及经济可持续增长的研究更值得引起重视（李通屏，2002）[③]。近年来，随着我国人力资本投入的增加，劳动力的整体素质显著提升，成为经济增长的重要因素（宋家乐和李秀敏，2011）[④]。在经济增长的初级阶段，人力资本的积累对经济增长的推动作用远大于科研投入（韩廷春，1999）[⑤]。随着学术界对人力资本重要性认识的逐步深化，人力资本的评价指标和影响因素等研究更加完善，国内学者们一直认可受教育程度、职业技能培训质量、健康状况等是衡量人力资本水平的重要指标，其中受教育程度这一指标被广泛使用，教育的数量主要表现为平均受教育年限，而教育质量则通过师生比来表示，教育数量和质量的提高对地

[①] 郑玉歆：《全要素生产率的再认识—用 TFP 分析经济增长质量存在的若干局限》，载于《数量经济技术经济研究》2007 年第 9 期。

[②] 钞小静、惠康：《中国经济增长质量的测度》，载于《数量经济技术经济研究》2009 年第 6 期。

[③] 李通屏：《家庭人力资本投资的城乡差异分析》，载于《社会》2007 年第 7 期。

[④] 宋家乐、李秀敏：《中国人力资本及其分布同经济增长的关系研究》，载于《中国软科学》2011 年第 5 期。

[⑤] 韩廷春：《经济持续增长与科教兴国战略》，载于《经济科学》1999 年第 2 期。

区劳动生产率和技术进步起正向推动作用（张海峰、姚先国和张俊森，2010）①。城乡之间在教育质量和教育收益率等人力资本投入上地区差异，直接导致了中国城乡经济增长的不平衡（王海港、李实、刘京东，2007）②。近年来，受到政策倾斜的影响，人力资本存量较高的地区主要集中在东部发达地区，而在中西部地区人力资本投资薄弱。在城镇化推进过程中，要进一步加大对人力资本建设的投入，发挥其扩散效应，从而推动区域经济的收敛性增长（刘强，2001③）。

（3）不少学者从投资—消费结构的视角进行说明。研究表明，改革开放以来，我国的固定资本投资额逐年增加，大规模投资成为中国经济高速增长的主要动力，尤其是在第二产业的增长过程中作用最为显著（黄慧群，2014）。在肯定投资需求对过去经济高速增长积极作用的同时，学者们也认识到消费与投资比重的合理性在经济增长中的重要作用，当消费—投资结构失衡时，会造成社会资源配置的无效，无益于经济持续增长。郝颖、辛清泉和刘星等（2014）④对不同经济规模地区间的经济增长质量与投资—消费比例进行对比，发现在经济相对落后的地区，经济增长过分依赖于政府固定资产投资，投资与消费比例严重失衡，过度投资与有效需求严重不足对地区经济增长产生负效应。近年来，我国经济增长持续下降的主要原因之一在于消费率的降低，如果能有效刺激消费需求，到2020年中国经济仍可保持9%的增长率（王小鲁等，2009）⑤。因此，一味地增加地方投资而忽略居民消费能力的提高，并不是促进落后地区经济增长的有效途径；只有在经济达到一定规模并与消费需求相匹配时，增加固定资产投资才能提高经济增长质量。

（4）还有学者指出经济增长的空间结构失衡也是制约经济持续有效增长的关键障碍。我国地域辽阔，在资源禀赋和社会环境等方面地区

---

① 张海峰、姚先国、张俊森：《教育质量对地区劳动生产率的影响》，载于《经济研究》2010年第7期。

② 王海港、李实、刘京东：《城镇居民教育收益率的地区差异及其解释》，载于《经济研究》2007年第8期。

③ 刘强：《中国经济增长的收敛性分析》，载于《经济研究》2001年第6期。

④ 郝颖、辛清泉、刘星：《地区差异、企业投资与经济增长质量》，载于《经济研究》2014年第3期。

⑤ 王小鲁、樊纲、刘鹏：《中国经济增长方式转换和增长可持续性》，载于《经济研究》2009年第1期。

间不平衡现象严重,从而经济增长质量和发展速度也呈现出显著的地域性差异。大量学者关注到经济增长的区域不均衡问题,并进行广泛研究(史修松、赵曙东,2011;李敬等,2014;郝颖、辛清泉和刘星,2014)[1][2][3]。研究提出,改革开放初期,随着政策倾斜的加剧和市场力量的迸发,东部省份的经济增长质量和人均收入水平远超过中西部省份(钞小静、任保平,2011)[4];近年来,改革开放的逐步深入和市场经济的不断完善,使西部和中部地区的后发优势逐渐显现,经济增速日益超过部分东部省份,但增长水平仍显著低于东部地区。

除经济增长的区域差异外,学者们还关注到城乡二元结构对经济增长的限制作用。我国城乡分割的二元管理体制,尤其是户籍制度的实施,人为地限制了劳动力资源在不同行业、不同市场之间的自由流动与有效配置;而城乡有别的财政支出偏向政策,进一步导致了城市与乡村在医疗、教育、培训、社会保障、基础设施等基本公共服务供给中的不平衡性(平新乔和李森,2017)[5],农村人力资本的积累存在先天投资不足与后天投资薄弱的问题。在未进入市场竞争之前,农村劳动力的人力资本禀赋就低于城市劳动力,城乡政策差异扭曲了对农村地区人力资本的投资水平(曾湘泉、张成刚,2015)[6]。城乡基本公共服务供给的差异使农村发展面临着资本、人才与政策的多因素缺失困境,进一步加剧了农村居民在人力资本积累和谋求经济发展方面的劣势,加固了城市人口与农村迁移人口的劳动力市场分割现象(李丹和裴育,2019)[7]。城乡之间在全要素生产率、居民消费能力以及基础设施等方面的建设差

---

[1] 史修松、赵曙东:《中国经济增长的地区差异及其收敛机制(1978~2009年)》,载于《数量经济技术经济研究》2011年第1期。

[2] 李敬、陈澍、万广华等:《中国区域经济增长的空间关联及其解释——基于网络分析方法》,载于《经济研究》2014年第11期。

[3] 郝颖、辛清泉、刘星:《地区差异、企业投资与经济增长质量》,载于《经济研究》2014年第3期。

[4] 钞小静、任保平:《中国经济增长质量的时序变化与地区差异分析》,载于《经济研究》2011年第4期。

[5] 平新乔、李森:《资源禀赋、收入分配与农村金融发展的关联度》,载于《改革》2017年第7期。

[6] 曾湘泉、张成刚:《经济新常态下的人力资源新常态——2014年人力资源领域大事回顾与展望》,载于《中国人力资源开发》2015年第3期。

[7] 李丹、裴育:《城乡公共服务差距对城乡收入差距的影响研究》,载于《财经研究》2019年第4期。

异使我国经济增长中农村建设短板的制约凸显,城镇经济的快速增长与农村落后的经济状况形成鲜明对比。消除城乡二元经济差异是经济新常态下面临的老问题,也是实现经济持续、有效增长的重要突破口,因此,学者们倡导不断改善城乡居民之间的收入分配结构,为经济增长提供更加广阔的市场空间。而缩小城乡经济发展差异、逐渐推动城乡二元结构向城乡融合格局转化,关键在于农村劳动人口向城镇非农部门的转移(周申、漆鑫,2009)①。

因此,大量学者呼吁重视制度因素在区域经济均衡增长中的重要作用,提倡不断完善社会管理体系改革,改变政府职能,从政策层面为经济增长提供制度保障(程开明,2008)②。但对于制度因素的定位及影响程度,学者们持不同观点。其中,有部分学者崇尚制度决定论,认为我国改革开放以来取得的技术进步和经济发展其根本原因在于制度创新,制度创新在经济增长的过程中发挥着主导作用。对于这一观点,学者们存在质疑,丁重和张耀辉(2009)认为在既定的生产力水平上,制度选择的对错对经济持续增长发挥着重要的作用,但主观的制度选择并不是随意的,要以降低技术封锁和促进资源配置为前提,技术进步是制度变迁的决定性因素③。因此,不能把经济增长的希望仅寄托在制度体制的转变上,政府要不断转变职能,积极向服务型政府转变。

2.2.4 我国城镇化建设与经济增长关系研究

在过去改革开放 40 年来中国经济高速增长的基础上,越来越多的学者关注到经济持续有效增长的重要性,并提倡转变经济增长方式,实现经济平稳有效的增长。对于我国当前经济增长速度逐渐放缓的国情,寻找促进经济增长的有效动力成为解决问题的关键。

---

① 周申、漆鑫:《经济开放、劳动市场与二元经济结构转化》,载于《财经科学》2009年11期。

② 程开明:《从城市偏向到城乡统筹发展——城市偏向政策影响城乡差距的 Panel Data 证据》,载于《经济学家》2008 年第 3 期。

③ 丁重、张耀辉:《制度倾斜、低技术锁定与中国经济增长》,载于《中国工业经济》2009 年第 11 期。

1. 城镇化建设对经济增长的贡献研究

郑鑫（2014）的研究表明，改革开放以来，我国经济的增长主要来源于城镇经济的增长，其对总国民经济增长的贡献率达到 67%，而农村经济的贡献率仅为 33%，通过城镇化建设推动城市经济向农村地区渗透，挖掘农村经济发展潜力是我国新常态下经济持续增长的主要实现途径之一[①]。大量学者对我国城镇化建设对经济增长的贡献率进行测度，其中，王小鲁等（2009）的研究得出城镇化对我国经济增长的贡献率在不断提高，2007 年达到 0.38%。但这一贡献率受到很多学者的质疑，他们认为城镇化的建设对经济增长的贡献是巨大的，0.38% 的测度远低估了我国城镇化建设的影响力。齐明珠（2014）以 1991~2011 年的数据为例，得出我国的城镇化建设通过作用于劳动力资源的利用效率和生产效率的提升来有效促进经济增长，城镇化建设水平的提高使劳动生产率年均提高了 23.9%，对 GDP 增长率的年均贡献率为 1.6%[②]。此外，朱孔来、李静静和乐菲菲（2011）等学者对各省的数据进行向量自回归（VAR）实证研究，表明城镇化率每提高 1%，可以促进经济增长率提高 7.1%；同时，他们认为，城镇化与经济增长的作用机制是单向的，城镇化建设对经济增长具有显著的正效应，但经济增长对城镇化建设的作用却不显著[③]。学者们根据不同测度数据和方法对城镇化的贡献率进行测算，结果存在一定差异，但是城镇化建设推动经济增长的这一结论得到广泛认可。

通过梳理相关文献可以看出，对于城镇化建设推进的经济增长贡献率，国内学者们通过不同的测度方法和有效数据给出了自己的结论，虽然测度结果存在一定差异，但城镇化建设对经济增长具有显著的促进作用这一结论得到一致认可。因此，在已有研究的基础上，寻找合适的测度方法和权威的数据，对我国城镇化建设的不同过程对经济增长的贡献率进行测度是本书研究的主要内容之一。

---

① 郑鑫：《城镇化对中国经济增长的贡献及其实现途径》，载于《中国农村经济》2014 年第 6 期。

② 齐明珠：《中国农村劳动力转移对经济增长贡献的量化研究》，载于《中国人口·资源与环境》2014 年第 4 期。

③ 朱孔来、李静静、乐菲菲：《中国城镇化进程与经济增长关系的实证研究》，载于《统计研究》2011 年第 9 期。

2. 关于城镇化对经济增长作用机制的研究

对于城镇化对经济增长的作用机制，学者从不同视角进行广泛论证。部分学者从城镇化建设过程中要素集聚所产生的聚集效应和扩散效应进行分析，认为我国的城镇化建设，实质上是农村资源向城市集聚的过程中，资源的集聚和重新配置通过就业、消费、基础设施建设等中介带动了产业结构和社会结构的优化，大量学者从城镇化过程中资源重新配置的视角来寻找经济健康的动力机制。其中，有学者认识到城市资源集聚对于技术创新的推动作用，程开明（2009）提出城镇化过程中专业化和多样化程度不断提高，人力资本、基础设施和信息网络等要素的集聚为技术创新的形成和扩散提供了条件，有利于创新驱动的形成。[1]但在要素集聚的过程中，人口过度集中产生的环境污染、资源紧张引发了"城市病"，对经济增长质量的提高产生负效应（石忆邵，2014）[2]。大部分国家利用城市中心的技术、资金等优势在周边城郊地区或农村形成经济腹地，以满足协调发展的需要，城市人口集聚会对周边地区产生扩散效应，从而有效推动区域经济协调增长，缩小城乡差距，提高经济增长效率。

在我国城镇化建设的实现过程中，根据承载主体的不同，学者们大多将研究的焦点集中在人口城镇化和土地城镇化等建设内容上。研究提出，城市具有较强磁力，能吸引更多的劳动力资源流入，人口城镇化的建设过程主要表现为城市人口的集聚过程，通过规模效应、人才集聚效应等机制发挥作用。而土地城镇化，则主要体现为城市空间规模的扩大（陈凤桂、张虹鸥、吴旗韬等，2010）[3]。近年来，随着城市规模的迅速扩张和城乡二元户籍、土地等制度因素的限制，我国人口城镇化建设明显滞后于土地城镇化（李子联，2013）[4]。土地城镇化建设对经济增长

---

[1] 程开明：《城市化、技术创新与经济增长——基于创新中介效应的实证研究》，载于《统计研究》2009 年第 5 期。

[2] 石忆邵：《中国"城市病"的测度指标体系及其实证分析》，载于《经济地理》2014 年第 10 期。

[3] 陈凤桂、张虹鸥、吴旗韬等：《我国人口城镇化与土地城镇化协调发展研究》，载于《人文地理》2010 年第 5 期。

[4] 李子联：《人口城镇化滞后于土地城镇化之谜——来自中国省际面板数据的解释》，载于《中国人口·资源与环境》2013 年第 2 期。

的贡献率增速逐渐放缓（段小梅，2001）[①]；相对于土地城镇化而言，人口城镇化的贡献率虽然处于较低水平，但其增长空间较大，人口城镇化对经济增长的推动潜力远大于土地城镇化。提高人口城镇化建设数量和建设质量，促进人口城镇化与土地城镇化建设协调发展，成为未来经济增长的主要动力。

从需求视角来说，消费需求和投资需求是影响经济增长的关键因素，在城镇化与经济增长的关系分析中从需求视角进行研究必不可少，大量学者论证了城镇化建设对消费需求的刺激作用。如马晓河、胡拥军等（2010）的研究认为，城镇化水平的提高增加了迁移人口的收入，居民消费需求和消费能力随之提高，有效带动了消费品市场的发展，城乡间移民潮的兴起从需求侧发力对我国经济增长起到了积极的推动作用[②]。有学者认为在当前经济增速持续放缓的背景下，刺激总需求来促进经济增长的作用机制是暂时性的；而城镇化建设作为一项循序渐进的系统性工程，要在充分发挥需求因素对经济增长推动作用的同时，更多地需通过要素投入和劳动生产率提高等途径推动供给侧层面的结构性改革（刘伟、蔡志洲，2016）[③]，从而使城镇化建设影响机制得到发挥。

还有学者关注到公共产品、交通运输等基础设施投资在城镇化与经济增长相互促进过程中的桥梁作用。王小鲁、樊纲（2005）等的研究得出，医疗、教育和交通等基础设施条件的改善，是缩小城乡居民在收入和发展机会等方面存在的差异和不均等的基础，是实现城乡经济一体化、促进经济增长的保障[④]。此外，还有大量学者从交通运输这一视角进行了广泛论证，他们认为铁路、公路等交通条件的改善降低了农村剩余劳动力的迁移成本和企业的运输成本，促进了资源集聚和有效分配。周浩、郑筱婷（2012）等以铁路运输为研究对象，对我国 1997～2007 年铁路运输的影响程度进行了实证分析，得出 6 次全国范围的铁路提速

[①] 段小梅：《城市规模与"城市病"——对我国城市发展方针的反思》，载于《中国人口·资源与环境》2001 年第 4 期。

[②] 马晓河、胡拥军：《中国城镇化进程、面临问题及其总体布局》，载于《改革》2010 年 10 期。

[③] 刘伟、蔡志洲：《经济增长新常态与供给侧结构性改革》，载于《求是学刊》2016 年第 1 期。

[④] 王小鲁、樊纲：《中国收入差距的走势和影响因素分析》，载于《经济研究》2005 年第 10 期。

对沿途城市的人口集聚和经济增长产生较大的影响，使人均GDP增长率提高了3.7%。[①] 同时，学者们的研究得出，经济增长与基础设施条件改善的作用机制是双向的，二者互为条件，但城镇化过程中基础设施投资对经济增长的促进作用居于首位（王任飞和王进杰，2007）。

此外，还有部分学者从供给侧层面的产业集聚视角入手，对城镇化建设通过产业结构优化升级这一中介推动经济增长的机制进行说明（蒋勇、杨巧，2015）[②]。王小鲁、樊纲等（2009）的研究表明，城镇化直接或间接地引起社会资源向城市集聚和空间配置，在一定程度上促使社会劳动生产率或全要素生产率的提高，为产业结构的合理化和高级化提供了物质基础。[③] 城镇化过程中产业要素的集聚通过扩散效应产生正的外部性，推动经济整体性增长。张卉等（2007）学者对我国城镇化过程中产业集聚所产生的外部性进行研究，得出多元化的产业集聚有利于技术和知识外溢性的发挥，依赖于专业化的Mar外部性作用机制在中国经济增长过程中的作用并不显著。[④] 近年来，随着对城镇化建设质量要求的提高，以人为本的新型城镇化成为城镇化建设的主要实现模式，其对产业结构优化升级的正外部性更加显著，但在不同地域之间仍存在较大差异。蓝庆新和陈超凡（2013）等学者对新型城镇化的经济增长冲击效应强度进行区域间排序，分布依次为东部、西部、中部[⑤]；张宗益等（2015）在此研究的基础上对新型城镇化的影响进行产业细化，得出产业集聚对经济增长的推动作用主要集中体现在金融、科技文化和环境等高新产业和服务性产业中，[⑥] 因此，城镇化建设是推动产业结构优化升级的重要实现途径。

[①] 周浩、郑筱婷：《交通基础质量与经济增长：来自中国铁路提速的证据》，载于《世界经济》2012年第1期。

[②] 蒋勇、杨巧：《城镇化、产业结构与消费结构互动关系的实证研究》，载于《工业技术经济》2015年第1期。

[③] 王小鲁、樊纲、刘鹏：《中国经济增长方式转换和增长可持续性》，载于《经济研究》2009年第1期。

[④] 张卉、詹宇波、周凯：《集聚、多样性和地区经济增长：来自中国制造业的实证研究》，载于《世界经济文汇》2007年第3期。

[⑤] 蓝庆新、陈超凡：《新型城镇化推动产业结构升级了吗？——基于中国省级面板数据的空间计量研究》，载于《财经研究》2013年第12期。

[⑥] 张宗益、伍熔熙：《新型城镇化对产业结构升级的影响效应分析》，载于《工业技术经济》2015年第5期。

3. 城镇化与经济增长相辅相成

在研究城镇化对经济增长促进作用的同时,有学者认识到城镇化与经济增长的关系并非是单向的,经济增长对人口迁移和城镇化建设也产生了重要影响。郭峰(2013)等学者的研究表明,城镇化这项渐进式的系统性工程对总需求的刺激作用只存在于短期内,盲目地扩大土地规模和人口比重必然会对城市发展产生不利影响,在长期,城镇化对经济增长的促进作用依赖于束缚经济增长的社会体制,因此,城镇化是经济增长的结果而非原因,经济增长孕育了城镇化。[①] 对于城镇化建设与经济增长的协调发展这一结论,学者大多持肯定态度并从不同角度给予论证。其中,高佩义(2004)[②]通过对各国的城镇化发展历程进行对比,将物理学原理引入城镇化建设的研究中,得出工业化的兴起和经济增长为城镇化建设提供了良好的物质基础;同时城镇化建设水平的提高也推动了人们意识形态和精神面貌的转变,为经济发展提供了动力支撑,经济增长与城镇化建设要协调发展,并据此提出了城市聚变引力、乡村裂变推力及城市文明普及率加速三大定律。郭鸿懋(2005)[③]等学者将上述三大定律统称为"高氏定律",并在此基础上进行拓展,从理论和实证的视角充分肯定了经济的持续增长需与城镇化建设协调推进这一客观规律。

因此,在我国城镇化战略的制定与实施过程中,要以经济增长和城镇化建设的同步、协调发展为前提,超前或滞后的城镇化都会给经济发展造成沉重的负担。曹文莉、张小林等(2012)学者采用层次分析法构建了城镇化的评价指标,通过对我国部分省市的人口城镇化、土地城镇化和经济增长的协调性进行对比分类,发现我国大部分地区仍存在城镇化建设滞后于经济增长的现象,这为当地的经济发展带来不便[④]。任何形式的超前型经济增长或城镇化建设都会给社会发展产生不利影响,

---

[①] 郭峰:《城镇化是经济增长的结果而非原因》,载于《第一财经日报》2013年2月4日。

[②] 高佩义:《中外城市化比较研究(增订版)》,南开大学出版社2004年版。

[③] 郭鸿懋:《运用比较研究方法探索规律性,推动中国城市化发展—评高佩义博士著〈中外城市化比较研究〉(增订版)》,载于《城市》2005年第4期。

[④] 曹文莉、张小林、潘义勇、张春梅:《发达地区人口、土地与经济城镇化协调发展度研究》,载于《中国人口·资源与环境》2012年第2期。

我国未来的城镇化建设要更加注重与经济增长的协调关系（张风科和郭远杰，2014）①。

2.3 文献评述

通过对国内外相关文献进行梳理可以发现，学者从多层面对不同国家间及我国的城镇化建设形成原因、现状及其与经济增长的相互关系进行充分论证，为本书的研究提供了丰富的理论基础和文献支撑，但仍存在如下问题：

（1）当前对于国内外城镇化建设的研究大多集中在城乡人口的迁移程度或土地规模扩大程度等单一层面上，在城乡户籍制度实施与改革的过程中，我国出现了人口城镇化建设的阶段性分离与建设水平滞后等问题，现有研究对于我国当前经济增长中出现的城镇化滞后问题的机制说明及不同阶段对经济增长的影响程度研究尚少。

（2）大量学者对城镇化建设的经济增长贡献率进行测算，从不同层面证实了城镇化建设是推动经济增长的重要动力，但大多数的研究主要集中在对经济增长率影响的直接测度上，对于经济增长构成部分的作用机制及影响程度的体系性解释和说明尚不完善。

基于现有研究结论及其存在的不足，本书的研究立足于经济新常态下我国经济增速降档的现实问题，从城镇化建设的视角入手，对我国的土地城镇化、常住人口城镇化、户籍人口城镇化等城镇化建设内容对经济增长构成要素的影响机制及作用程度进行国际层面、地区层面的对比分析，拟在现有研究的基础上对城镇化→经济结构调整→经济增长这一作用机制及影响程度进行更加完善的理论说明和实证论证，为中国的经济增长提供有效的政策参考。

---

① 张风科、郭远杰：《城镇化与经济增长的关系研究——基于国内外年度数据》，载于《区域金融研究》2014年第2期。

第3章 城镇化与经济增长的理论基础

要对中国经济发展新常态下，城镇化与经济增长的相互关系及作用机制进行系统说明，在对现有研究成果进行借鉴的基础上，寻找能切实指导中国建设实践的理论至关重要。从根本上说，认识和处理中国城镇化与经济增长的关系，要以马克思主义城乡关系理论、扩大再生产理论及中国特色社会主义理论体系为指导，与此同时，要积极借鉴古典经济学的分工理论、区域经济学的非平衡增长理论和新经济地理学的核心—边缘理论等相关理论成果。因此，本章在第2章文献综述的基础上，对国内外城镇化与经济增长的相关经典理论分别进行系统梳理与说明，并将其运用于中国的城镇化建设和经济增长实践指导之中，拟为本书的研究提供理论支撑。

3.1 分工理论

在经济学的形成与发展过程中，以亚当·斯密为代表的古典经济学最早对经济增长理论进行系统的体系性探索，其核心理论认为，劳动分工和资本积累的相互作用是实现经济增长的决定性因素。斯密（Adam Smith，1776）在其经济增长理论中提出：（1）经济增长的主要源泉在于社会分工的不断深化，而社会分工的程度受到市场规模的限制；（2）当资本积累到一定程度时，交易倾向增强，推动了社会分工的深入；（3）制度安排和变迁为分工的实现提供了保障，自由的市场秩序这只看不见的手能有效地促进社会利益的实现。在市场经济中，自然资源的数量、劳动人口的多少和地理位置等因素决定了市场规模的大小和劳动分工的程度。①

在斯密分工理论之后，经济学界对于分工理论的继承和发扬大体沿着两条道路发展，一条是以马歇尔为代表的新古典经济学理论的兴起和发展；另一条是以马克思为代表的劳动价值论体系的形成与发展。

英国经济学家马歇尔（Alfred Marshall，1890）在《经济学原理》一书中，对分工理论进行继承和发扬，并将分工的研究范畴由单个企业拓展到整个行业和市场经济中。从边际收益的角度将经济活动区分为内部经济型和外部经济型行为，赋予社会分工以行业内外部性和行业间外部性等特性，进而提出要素投入规模报酬递增性质对经济增长的推动理论；同时，马歇尔将企业家的组织才能这一要素纳入到经济增长理论研究中，对企业分散经营风险提高了规模报酬的现象及结论进行解释，为新古典经济学的兴起奠定了理论基础，也为分工理论的继承和发挥起到关键性作用。②

马克思批判性地继承发扬了斯密的分工理论，认为劳动分工的本质是对生产劳动的分割，而分工的基础在于社会产品以商品的形式存在，以供交换。因此，与斯密的"分工来源于交换"不同，马克思认为交换是社会分工的结果而非原因。马克思在其政治经济学的分析中，将劳动价值论置于首位，提出生产劳动是一切社会关系形成和发展的基础，而分工则是劳动生产的重要组织形式。一个民族生产力发展的程度，在很大程度上取决于该民族分工的水平。

从分工理论出发，可以看出，当前市场经济发展过程中城镇化建设下人口、资本等要素向城市集聚，为劳动分工的深化创造了条件。理论界对于以斯密为起点的分工理论的继承和发展，对当前各国经济增长的相关研究仍具有较强的理论意义。

3.2 马克思主义城乡关系理论

随着社会分工的深化与生产力发展水平的提高，城市经济逐渐形成

---

① [英] 亚当·斯密著，郭大力、王亚南译：《国民财富的性质和原因的研究（上卷）》，商务印书馆1972年版。

② [英] 马歇尔著，朱志泰译：《经济学原理（上卷）》，商务印书馆1965年版，第279~284页。

并与农村经济分离开来,城乡间的相互关系随之成为社会发展的关键议题。在马克思主义城乡关系理论中,城市经济是随着工农业生产分工的出现与商品交换的集聚而产生的,城市本身就表明了人口、资本和社会需求的集中。与城市的集中状态相对立,农村则代表了孤立、分散的状态。城市规模越大,铁路、公路和运河等交通运输的成本就越低,制造业中工人的熟练程度愈高,城市集聚蕴含着社会进步的历史动力。马克思提出"某一民族内部的分工,首先引起工商业劳动和农业劳动的分离,从而引起城乡的分离和城乡利益的对立"。[①] 城乡间集聚和分散状态的对立,引发了生产力发展水平和经济利益的分离。

对于城乡对立格局的形成,马克思和恩格斯对自由资本主义市场进行了剖析,认为生产力发展水平不足是引发城乡对立的根本原因,而资本主义私有制的存在使这一对立和矛盾更加尖锐。同时,他们提出城乡对立是生产力发展不足的阶段性表现,消灭城乡对立不是空想,而是工农业发展所产生的实际需求,城乡间的对立状态将随着工农业生产力水平的提高和资本主义私有制的变革而逐渐消除,进而提出了城乡融合的构想。他们认为城乡融合才是未来社会的主要趋势和特征,城乡对立终将会被城乡融合所取代;但消灭城乡对立并不是要消灭城市与乡村的物质形式,而是要通过生产力的发展逐步消除工人、农民之间的阶级对立及物质利益分化,实现城乡融合发展。

马克思在其城乡关系理论中提出,"城乡关系的面貌一改变,整个社会的面貌也跟着改变"[②],因此,消灭城乡之间的对立是社会统一的首要条件之一[③]。要从根本上消除城乡对立、实现城乡融合,需要一定的社会物质基础和上层建筑条件。首先,必须通过社会变革消灭私有制,打破工业和农业分布的体制局限,促使农业人口和大工业经济在城乡之间均衡分配,使更多的农业人口从孤立、愚昧的状态中挣脱出来。其次,必须依靠生产力的发展,马克思和恩格斯深刻认识到科学技术进步在促进生产力发展和城乡融合中的重要作用,提出"每个人的生产力提高到能生产出够两个人、三个人、四个人、五个人或六个人消费的产

[①][③] 马克思、恩格斯著,中共中央马克思恩格斯列宁斯大林著作编译局译:《马克思恩格斯全集(第3卷)》,人民出版社1960年版,第24~25页;第56~57页。

[②] 马克思、恩格斯著,中共中央马克思恩格斯列宁斯大林著作编译局译:《马克思恩格斯选集(第1卷)》,人民出版社1995年版,第157页。

品；那时，城市工业能腾出足够的人员，给农业提供此前完全不同的力量，科学终于也将大规模地像在工业中一样彻底地应用于农业"。① 在科技进步的推动下，城市经济终将对农村产生渗透和辐射，农村中陈旧的、不合理的经营模式将逐渐被科学工艺所取代，进而带动了生产力水平的大发展。

马克思和恩格斯在其城乡关系理论的研究中，坚持生产力评价标准，认为一切社会关系的形成和变革其根源在于生产力的发展水平，从而对资本主义私有制条件下城乡对立格局的形成和发展趋势进行深刻说明，形成系统的城乡关系理论。这一理论体系为我国社会条件下的城镇化建设和经济发展提供了理论依据和指导，坚持继承和发展马克思主义理论、方法和观点是推动中国特色社会主义建设进程中经济持续增长和社会进步的基本要求和理论法宝。

3.3 扩大再生产理论

马克思在社会总资本的运动分析中，对社会再生产的实现和扩大再生产的条件等系列问题进行详细说明，从而揭示了经济增长过程中生产力水平不断提高的实质。他指出："在各种不同的社会经济形态中，不仅都有简单再生产，而且都有规模扩大的再生产"②。无论是在社会主义还是资本主义经济中，都存在规模不变的简单再生产和规模不断扩张的扩大再生产过程，社会总产品的实现和扩大再生产的完成推动着生产力水平的不断提高。马克思将社会生产部门划分为提供消费资料和生活服务的部门和提供生产资料和生产服务的部门两大部类，在简单再生产过程中，两大部类在满足内部需要的基础上通过部类间的均衡交换，以实现各自的供求平衡和社会总产品的实现，其实现条件为提供生产资料和服务的第Ⅰ部类的可变资本 V 加剩余价值 M 与第Ⅱ部类的不变资本 C 平衡交换，即 $V_1 + M_1 = C_2$。在简单再生产的条件下，社会生产只是

---

① 马克思、恩格斯著，中共中央马克思恩格斯列宁斯大林著作编译局译：《马克思恩格斯全集（第 31 卷下册）》，人民出版社 1972 年版，第 470 页。
② 马克思著，中共中央马克思恩格斯列宁斯大林著作编译局译：《资本论（第 1 卷）》，人民出版社 2004 年版，第 656 页。

在原有生产能力和规模上的重复，要实现社会规模不断扩张的扩大再生产，资本家将部分剩余价值资本化，资本积累的过程中对两大部类的供给和需求均形成扩张的动力和条件，而要实现社会资本的扩大再生产需满足如下条件：（1）$C_1 + \Delta C_1$ 部分表现为第I部类对生产资料和服务的既有需要与追加需要，可通过第I部类内部的交换来实现；（2）$V_2 + \Delta V_2 + M_2/X_2$ 表示为扩大再生产过程中第II部类对消费资料与服务的需要，通过第II部类内部的交换来实现；（3）$V_1 + \Delta V_1 + M_1/X_1 = C_2 + \Delta C_2$，这部分价值的实现则通过两大部类之间的交换来得到补偿。

对于经济增长过程中的要素投入问题，马克思在其理论体系中分别从资本积累和劳动力投入等视角给予说明。他认为，资本积累的过程就是剩余价值转化为资本的过程，同时也是规模扩大的再生产过程，资本积累是实现扩大再生产的源泉；而劳动力商品的投入和使用是社会再生产实现的前提条件，具体劳动形成商品的使用价值，抽象劳动创造了商品的价值，商品生产中使用和耗费的活的人类劳动是价值的唯一源泉。在基于简单再生产进一步追加生产资料投入的过程中，要正确处理好要素之间的比例关系，在资本主义社会条件下，政府无为的状态不利于扩大再生产的实现，要素投入比例的失调最终将导致经济危机的出现。

马克思将扩大再生产过程分为外延式和内含式的扩大再生产[①]，其中，通过同比例追加生产要素和劳动力投入来扩大生产规模的形式，为外延式扩大再生产；而通过技术进步、生产效率提高来实现的扩大再生产为内含式扩大再生产。无论是何种形式的扩大再生产，都需要一定的资本积累和劳动力的投入，都是以劳动力和生产资料两种基本要素为前提。在经济增长过程中，要节约要素投入量，实现内含式的扩大再生产，关键在于科技进步。马克思高度重视科学技术进步在经济社会发展中的重要作用，在多部著作中均提出"科学技术也是生产力"的观点，"知识和技能的积累，社会智慧的一般生产力的积累，就同劳动相对立而被吸收在资本当中，从而表现为资本的属性，更明确些说，表现为固定资本的属性，只要固定资本是真正的生产资料而加入生产过程"[②]，因此，知识和技能的资本化是生产力发展的重要推动力。科技进步对生

[①] 逄锦聚等：《马克思主义中国化进程中的经济学创新》，经济科学出版社 2011 年版。
[②] 马克思，恩格斯著，中共中央马克思恩格斯列宁斯大林著作编译局译：《马克思恩格斯全集（第47卷）》，人民出版社 1979 年版，第 210 页。

产力发展的推动作用主要体现在以下几个方面：（1）推动生产工具的更新；（2）在不变资本固定的条件下，减少劳动力资源等可变资本的投入量；（3）推动社会管理结构的变革①。所以，科技进步这一推动生产力发展的重要条件，对劳动生产率的提高和扩大再生产的实现发挥着重要作用。

3.4 中国特色社会主义城镇化与经济增长相关理论

　　自新中国成立以来，以共产党为代表的中国人民对社会主义建设理论和建设道路的探索从未间断。在坚持马克思、列宁主义和毛泽东思想的基础上，以邓小平为核心的第二代领导人立足于中国社会主义初级阶段的基本国情，针对中国社会发展出现的切实需求，将工作重心转移到经济建设上来，开创了中国特色社会主义理论体系。之后，根据经济社会发展过程中出现的具体情况和特征，中国共产党人不断总结经验教训，以实践为动力推动着中国特色社会主义理论体系的丰富和发展。党的十七大正式提出了"中国特色社会主义理论体系"这一科学命题，并对其内容和指导思想进行系统界定和梳理，指明这一科学理论体系主要包括邓小平理论、"三个代表"重要思想和科学发展观等重大战略思想，是马克思主义中国化的最新成果；系统地回答了什么是社会主义，怎样建设社会主义，建设什么样的党和怎样建设党，实现什么样的发展和怎样发展等一系列重大问题；是不断开放、发展、与时俱进的科学理论体系，是中国社会主义建设的指导思想和理论法宝。党的十八大进一步对这一命题进行修改完善，提出中国特色社会主义理论体系是包括邓小平理论、"三个代表"重要思想以及科学发展观在内的科学理论体系，是对马克思列宁主义、毛泽东思想的坚持和发展。近年来，以习近平同志为核心的党中央，在坚持马克思主义基本原理、方法和立场的基础上，坚定中国特色社会主义初级阶段基本国情总依据，提出"五位一体"的总布局和全面实现社会主义现代化与中华民族伟大复兴的总任

---

① 逄锦聚等：《马克思主义中国化进程中的经济学创新》，经济科学出版社2011年版。

务，对中国特色社会主义建设进行新时代的阶段性定位，并指明新时代下中国社会主要矛盾转化为人民日益增长的美好生活需求和不平衡不充分的发展之间的矛盾，形成了科学系统的习近平新时代中国特色社会主义思想，该思想的形成与发展进一步明确了中国特色社会主义的本质特征是根植于中国大地、反映中国人民意愿、适应中国和时代发展进步要求的科学社会主义，是科学社会主义理论逻辑和中国社会发展历史逻辑的辩证统一，是科学社会主义一般原则与中国特殊实际相结合的产物；系统地回答了新时代坚持和发展什么样的中国特色社会主义，怎样坚持和发展中国特色社会主义，实现了马克思主义中国化的又一次历史性飞跃。在十九大报告及《党章》中，均明确将习近平新时代中国特色社会主义思想纳入到中国特色社会主义理论体系之中，成为中国特色社会主义理论体系的重要组成部分。

中国特色社会主义理论体系的形成，是在马克思主义基本理论指引下，几代中国共产党人和全体人民在艰苦卓绝的斗争与现代化建设进程中不断总结经验教训而来的，以解放思想、实事求是、与时俱进、求真务实为理论精髓。坚持和发展中国特色社会主义，首先要充分认识社会主义的本质；在中国特色社会主义理论体系中，明确指出社会主义的本质就是要解放生产力、发展生产力，消灭剥削，消除两极分化，最终实现共同富裕。因此，解放生产力、发展生产力成为我国社会主义制度下，一切社会生产推进的根本任务，这一任务的确定，是由我国社会主义初级阶段的基本国情决定，是由人民日益增长的美好生活需要同不均衡不充分的发展之间的基本矛盾决定的，是在满足广大人民群众生存发展切实需求的基础上提出来的。当前，中国仍处于并将长期处于社会主义初级阶段，经济增长方式粗放、经济结构不合理、城镇化水平较低等问题不断呈现且日益多元化，生产力发展水平仍然较低，人民对美好生活的需求难以得到有效满足。在此背景下，通过城镇化建设，加强城乡基础设施建设，促进生产力发展水平，逐步消除生产力发展滞后于人民需求增长的矛盾，是社会主义本质的重要体现。

1. 以人民为中心的发展思想

人民是历史的创造者，是决定党和国家前途命运的根本力量。党的十九大将"以人民为中心"的思想作为新时代坚持和发展中国特色社会主义的重要内容，明确指出中国特色社会主义各项建设进程的有序推进，必须始终坚持人民主体地位，坚持立党为公、执政为民，践行全心全意为人民服务的根本宗旨，把党的群众路线贯彻到治国理政全部活动之中，依靠人民群众创造历史伟业。"以人民为中心"的发展思想的形成，决定了中国共产党执政的根本政治立场，表明了中国特色社会主义现代化建设的基本价值取向和根本宗旨，是指导中国建设实践的重要理论法宝。

城镇化建设水平的逐步提高是现代化经济与社会化大生产发展的一般规律，是实现经济协调、持续增长的重要途径，也是社会主义本质的重要体现。中国的城镇化建设与经济增长，根本目的都在于促进生产力发展，以更好地满足人民日益增长的美好生活需要，让人民群众共享发展成果，实现人的自由而全面发展。因此，"以人民为中心"的思想是处理中国特色社会主义城镇化建设与经济增长合理关系的重要指导理论。

在中国特色社会主义制度下，新型城镇化建设的进一步推进和生产力的发展都要坚持"以人民为中心"的思想，坚持以人为本，把增进社会福祉、实现人的全面发展作为城乡经济发展和经济结构调整的出发点和落脚点。同时，城镇化建设和经济发展过程中改革的深化和社会主义法制的完善，也要始终站在人民的立场上，充分调动人民群众参与城乡建设的积极性、主动性和创造性，将解决人民群众的切身利益问题置于首位，努力发展好、实现好、维护好广大人民群众的根本利益，使城乡居民的就业、教育、医疗、卫生、社会保障等基本公共服务体系更加健全，逐步消除贫困，实现共同富裕。

此外，在"以人民为中心"发展思想的指导下，要牢牢抓住"发展"这一主题，逐步实现中国特色社会主义城镇化建设和经济增长的成果惠及广大人民群众，争取实现到2020年全面建成小康社会的奋斗目标，以维护人民的主体地位，主动适应新常态、引领新常态。

2. 协调发展和绿色发展理论

中国特色社会主义理论体系是不断发展的、开放的理论体系，随着我国社会主义建设实践的推进，这一理论体系的内涵也更加丰富。面对经济社会发展呈现出的新变化和新特征，以习近平同志为代表的中国共产党人在总结过去建设经验的基础上，不断进行理论和实践创新。自十八大以来，创造性地提出了全面建成小康社会、全面深化改革、全面依法治国和全面从严治党的"四个全面"战略布局和创新、协调、绿色、开放、共享的五大发展理念，为我国的新型城镇化建设和经济增长指明方向。

在城乡区域经济社会协调发展的过程中，中国特色社会主义城镇化建设的有序推进，要在坚持以人民为中心发展思想的基础上，以全面建成小康社会和全面深化改革战略布局为动力，坚持和践行协调发展、绿色发展等科学理念。

其中，坚持协调发展理念，就是要在中国特色社会主义整体布局的基础上，坚持统筹兼顾、综合平衡，正确处理区域发展中的重大关系，将协调发展置于重要位置，补齐短板、缩小差距，努力构建各区域欣欣向荣、全面发展的格局，分层次、有秩序地引导农村经济向城镇过渡，实现经济结构优化，促进城乡经济整体协调增长，促进新型工业化、城镇化、信息化和农业现代化同步推进。协调发展是中国特色社会主义经济社会健康发展的内在要求。

坚持绿色发展理念，就是要在生态环境容量能力与资源承载力的约束下，在新型城镇化建设过程中，以实现效率、和谐、持续的发展为目标；将资源环境作为经济发展与社会形态转换的内生要素，更加突出对生态文明的建设，通过技术进步和农业现代化，转变粗放的发展观念和增长方式，大力发展绿色经济、低碳经济，努力构建资源节约型和环境友好型社会，促进生产、生活方式绿色化，促进人与自然和谐共处，实现人与自然和谐的绿色经济。

3. 创新发展理论

创新是民族进步的灵魂，是一个国家兴旺发达的不竭源泉，也是中华民族最鲜明的民族禀赋。十八届五中全会对创新发展理念的内涵进行详细阐述，提出坚持创新发展就是要把创新放在国家发展战略全局的核心位置，通过全面深化改革，积极在制度、理论、技术和文化等层面进行创新，逐渐形成创新驱动。

其中制度创新是一切创新发展实现的前提和制度保障，包括社会政治、经济与管理等制度的变革创新等内容，实现的关键在于全面深化改革。中国特色社会主义制度的改革与创新，必须符合中国特色社会主义初级阶段的基本国情，破除各方面体制机制弊端，创造良好的制度环境让劳动、知识、技术、管理、资本等各要素的活力竞相迸发，不断发挥制度优势。当前，我国的改革已经进入攻坚期和深水区，城乡区域发展中的产业结构调整、收入分配和户籍制度等改革逐渐陷入瓶颈，必须以壮士断腕的勇气深化改革，敢于啃硬骨头、闯难关，着力破除制约城镇化建设与经济增长质量提升的制度壁垒。通过制度创新，推动中国特色社会主义区域发展体系的自我完善，推动城乡经济平稳衔接与转化，为全面建成小康社会提供制度保障，进一步提升中国特色社会主义建设的道路自信、理论自信与制度自信。

当前，科技创新逐渐成为决定世界政治经济力量对比和国家前途命运的关键因素，是提高社会生产力和综合国力的战略支撑，是推动社会变革的革命性力量。要实现中国特色社会主义市场经济创新、协调、绿色、开放、共享式发展，须将科技创新摆在发展全局的核心位置。基于我国科技创新动力不足，创新驱动未系统形成等现状，科技创新对社会生产、生活方式变革的强大引擎尚未全面开启。在新型城镇化建设与经济增长的具体实践过程中，要坚持创新发展，将科技创新放在区域经济社会发展的核心位置，发挥市场激励在技术创新过程中的决定性作用，利用城镇化建设战略机遇，营造有利于自主研发、创新成果转化的市场环境，完善企业优胜劣汰机制；此外，还需牢牢抓住科技人才的培养与引进这一关键因素，增强市场主体的自主创新活力，力争在关键技术和核心技术领域取得突破。在城镇化建设中践行创新发展理念，能有效推动要素驱动、投资驱动向创新驱动转化，释放新需求、创造新供给，全面提升我国经济增长效率。

党的十八大以来，"四个全面"战略布局和"五大发展理念"等新时代系列中国特色社会主义思想的形成与发展，是在高度概括总结了我国治国理政历史经验的基础上，针对世情、国情、党情发生的新变化和新要求提出的，是不断进行理论探索和创新的新成果，是对马克思主义、毛泽东思想的继承和发展，是对中国特色社会主义理论体系的丰富和完善。制度体制与顶层设计的创新和完善，为我国的社会主义建设事业向前推进指明了方向。我国的新型城镇化建设和经济发展，需坚持以人民为中心的立场，坚持、继承与发展马列主义、毛泽东思想和中国特色社会主义理论体系，并以具有中国特色的创新、协调、绿色、开放、共享等科学理论为指导。这一指导理论的确立和不断丰富，是经济发展新常态下实现经济结构调整和优化升级、创新驱动形成、经济平稳增长的重要法宝。

3.5　非平衡增长理论

对于各国经济发展中区域经济不平衡增长现象的日益深化，大量经济学者从区域经济外部性的视角，对不平衡增长现象的产生及发展趋势进行系统阐述，对我国经济发展新常态下通过城镇化建设推动经济结构调整升级具有一定的借鉴意义。

18世纪50年代，法国经济学家佩鲁（Francois Perroux）首次将物理学原理纳入区域经济增长的研究中，提出了增长极理论。该理论认为，在经济活动空间内，具有较强推动力的中心会发展成为增长极，增长极不仅自身经济发展迅速，而且会通过乘数效应来推动周围其他地区和部门的增长。增长极理论的主要内容包括以下方面：（1）在空间上形成一定规模的城市经济；（2）城市增长极内形成具有推动优势的主导产业和不断完善的工业体系；（3）增长极对周围区域具有扩散效应和回流效应。增长极理论框架的构建，将经济增长过程分解为由点及面、由面扩散到整体的发展趋势。[1]

增长极理论为解释城镇化过程中城市的形成及其对整体经济增长的推动提供了较为系统的理论支撑，该理论得到大量学者的认可。其中，美国经济学家赫希曼（Albert Otto Hirschman，1958）在增长极理论的基础上，提出了区域经济不平衡增长理论，并在《经济发展战略》一书中，系统地对现实经济中出现的区域间经济不平衡增长问题进行了解释[2]。该理论认为，现实的经济中不可能在任何地方都实现同步性的增长，地区间资源分布和经营管理差异会使经济增长集中在部分区域，不平衡发展模式是经济增长过程中不可避免的常态。对于经济发展过程中出现的不平衡增长现象，该理论分别从产业增长和区域增长等角度进行说明。首先，从产业增长角度来说，该理论将经济增长过程中的产业间

---

[1] ［法］弗朗勃·佩鲁著，郭春林等译：《发展新概念》，社会科学文献出版社1988年版。
[2] ［美］艾伯特·赫希曼著，曹征海、潘照东译：《经济发展战略》，经济科学出版社1991年版。

关联性划分为：前向关联、后向关联和旁侧关联等类型，基于上述关联性构成了产业间的连锁效应。城市中主导产业的发展通过产业关联效应对其他产业产生较强的带动作用。在主导产业的推动下，经济增长的过程表现为由主导部门向其他部门渗透的"不平衡链条"。其次，除了产业间的不平衡发展外，区域间的经济增长也表现出一定的不平衡性。发达地区对不发达地区的外部性作用表现为负向的极化效应和正向的溢出效应，在正负双重作用下，区域经济在不平衡增长中获得发展。在上述结论的基础上，赫希曼提倡由于社会资源的稀缺性，发展中国家应将有限的资源优先用于收益率较高的部门和地区，以带动整体经济的增长。

弗里德曼（Milton Friedman，1966）则将国际贸易理论引入到区域经济发展的研究中，从组织形式和生活格调等社会制度创新的视角入手，对增长极理论进行拓展，认为区域经济的持续增长会促使要素集聚的中心区实行制度革新，城市作为区域内的变革中心，有较强的创新能力，并通过扩散效应对边缘地区产生较强的吸附力，因此，创新会从中心区域逐渐向周边扩散并形成积累，进而带动区域经济的整体发展，形成解释经济空间结构演化模式的中心—外围理论。在该理论体系中，弗里德曼从经济、政治、社会等视角对传统的增长极理论进行拓展，并提出在外围地区与中心区域的不均衡增长过程中，依附关系的形成不仅取决于制度创新，还受到中心区域所具有的主导效应、信息效应、心理效应、现代化效应、联动效应和生产效应等特征的影响。在中心与外围区域的不均衡增长过程中，经济活动的空间结构形态主要表现为离散型、集聚型、扩散型与均衡型模式，将区域空间结构的转变与经济发展阶段相联系，经济发展过程可分为前工业化、工业化初期、工业化成熟、后工业化四个阶段。随着中心与外围地区边界的模糊化并消失趋势，区域经济发展终将走向一体化。该理论对于解释区域、城乡分均衡发展过程，区域发展规划的制定，空间形态的转变等提供了理论基础与工具。

非平衡增长理论表明，在区域经济增长过程中，必然有一些要素集聚程度较高的地区（主要是城市）经济增长快于其他地区，因而非均衡性的增长是经济发展主要表现形式。城市作为增长核心逐渐成为区域的增长极，并对周边地区产生或正或负的外部性，当正的外部性起到主导作用时，增长极的增长带动了整体经济在不平衡增长中逐渐向前进，而不平衡增长的最终目标是实现整体经济更高水平的增长。

3.6 核心—边缘理论

20世纪90年代以来,在全球化与区域经济一体化发展进程中,基于传统经济学对区域发展解释的局限,以克鲁格曼为代表西方经济学家把研究视角重新回归到经济地理学中,将以空间经济现象为研究对象的区域经济学、城市经济学等学科相结合,对区域经济活动的空间集聚及全球化等现象进行系统研究,新经济地理学形成。新经济地理学基于不完全竞争市场条件,从区域经济增长过程中形成的核心—边缘发展趋势出发,对要素空间流动和集聚对核心区域和边缘区域的经济增长作用机制进行系统说明,对提高我国的城镇化建设质量、实现城乡经济协调发展具有较强的指导意义。

1. 核心—边缘理论

克鲁格曼(Krugman,1991)在迪克西特—斯蒂格利茨模型(Dixit—Stiglitz,D-S)的基础上,基于德国几何学、社会物理学、积累因果关系、外部经济等理论,采用科布—道格拉斯生产函数,将垄断竞争、规模收益和运输成本分析相结合,提出了核心—边缘理论模型(C-P理论),对产业集聚的外部性进行说明,[1]从而奠定了新经济地理学的基础。

该模型的基本假设如下:
(1)垄断竞争的市场环境和规模报酬递增;
(2)在初始经济中,国家中存在两个相同的区域,各区域中均存在两个部门:规模报酬不变、产品同质的农业部门和规模报酬递增、产品差异化的制造业部门;
(3)两部门的生产要素均为劳动力资源,且设定制造业部门中的劳动力资源可以在两个地区间自由流动;
(4)在两区域间,农业工人的工资水平相等,而制造业的工资存在地区差异;

---

[1] Krugman P., History versus Expectations. *Quarterly Journal of Economics*, Vol. 106, No. 2, 1991, pp. 651-667.

(5) 制造业的转移存在一定的运输成本。

由于两区域之间制造业部门的工资水平存在差异，劳动力资源会逐渐由工资较低的区域向工资较高的区域流动。劳动力资源在工资较高的区域集聚，逐渐成为核心区，该区域获得垄断竞争优势，区域经济较快增长。由于产业经济发展过程中存在前向关联和后向关联性，规模报酬递增效应在核心区发挥作用，拉动了边缘区域经济的发展，从而初始的均衡区域分布逐渐演化为核心—边缘结构。该理论通过"离心力"与"向心力"对区域经济发展过程中规模报酬、运输成本、要素流动的相互关系及其对区域经济结构转化的影响等内容进行解释说明，其中，离心力表现为交易成本的增加，而向心力则体现为前向、后向要素在城市的集聚。制造业的前向、后向产业关联性，在很大程度上取决于运输成本的大小，产业要素向核心区域集聚降低了生产过程中的运输成本，要素集聚的向心力大于离心力，推动了核心—边缘不对称结构的形成；当运输成本足够低时，所有产业将会向某一区域集聚，区域分布发生突变。

新经济地理学的核心—边缘理论打破了传统贸易理论中要素资源不能流动的局限，把空间要素纳入到一般均衡的分析框架中，通过规模报酬递增、垄断竞争、运输成本等假设，将区位理论与新贸易理论相结合，对区域间要素空间集聚及其发展趋势进行充分说明，逐渐成为主流区域经济发展理论的重要构成。

2. 城市集聚度与经济增长理论

在克鲁格曼的理论基础上，亨德森（Hendrenson，2000）[①] 对新经济地理学的核心—边缘理论进行扩展，采用柯布—道格拉斯生产函数，将经济增长理论模型表示为：

$$Y_{(t)} = K_{(t)}^{\alpha} \cdot [A_{(t)}L_{(t)}]^{1-\alpha}, \quad 0 < \alpha < 1 \tag{3.1}$$

其中，K 为资本存量，A 代表技术进步，L 为劳动人口数量，AL 代表社会中的有效劳动数量。$\frac{L'}{L} = n$ 代表人口增长率，是外生变量；$\frac{A'}{A} = g$ 为技术进步率。因此，有效劳动的人均产出 $\hat{y}$ 和人均资本量 $\hat{k}$ 可分别

[①] Henderson J. V., *The Effects of Urban Concentration on Economic Growth*. NBER Working Paper Series, 2010.

表示为：

$$\hat{y} = \frac{Y}{AL}; \quad \hat{k} = \frac{K}{AL} \tag{3.2}$$

根据索洛（Solow）增长理论，当经济增长处于稳态时，资本积累率接近于 0，即 $sy = (n+g+\delta)k$，其中 s 为居民的储蓄率，δ 为外生的社会资本折旧率，k 和 y 分别表示人均资本和人均产出。可将稳态时的有效劳动人均产出 $\hat{y}^*$ 和人均资本存量 $\hat{k}^*$ 分别表示为：

$$\hat{y}^*_{(t)} = \hat{k}^{*\alpha}_{(t)}$$

$$\hat{k}^*_{(t)} = \frac{s\hat{y}^*_{(t)}}{(n+g+\delta)} = \left[\frac{s}{(n+g+\delta)}\right]^{1/(1-\alpha)} \tag{3.3}$$

当市场经济处于均衡状态时，稳态的人均资本量和人均产出取决于人口增长率 n、技术进步率 g 和储蓄率 s，经济社会中劳动力的供给量和密集程度以及高新技术产业的发展对经济实现稳态增长起决定性作用。

在基本模型的基础上，对式 3.2 进行纵向的动态扩展，通过不同时期人均产出变化对比来分析经济增长率的变动情况，为了减小异方差，采用对数形式。假设在 t_1 和 t_2 的两阶段模型中，有效劳动的人均产出增长率可以表述为：

$$\log\hat{y}_{(t_2)} - \log\hat{y}_{(t_1)} = -(1-e^{-r(t_2-t_1)})\log\hat{y}_{(t_1)} + (1-e^{-r(t_2-t_1)})\log\hat{y}^* \tag{3.4}$$

根据有效劳动人均产出的定义，将人均产出 y 表示为 $\hat{y} \cdot A$，代入式 3.4 中，可以得出 i 国家（地区）在 t_2 期人均产出 y 的增长量，如式 3.5 所示：

$$\log y_{i(t_2)} - \log y_{i(t_1)} = -(1-e^{-r(t_2-t_1)})\log y_{i(t_1)} + \gamma X_{i(t_1)} + f_i + \eta_{t_2} + \varepsilon_{it_2} \tag{3.5}$$

其中，γ 为待估参数；X 表示决定经济增长的要素向量，f_i 代表不随时间变化的地区文化、地理性质等特征变量；η_{t_2} 代表技术进步等全球性的冲击；ε_{it_2} 代表当期的随机冲击。

在此基础上，亨德森将城镇化过程中的城市集聚程度这一因素纳入到经济增长理论模型中，对 X 向量进行细化，并用城市首位度（Primacy）作为衡量城市集聚程度的唯一指标，构建城市经济增长理论模型，将式 3.5 进一步进行简化为：

$$\log y_i(t_2) - \log y_i(t_1) = f(primacy_i(t_1), scale_i(t_1), \log y_i(t_1)) \tag{3.6}$$

即经济增长水平除了受到过去经济总量的影响外，主要取决于城镇化过程中的城市人口集聚形成的城市首位度（Primacy）和国土面积（Scale）。其中，城市首位度（Primacy）表示为：

$$primacy_i(t) = \alpha + \beta X_i(t) + f_i + \eta_t + \varepsilon_{it} \tag{3.7}$$

其中，f 为一个国家的固定效应；η 为时间效应。

因此，该理论提出：①城镇化过程中要素的空间集聚促进了城市的形成和城市规模的扩张，城镇化建设模式和建设程度通过拉动城市经济的发展带动了整体经济生产效率的提高；②城市经济的发展和城镇化建设过程并非总是有效率的，究其原因在于城市的制度安排和政策限制受到很多不确定因素的影响，对经济增长产生干扰。这一理论及主要研究结论为我国的城镇化建设过程中，确定合理的人口集聚程度和土地规模提供了理论模型借鉴。

3.7 本章小结

为使本书的研究更具有逻辑性和理论性，在对现有研究成果进行梳理的基础上，本章对国内外城镇化建设的相关理论和经济发展理论进行系统梳理阐述，并以马克思主义城乡关系理论、扩大再生产理论及中国特色社会主义创新发展、协调发展、绿色发展和共享发展等理论为理论，同时借鉴了西方经济学中的分工理论、区域经济非平衡增长理论和新经济地理学核心—边缘理论等经典理论成果，作为本书的理论基础部分。

第4章 城镇化与经济增长的国际比较及经验借鉴

他山之石，可以攻玉。对世界各国的建设经验和教训进行借鉴，对促进中国的城镇化建设质量提升与经济增长均是有益的。本章以马克思历史唯物主义为基本研究方法，对世界各国在城镇化建设过程中所采取的主要模式进行归纳分析，并对不同收入水平下城镇化提高的经济增长效应进行比较论证，在历史总结的基础上探寻城镇化建设促进经济增长的国际经验，并将中国近年来的城镇化建设水平及其对经济增长的影响进行国际对比，拟为后文的研究提供历史经验与事实借鉴。

4.1 城镇化推动经济增长的国际经验借鉴

4.1.1 城镇化建设的主要模式

早在18世纪中叶，随着资本主义经济的发展，城市作为经济、社会、政治、文化中心的作用日益凸显，在英国和部分拉美国家呈现出大规模农村人口向城镇集聚的现象，开启了早期的城镇化进程。自城镇化开启以来，根据各国的发展程度及主要特征，可以将国际城镇化建设进程分为以下几个阶段：（1）1760~1851年，起步阶段；（2）1851~1950年，普及阶段；（3）1950年至今，全面发展阶段（程开明，2008）[1]。

---

① 程开明：《中国城市化与经济增长的统计研究》，浙江工商大学毕业论文2008年。

近年来，随着工业化进程在国际范围内的推广与现代化水平的提升，农业人口向城市集聚的程度与规模加快，尤其是20世纪以来，农村人口向城镇转移使城镇化建设成为经济社会发展的主流趋势。在各国的城镇化建设过程中，大体以市场或政府为主导力量，以城市的集聚与乡村的减少为主要趋势；基于城镇化与经济发展的相互关系及协调程度，主要表现为过渡型、滞后型或同步型城镇化等模式。在国际城镇化发展历程呈现出普遍规律性的同时，因各国在经济发展水平与基本国情等层面存在的显著差异，在城镇化建设模式和发展水平上也存在显著的异质性。当前，已经基本完成城镇化的国家主要集中在欧洲、北美、南美和大洋洲等发达国家和地区，而城镇化率较低的国家则主要集中在经济实力较弱的亚非拉地区。

本节对世界各国的城镇化建设模式进行总结，将典型的城镇化发展案例大致可分为以下几种主要类型：

1. 以美国为典型代表的自由迁移式城镇化

在城乡经济发展与社会结构转化过程中，美国的城镇化发展模式具有典型代表性。对于市场经济发展水平较为发达的美国而言，在劳动力市场供求与政府管理体系等多重因素的共同作用下，美国这一移民国家逐渐形成了相对自由的市场环境，劳动力资源在城市乡村之间的空间配置大多以自由选择式的迁移为主要特征，城镇化表现为典型的自由迁移式模式。

美国自由迁移式的城镇化模式，主要特征有：（1）城镇化发展水平与工业化建设并驾齐驱。在早期经济发展中，美国原始居民的生产大多以农业为主，人口流动较少；随着欧洲移民的不断涌入，以钢铁等产业为主导的工业经济迅速发展，对非农产业工人的需求量逐渐增多，城镇化进程随之加速，与工业化并行，成为推动经济增长的重要动力[①]。（2）地区间经济发展差异推动了城镇化。工业化进程的深化使南北方的经济差异日益扩大，为了获得更多的物质财富，南方大量劳动力向北方迁徙，北方城市成为吸引劳动力资源集聚的主要场所，南北方人口流动推动了城镇化建设的迅速发展。（3）城镇化亦推动着区域经济的协

[①] 卡尔·文博特：《大都市边疆——当代美国西部城市》，商务印书馆1998年版。

调发展。为了有效缩减地区间经济发展差异，尤其是城乡间发展差异，美国于 18 世纪末实施了著名的"西进运动"，通过政策引导，加强对西部地区的基础设施投资，四通八达的高速公路网使小城市逐渐形成，同时，大批大城市在大西洋沿岸及主要交通干道沿线发展起来。(4)"逆城市化"背景下的扩散型城镇化成为新潮流。自 20 世纪 20 年后，由于城市人口资源的集聚所带来的公共资源紧张、环境污染、物价上涨等因素使城市居民的生活水平趋于降低，进而对城市人口形成向外转移的推力；随着经济发展水平的提高与私人汽车的普及，城市周边的郊区及乡村地区对城市中产阶级形成较大吸引力，在美国的大都市中出现了城市人口向周边郊区和乡村自由分散的逆城市化新趋势，扩散型城镇化模式逐渐形成并成为主要模式，而在大都市中则出现了人口的低密度增长。在大量城市人口自由迁向郊区的逆城市新趋势驱使下，到 20 世纪 50 年代，美国城郊地区的人口增长率就已经超过了城市；到 1970 年，郊区及农村人口的占比已经显著超过城市，且这种自由迁移的扩散型逆城市化新趋势仍在显著增强。

在人口自由迁移模式的主导下，美国的城镇化发展历程经历了传统集聚型城镇化与新型扩散型城镇化等阶段，呈集聚与分散相结合的特征。在传统集聚型模式下，大都市经济较快发展；而以扩散为主的逆城市化模式下，大都市拥挤的状况得到有效缓解，且带动了乡村地区经济的发展，推动了城乡经济协调增长。

2. 以英国为典型代表的强制转移型城镇化模式

在国际城镇化模式与经验的总结研究中，英国作为最早开启城镇化进程的国家，其建设经验与发展模式具有较强的理论研究价值与实践借鉴意义。根据英国城镇化的发展历程，可将其分为如下阶段：

（1）快速起步阶段。早在 11 世纪，在英国的部分穷困农村，为了满足生存需求，有农村人口自发性地向较远的城市长途转移，进而开启了英国的人口迁移与城镇化进程。此阶段的迁徙者，大多为贫困的农民。在 15 世纪之后，随着经济水平的提高与社会环境的改善，迁移主体发生了重要转变，大量商人和青年女性为了获得更多的物质财富和更好的生活环境，逐渐向周围的大城市集聚，掀起了一场以短距离迁移为主的人口迁移高潮。但英国大规模的人口迁移和快速城镇化进程的开启，主要源于圈地运动和工业革命。随着对外贸易的兴起，英国的羊毛出口和纺织业较快发展，为了追求经济利益，土地贵族大肆驱逐个体农民，并通过圈地的方式抢占土地资源以发展羊毛产业；圈地规模的扩大推动着传统中小型农业生产模式被规模化的畜牧业生产模式所取代，资本主义农业规模化经营方式得以建立；在此过程中，社会阶级结构也发生重大转变，获得圈地的土地贵族通过出租土地的方式转变成为资产阶级，部分农民沦落为雇佣工人；大量农民在失去土地后，远走他乡，流落为城市工人以谋求生计，无产阶级形成并迅速壮大。圈地运动的扩张也推动了英国农业商品化的发展，这也为城镇化的推进和经济发展创造了重要的市场机遇。到18世纪下半叶，工业革命在英国兴起，工业经济迅速发展，为农村迁移人口提供了大量就业岗位，产业结构和人口分布发生了结构性转变，城市数量和城市人口激增[1]。到1851年，英国的城市人口已经超过农村人口，成为世界上首个城镇化率过半的国家[2]。通过对英国城镇化的快速起步进行总结可以发现，早期城镇化的形成主要是在圈地运动与工业革命的共同推动下，以强制、暴力的手段为主要特征，以牺牲农民的利益为代价[3]。

（2）全面发展阶段。英国快速起步的城镇化为经济发展提供了大量的物质资源和劳动力，同时近乎激进的城镇化模式导致政府对城市的管理缺乏经验，处于混乱无序的状态，对经济发展产生负面影响，如：在格拉斯哥、伦敦等大都市，出现了污水横流、传染病和社会犯罪滋生、住房和交通拥挤等问题，城市内部的贫富差距日益严峻；在"重工轻农"思想的指导下，农业生产严重受限，农产品贸易逆差为城市和工业的发展提供了支持和动力，但城乡差距日益拉大。为了扭转城市无序混乱的局面，提高城镇化建设质量，推动城乡经济全面发展，英国政府采取了如下举措：第一，加大对农业生产和农村建设的扶持和补贴力度，将部分非农产业向农村地区转移，同时，注重发展当地文化旅游业，25%以上的农村逐渐转变为具有地方特色的旅游城市；第二，保障

---

[1] 王铭：《科学技术与城市化进程》，载于《社会科学辑刊》2007年第6期。
[2] 朱信凯：《农民市民化的国际经验及对我国农民工问题的启示》，载于《中国软科学》2005年第1期。
[3] 黄国清、李华、苏力华等：《国外农民市民化的典型模式和经验》，载于《南方经济》2010年第3期。

贫困人口的基本生活，着力构建福利国家，不断完善为贫困者提供住宿和工作机会等基本生活需求的保障法案，完善公共服务体系与交通设施体系的构建，为居民提供"从摇篮到坟墓"式的公共服务，保障贫困人口的基本生活；第三，20世纪以来，陆续出台并完善了《城市规划法》、《城镇发展法》等40多部城市发展法律法规，为治理和防范工业发展中出现的环境问题提供法律保障，通过淘汰落后产能、发展环保农业、提供环境保护补贴等途径，环境问题得到有效缓解。

在以上举措的共同推动下，随着工业化进程的较快推进，19世纪是英国的工业化和城镇化建设全面推进并较快发展的黄金时期，到1871年，英国农村人口的占比骤减至25%，成为最早完成城镇化的国家。在此阶段，英国的城镇化推进模式由以伦敦等单一城市为核心的模式向以多中心城市为核心的模式转化，特大城市与大城市的规模和数量逐渐增加，居民的生活方式与消费方式发生重要转变，为经济增长创造了良好的社会环境。与此同时，在英国城镇化建设进程全面推进的过程中，也产生了工人阶级与中产阶级等群体在财富、社会地位上的阶级分层与社会隔离等新的矛盾与冲突，英国的城镇化发展历程对世界各国的建设提供了一定的经验和借鉴。

3. 以日本、韩国为代表的政府主导型城镇化模式

第二次世界大战后，随着国际环境与社会制度的转变，日、韩等国开启了工业化和城镇化等建设进程。与欧美发达国家较早开启的城镇化相较，日韩等东亚国家的城镇化建设起步较晚，但发展迅速。

基于日、韩等国较小的国土面积与人口规模等特点，城镇化建设进程的推进迅速，其中，1950~1970年，日本的城镇化率就由37%增至70%以上，仅20年左右的时间就基本完成了城镇化；韩国的快速城镇化建设模式开启于1960年，仅用30多年的时间也完成了美国耗时100多年的城镇化进程，1990年城镇化率达到74%[1]。但因国土面积和资源的限制，日、韩较快推进的城镇化均呈现出以政府为主导的显著特征。人口向大中城市迅速集聚的集约型发展模式，使日本三大都市圈和韩国

---

[1] 范红忠、周阳：《日韩巴西等国城市化进程中的过度集中问题——兼论中国城市的均衡发展》，载于《城市问题》2010年第8期。

首都圈迅速形成并成为全国政治、经济、文化发展的核心，人口高度密集①。

为了解决工业化推动下大都市人口过度集聚的城市病问题，日本政府借鉴了美国、英国等发达国家的建设经验，充分发挥政府在应对城市病问题中的积极作用，采用"据点式"开发模式高效利用国土资源，先后通过了五次全国国土综合开发运动，产业城市的辐射作用大大增强。与此同时，日本的城镇化建设非常注重对于交通设施条件的改善和网络体系的建设，城市交通和城际交通的大力投资为城市经济向农村的扩张提供了条件，东京、大阪、名古屋三大都市圈对周边城郊的带动作用得到充分发挥，以大都市为核心的经济圈迅速发展起来。都市圈的外溢性扩张，不仅缓解了城市人口集聚的压力，也带动了农村地区经济的增长。在城市辐射效应发挥作用的同时，日本还在农村地区开展了著名的"一村一品"运动，农村建设取得巨大成效，大量农村自发地向城市形态过渡，城镇化建设对日本经济全面增长的刺激作用得到充分发挥（张季风，2003）②。通过总结不难发现，日本快速推进的城镇化，以政府的主导为主要特征，高度重视住房保障制度的建立、环境问题的管理、国民教育的提升、交通设施的改善等问题，旧城改造与新城建设同步推进，城市与农村发展相互促进，为区域经济的协同发展打下了良好的条件和基础。

从韩国的城镇化建设历程来看，自韩国摆脱殖民统治与战争混乱的纷扰后，1960年以来，人口迁移与城镇化建设步入新的历史阶段。在"出口导向"型工业化战略下，两个五年经济发展计划的实施使韩国的工业化与城镇化较快推进，与此同时，政府对农村发展的忽视也造成了农业、农村发展的落后与贫困。为了促进人口资源合理分布、缩小城乡差距，韩国政府对城市土地资源、住宅建设、交通设施、垃圾处理等公共服务和基本公共资源进行统一的管理和提供，并根据城乡发展特色分别实施差异化的针对性政策，在连续制定并实施六个五年计划的同时，在农村地区开展了自上而下的新村运动。经过六个五年计划，韩国的工业化水平进一步提高，推动着以首尔—釜山铁路沿线为主线的城市链大

---

① 余俊：《中外农村城镇化比较研究》，华中科技大学毕业论文2006年。
② 张季风：《战后日本农村剩余劳动力转移及其特点》，载于《日本学刊》2003年第2期。

发展，还建立了以釜山为中心的东南沿海增长极、西海岸第三代增长极等城市圈①，城市经济迅速扩张。在农村地区，以脱贫致富为目标，在政府的扶持下，新村运动的开展带动了大规模的修房、修路等农村工程建设，农民的主体地位和建设热情充分发挥，居住条件得到有效改善；新型农业技术广泛应用，养殖产业迅速发展，农村经济随之提升。到1990年，韩国城镇化已经处于较高水平，到1995年，城镇化率超过78%，城镇化进程基本完成。城镇化建设与工业化的齐头并进、快速发展，使韩国从发展中国家一跃成为发达国家；与此同时，政府主导的城镇化发展模式也使农民的参与意愿与经济负担加重，在一定程度上对区域经济的协调发展产生负面效应。

在政府主导下，仅仅半个世纪，日韩的城镇化建设已经达到较高的水平，这进一步表明城镇化建设进程的数量与质量并重，是解决农村问题、实现现代化的根本出路，对经济较快增长发挥了至关重要的推动作用，对我国新型城镇化建设的有序推进提供了一定的经验借鉴。

4. 以拉美国家为例的过度城镇化建设模式

由于受到葡萄牙、西班牙等殖民帝国的统治，拉丁美洲的城镇化是伴随着西方国家对殖民地的拓展和掠夺而开启的。殖民者为了占领当地丰富的矿产资源，在矿区及周围迅速建立殖民城市，而拉美国家这种被动的城镇化起步远早于其工业化发展进程（韩琦，1999）②。19世纪以后，随着拉美各国陆续独立，城市中的移民大量涌入，人口规模迅速扩张，仅1850~1930年的80年间，城市人口增长了3倍之多，在城市规模迅速扩张下城镇化建设较快推进。据联合国相关数据显示，拉美国家仅用了50年左右的时间将城镇化率水平从不足40%迅速提高到80%，已成为世界上城镇化率最高的地区之一。

而与日、韩等国城镇化与工业化的同步较快推进不同，拉美国家城市人口的增长远超过其工业化的增长，据统计，到20世纪70年代，城市人口占比已经是工业人口占比的2~3倍（张家唐，2003）③。同时，

---

① 马先标：《韩国城市化历史演变回顾》，载于《中国名城》2018年第1期。
② 韩琦：《拉丁美洲的城市发展和城市化问题》，载于《拉丁美洲研究》1999年第2期。
③ 张家唐：《拉美的城市化与"城市病"》，载于《河北大学学报（哲学社会科学版）》2003年第3期。

拉美国家的城市首位度居高不下,其中,阿根廷的城市首位度高达10%,远超过2%的合理范围,城镇化发展的地区性结构失衡与城市中人口过度集聚等问题严重。

因城市人口的快速集聚,城镇化建设缺乏相应的工业支撑,过度的城镇化严重削弱了城市要素集聚对经济增长和社会发展的正向效应,失业问题日益严峻,住房资源短缺,"贫民窟""棚户区"中社会问题频现,各种传染病和犯罪滋生,城市中1/4以上的人口处于贫困线以下,生活条件恶劣,拉美国家的大部分城市纷纷陷入"过度城镇化"的困扰,城市规模恶性膨胀(Williamson,1998)[1]。与此同时,过度城镇化发展模式也使农业生产严重受损,粮食价格不断上涨,农村衰败现象严重,进一步激化了城乡之间的矛盾。目前,拉美国家80%左右的人口居住在城市,成为城镇化程度最高的发展中国家,同时也是城市问题最为严重的地区。

近年来,为解决城市病问题,拉美各国积极采取措施,如:不断增加农业投入,提高农业技术,增加粮食供给;调整城市布局,在大都市周围建设卫星城,分散集聚人口,完善大、中、小城市协调发展的建设体系。在一系列举措下,城市病得到一定缓解,但过度城镇化仍是制约拉美国家跨越"中等收入陷阱"的关键性障碍。

4.1.2 国际经验借鉴

通过对不同国家的城镇化建设模式和经验进行对比总结,研究发现,城镇化建设是各国经济社会发展过程中的必经阶段,尤其是对于后发国家的发展而言,城镇化建设的作用至关重要。在世界历史发展进程中,发达国家与发展中国家的城镇化均经历了集聚型城镇化与分散型逆城市化等阶段,呈现出一定的普遍性规律;与此同时,基于各国发展水平与国情差异,城镇化建设的具体推进模式又存在国别异质性。对代表性国家的城镇化建设历程进行梳理,得出如下经验借鉴:

(1) 城镇化的推动作用随经济水平的提高而呈现出先增后减的趋势。不同国家或通过市场机制、或采用政府强制等手段,通过城镇化建

---

[1] Williamson J. G., Migrant Selectivity, Urbanization and Industrial Revolution. *Population and Development Review*, Vol. 14, No. 2, 1998, pp. 287–314.

设为经济发展打开新的引擎,使城镇化成为推动经济增长的不竭动力。当经济发展到较高水平时,传统要素投入与集聚对经济增长的推动作用充分发挥,物质条件较为丰富,技术进步与创新逐渐成为激发经济增长新动力的主要源泉,城镇化建设进程推进对经济增长的促进作用呈递减的趋势;在经济发展相对较低的阶段,城乡差距和区域经济发展不平衡等问题成为经济社会发展的主要瓶颈,而这些问题的解决仍依赖于城镇化建设进程的不断推进。

(2) 政府决策在促进区域经济协调增长过程中发挥重要作用。在城镇化推进的过程中,尤其是城镇化发展的初级阶段,经济发展不平衡问题成为各国面临的共性问题,也是当前中国经济增长中面临的主要障碍。英、美、日、韩等国虽采取不同模式的城镇化建设推动了经济的增长,但是在处理区域经济发展不均衡问题上呈现出较强的共性:即政府区域发展战略在城乡矛盾的处理中非常重要。政府决策的重要性主要体现在两个方面:第一,在缩小区域经济差异方面,在大都市要素集聚形成增长极的过程中,各国政府均认识到城市增长极与欠发达区域的交通、通信等公共设施网络体系的构建在区域经济协同发展中的重要作用,并在特殊时期以政府决策为主导,或通过全国性的综合开发战略、或通过部分区域重点建设规划,不断提高欠发达地区基础设施的建设水平;第二,在缩小城乡差距方面,各国在重点建设城市经济的基础上,均非常重视农业农村的发展,尤其是在城镇化建设取得一定成效后,如英法等国家通过加大对农业补贴、发展农业旅游、完善农村社会保障等政策,形成农村内生性增长的产业支撑与社会环境,城乡差距不断缩小,为经济的整体增长提供条件。

(3) 城镇化建设要遵循客观规律。在城镇化推进过程中,只有适应自然规律和经济发展现状的建设才能推动经济有序增长,超前的、滞后的城镇化都会产生严重的社会问题。首先,城镇化建设需与工业化进程相协调。城市形态的形成与作用机制的完善,严重依赖于城市产业的发展和经济环境的改善;在工业化进程不断深化的背景下,大多城市将第二产业作为经济增长的主要动力,城市工业的发展为基础设施的改善和公共设施的供给提供了物质支持和资金保障,而过度依赖城市工业的城镇化发展模式也势必会带来一定的环境问题,这也是当前中国经济增长中面临的主要问题之一。英法等国的城镇化发展经验,为缓解中国粗放型城镇化所产生的城市病问题提供了良好借鉴，即在发展工业的过程中，要主动寻找城市扩张、经济增长与环境和谐的均衡发展模式，促进经济增长模式由粗放型向集约型转变。其次，城镇化建设要与社会承载能力相匹配。在促进要素集聚的同时，要充分重视人的发展需求与城市发展之间的协调度，人口的集中程度要与城市的容纳能力相匹配。在人口集聚和土地规模扩张的过程中，要以大都市为核心不断拓展城市网络体系，通过构建并完善都市圈，增强城市对乡村地区的拓展与辐射能力，有效提升城市经济社会发展对要素集聚的容纳能力，以更好地满足迁移人口的基本生存需求。因此，在城镇化推进过程中，要充分尊重经济、社会和自然规律，分层次、有步骤地发挥城镇化对经济增长的带动作用。

近年来，基于中国特色社会主义初级阶段基本国情，随着新型工业化、农业现代化与信息化等建设进程的同步推进，"以人为本"的新型城镇化建设道路逐渐形成并取得较快发展，但这不是说中国的城镇化与世界其他国家的城镇化截然不同。恰恰相反，中国特色社会主义城镇化建设模式正是在借鉴各国经验的基础上，结合自身特征和发展需求，坚持以人民为中心的指导思想，坚持统筹兼顾，所形成的人与自然和谐相处、城乡经济协调增长的中国特色建设模式。因此，中国新型城镇化建设道路的提出和实践，是在总结世界各国经验的基础上，立足于中国国情，在解决中国自身问题，满足发展需求中逐渐摸索出来的，是对城镇化建设国际经验的继承、发展和创新。

4.2 城镇化推动经济增长的机制说明及国际经验论证

4.2.1 作用机制说明

基于上述理论和经验，本节立足于城镇化建设过程中的要素空间集聚效应及问题，对劳动力资源在城乡各部门、各产业之间的空间集聚和重新配置的动态过程，及其对社会经济结构和生产力发展产生的影响进行分析。城镇化建设对经济增长的作用机制，主要体现在要素空间流动与配置所产生的集聚效应和扩散效应上。

1. 集聚效应

根据新经济地理学增长理论，地区经济的发展在很大程度上受到空间关联区域经济行为的影响，而要素的流动与集聚改变着要素分布的区域结构，进而决定了空间关联性的形成及作用，是影响并诱发经济增长方式转变与区域发展差异转化的重要途径。因此，将要素的空间集聚效应可界定为：由于经济活动之间的相关性及区域网络体系的构建，以某种相关性为主线在一定区域内所形成的生产要素集群，进而产生的经济效果及吸引周围地区经济向该地区靠拢的空间向心力。要素空间集聚效应的形成，是推动城市经济形成与不断壮大的基本因素。

在城乡两部门经济中，城镇化的推进正是促进劳动力、土地、产业等资源由分散的农村部门向相对集中的城市部门集聚的过程，对经济增长产生如下效应：（1）在劳动力资源集聚的过程中，随着劳动力供给的增加与市场竞争的深化，城市部门中有效劳动供给及劳动参与率提高，专业化的产品供应链和经营管理体系逐渐形成，社会分工日益深化，劳动生产率随之提高。（2）在资本要素的集聚过程中，随着机器设备等物质资本与虚拟的金融资本在区域之间的自由流动与配置，城市基础设施与经济环境有效改善，为部门经济活动规模效应的形成提供了资金保障与物质支持，单位产品的交通运输成本、管理成本和信息成本相应减少，对经济增长产生积极的正向效应，与此同时也在一定程度上积累了区域经济增长的不平衡。（3）技术知识的流动与集聚所形成的长期空间集聚效应。有研究表明，劳动力与资本的流动与集聚，对经济增长产生短期的冲击，而技术进步与知识共享则是形成经济增长长期均衡路径的关键（董直庆、赵星，2018）[1]。在区域经济增长过程中，前沿技术主要形成于发达地区，技术与知识的流动和共享体现为发达地区向欠发达地区的单向流动与扩散，而专业的、核心的技术与知识在同类技术中的动态流动性更强。城镇化过程中技术要素的集聚与制度环境的改善，降低了企业的创新成本，推动自主创新技术与知识的形成、传播及共享，促进落后地区的技术吸收与技术再创新，进而形成长期经济增长点。

---

[1] 董直庆、赵星：《要素流动方向、空间集聚与经济增长异地效应检验》，载于《东南大学学报（哲学社会科学版）》2018年第6期。

2. 扩散效应

城镇化过程中各种要素由农村向城镇部门的集聚，在形成城市规模经济的同时，也对周边的农村地区产生扩散效应。缪尔达尔（Gurmar Myrdal，1957）[①] 在《经济理论和不发达地区》一文中首次用扩散效应和回波效应来描述城市增长极对落户地区的正、负向外部性，从而提出并系统地解释了发达地区与不发达地区并存的二元结构现象。当经济中正向的扩散效应大于负向的回波效应时，地区间经济差异逐渐缩小，区域经济随扩散效应的增强而趋向于协同性的增长。（1）人口的流动与集聚是技术进步与知识创新扩散效应发挥作用的载体，城市中先进技术与知识的扩散程度直接影响着落后地区的技术赶超能力，是区域经济收敛性增长的重要条件。在技术专利和知识产权的保护下，技术与知识的扩散效应不仅取决于空间距离，随空间距离的增加而减弱；还在一定程度上取决于地区经济结构、技术水平差异及人口流动的规模。在城镇化建设过程中，劳动人口在城乡之间的合理流动与配置为技术与知识向农村地区的渗透提供了媒介，有利于激发城乡内部的创新能力，促进技术积累，大大节约了农村地区的研发成本降低了不确定性；但过度的人口流失亦会降低农村地区的知识积累程度与学习绩效，削弱创新动力。（2）除了技术与知识的外溢外，城市规模及其经济活动的扩张，也拉动了对农村地区基础设施建设的投资与供给，为城乡经济的协调发展提供技术支持和物质保障。

此外，城镇化对经济增长的正向扩散效用是否居于主导地位，还依赖于一定的社会经济条件。当城镇化建设滞后或超前于经济增长时，城市要素集聚程度过低或过高都将引发一定的社会问题，正向的扩散效应会被负向回波效应所掩盖，城镇化建设将阻碍经济健康增长，拉美地区和印度等国家出现的城市资源紧张、环境污染、失业严重等城市病就是典型案例。

因此，本书认为，在要素集聚效应和扩散效应的共同作用下，城镇化对经济增长的作用机制主要体现在以下几个方面：

（1）促进产业结构优化升级。在市场经济条件下，劳动力、资本

[①] Myrdal G., Economic Theory and Underdevelop Regions [M]. London：Duckworth, 1957.

和技术等要素会随着报酬的调整和差异自动地流向生产率和收入较高的部门。在我国城乡区域经济发展中，与工业、服务业相比，农业部门的工资水平和劳动生产率相对较低，农业劳动人口向第二、三产业转移成为城镇化建设有序推进的重要实现形式；随着劳动力资源在产业间的流动和集聚，城市部门的劳动分工逐渐深化，劳动生产率随之提高。就业结构的转变在很大程度上决定着产业结构的调整，在当前的经济结构中，劳动密集型产业仍占较大比重，在劳动力供给总量持续减少的背景下，传统廉价劳动力资源优势逐渐消失，农业人口向第二、三产业的转移不仅是满足产业结构优化升级对劳动力资源供给需求的重要保障，还是释放新"人口空间红利"的源泉。

此外，从需求视角来看，在中国特色新型城镇化推动过程中，城镇化建设的重心已经逐渐由注重人口的迁移数量与集聚程度向更加关注市民化等迁移质量问题过渡。城市中农村迁移人口市民化水平的不断提升，使部分迁移农民的收入水平、消费能力、生活方式向城市居民靠拢，进而增加了对消费品市场的有效需求，尤其是对基本生活产品及服务业的需求。以农民工群体为例，据统计，农民进城后的人均月收入已突破4000元，且人均消费支出是农村的2倍以上，我国2.88亿农民工市民化的需求和不断增加的农业迁移人口为第二、三产业的发展提供了广阔的市场空间，在提高城乡居民生活水平的同时，也为产业结构的调整创造了条件。

（2）推动城乡经济社会协调发展。在我国的城镇化建设过程中，或通过农村自发的、自下而上的农村城镇化，或通过政府主导的、自上而下的新城建设等模式，劳动力、土地、资金、技术等各项资源要素逐渐向城市聚集，规模经济形成，尤其是在一线城市和沿海经济圈，城市要素集聚的规模效应得到较好发挥，为其经济部门实现健康、持续、平稳、有效地增长提供了要素支持与保障。城镇化建设在促进城市经济较快增长的同时，对农村地区经济社会的协同发展也形成外部推力。在示范效应和集聚效应的共同作用下，大量农村剩余劳动力流向城镇就业岗位，通过"干中学"实现了就业技能的积累，为个体生活水平的提高和消费能力的增强提供保障。迁移农民的城镇就业经历使其对先进技术、知识和生产理念有一定掌握，并在城镇与农村的往返及社会网络体系的构建中将城市先进的技术、知识和理念带回农村，以人口的迁移与流动为纽带，推动着农村地区生产、生活方式的转变与经济社会形态的转化。同时，城镇化过程中，迁移农民收入水平的提高也带动了农村居民生活水平的改善，有利于缩小城乡居民实际收入差距，实现协调发展和共享发展。

根据上述作用机制，提出以下研究假说：

假说1. 城镇化对经济增长的影响有相应的门槛效应，转折点为城镇化建设对经济增长的作用由推动转为抑制的阈值，且门槛效应的存在依赖于各国的经济发展水平。

假说2. 城镇化建设的推进过程，也是各项资源要素的空间流动与集聚过程，资源合理流动和有效配置是促进经济增长的重要实现途径。

4.2.2 门槛效应的国际经验论证

1. 数据来源及指标选取

在现有研究的基础上，本节以各国的经济增长率为研究对象，对不同国家间的面板数据进行门槛效应估计，借以论证城镇化建设对经济增长推动作用转折点的存在性。

各指标的选取及说明具体如下：

（1）因变量。选用年均 GDP 增长率（DGDP）指标来表示，通过当年的 GDP 增加值÷上年的 GDP 总值得到，用以反映不同个体的经济实力和增长速度。

（2）主要关注变量。为了反映城镇化建设对经济增长率的影响，本书选用城镇人口占总人口的比重（urb）指标来表示各国的城镇化率。

（3）门槛变量。拟选用人均国民收入水平（GNI）为门槛变量。在数据收集和整理过程中，为了剔除不同国家间汇率差异，人均国民收入指标选用购买力平价后的收入水平（PGNI），单位为国际元，并以1990年为基期进行处理。为了较少异方差的影响，采用对数形式（Lngni）。

（4）控制变量。为了准确反映城镇化率变动对经济增长率的影响程度，需对其他影响经济增长的因素进行控制，将控制变量设定为：资本形成总额的 GDP 占比（inv），以反映一国或地区经济发展过程中的资本积累程度；第二、第三产业增加值占比（str），用以体现产业结构的调整程度；此外，还对通货膨胀率（rinf）、劳动参与率（lab）等指标进行控制。

在对 165 个国家 1991~2013 年的动态面板数据进行收集整理的基础上，本书对异常值及空缺值进行剔除，共获得 76 个国家的有效数据，时间维度为 23 年。各变量的选取及相关描述性统计如表 4-1 所示：

表 4-1　　　　　　　　变量描述性统计

	变量名称	均值	标准差	最小值	最大值
因变量					
DGDP	经济增速（%）	3.74	3.69	-36.05	18.87
主要关注变量					
urb	城镇化率（%）	52.12	22.40	9.18	100
门槛变量					
PGNII	人均国民收入（国际元）	11045.36	12492.55	270	76860
Lngni	人均国民收入的对数	8.66	1.22	5.60	11.25
控制变量					
str	二三产业增加值占比（%）	85.08	13.13	34.03	99.97
lab	劳动参与率（%）	64.687	9.66	40.2	89.00
inv	资本形成占比（%）	23.78	7.427	3.55	67.91
rinf	通货膨胀率（%）	7.80	14.69	-18.11	255.17

2. 模型的设定

为反映城镇化水平对经济增长率的影响，在上述指标选取的基础上，将计量模型设定为：

$$DGDP_{it} = \mu_i + \alpha_{it} X_{it} + \beta_1 urb_{it} \cdot I(Lngni_{it} \leq \gamma_1) + \beta_2 urb_{it} \cdot I(\gamma_1 \leq Lngni_{it} \leq \gamma_2) + \beta_3 urb_{it} \cdot I(Lngni_{it} \geq \gamma_2) + \varepsilon_{it} \quad (4.1)$$

其中，i = 1, 2, …, N 为个体变量，代表不同的国家；t = 1990, 1991, …, 2013 为时间变量；I(·) 为指标函数，取值为 0 或 1；X_{it} 为控制变量矩阵，α、β 为待估参数，ε 为随机扰动项。

3. 回归结果说明

（1）门槛效应的检验及确定。门槛效应的检验是本节实证回归的基础，若门槛变量不显著，回归则失去了意义。为了确定门槛变量的存在性及个数，本研究借鉴了汉森（Hansen，1999）[①]提出的样本自抽样（Bootstrap）检验方法，分别对单一门槛、双重门槛和三重门槛进行 1000 次的抽样检测，得到相应的 F 值、P 值及相关临界值如表 4-2 所示：

表 4-2　　　　　　　　　门槛效应自抽样检验

模型	F 值	P 值	BS 次数	临界值 1%	5%	10%
单一门槛	13.061**	0.012	1000	13.878	8.776	6.092
双重门槛	9.783***	0.002	1000	7.357	3.913	2.62
三重门槛	3.408	0.168	1000	8.94	5.176	3.542

注：*、**、***分别表示在10%、5%、1%水平上显著。

检验结果表明，单一门槛和双重门槛分别在 5% 和 1% 的水平上显著，模型存在显著的门槛效应。双重门槛模型的 P 值最小、显著性最强，从而选用双重门槛模型。同时，采用 LR 统计（Likelihood Ratio Statistic）来对双重门槛值进行估计，两个门槛值的估计结果及 95% 的置信区间如表 4-3 所示。

表 4-3　　　　　　　　双重门槛估计值及置信区间

	门槛估计值	95%置信区间
γ₁	10.227	[7.059，10.266]
γ₂	9.178	[9.062，9.316]

在单一门槛测度中，当门槛值区 9.178 时，LR 统计量取值最小，固定第一个门槛后，在 10.227 周围似然比统计量出现低谷，因此门槛

[①] Bruce E. Hansen, Threshold Effects in Non-dynamic Panels: Estimation, Testing and Inference. *Journal of Econometrics*, Vol. 93, No. 2, 1999, pp. 345–368.

值分别取 9.178 和 10.227，且该门槛值均落在 95% 的置信区间内。根据测度出的门槛值，可将人均国民收入水平划分为较低收入阶段（Lngni≤9.178）、中等收入阶段（9.178 < Lngni≤10.227）和高收入阶段（Lngni > 10.227）三种类型。

（2）回归结果分析

表 4-4 给出了固定效应模型回归结果，为了减少异方差的影响，使回归结果更为稳健，在进行常规标准误回归的基础上，对模型进行稳健标准误差回归，结果分别呈现在列 1 和列 2 中。对比发现，回归结果稳健，主要关注变量和各控制变量均在不同程度下显著，模型拟合良好。

表 4-4　　　　　　　　双重门槛固定效应回归结果

变量名称	(1)	(2)
inv	0.184 *** (10.57)	0.184 *** (5.87)
str	0.0631 ** (2.14)	0.0631 ** (1.22)
rinf	-0.0391 *** (-5.67)	-0.0391 *** (-4.3)
lab	-0.0737 * (-1.68)	-0.0737 * (-1.8)
urb_{it}(Lngni≤9.178)	0.0173 *** (3.23)	0.0173 *** (3.37)
urb_{it}(9.178 < Lngni≤10.227)	0.0364 * (0.72)	0.0364 * (0.60)
urb_{it}(Lngni > 10.227)	0.0039 *** (-2.99)	0.0039 *** (-4.25)
_cons	-0.248 (-0.07)	-0.248 (-0.06)
R^2_w	0.0978	0.0978
样本量	1748	1748
F 值	25.77	13.46

注：括号内参数为 t 统计量，*、**、*** 分别表示在 0.1、0.05、0.01 的水平上显著。

通过回归结果可以看出：资本形成额占比（inv）对经济增长率产生显著的正向影响，而城镇化建设过程中资本要素的空间流动与集聚是实现资本形成额积累的重要途径，资本形成额占比每提高1%，将带来经济增速0.18%的增长，在一定程度上验证了理论假说2。

第二、第三产业增加值占比（str）的系数显著为正，这表明经济结构中产业结构的不断优化升级是推动经济增长的重要动力机制之一。城镇化过程中，农业人口向非农业转移促进了劳动力要素的空间流动与集聚，劳动力的集聚通过就业结构的调整发挥作用并推动着产业结构的优化升级，从而推动着GDP总量的持续增长，这一结论也验证了假说2的合理性。第二、第三产业增加值占比每增加1%，经济增长率将提高0.06%。

在控制变量中，通货膨胀率（rinf）的系数为-0.0391，且在1%的水平上显著，这与巴罗（Barro，1998）[①]的研究结论相一致，表明在市场经济的运行过程中，大宗商品的物价上涨使企业生产、运输和经营成本上升，企业利润减少。同时，日常消费支出的大幅上涨和货币贬值的出现也会引发银行挤兑、市场抢购等社会问题，不利于经济增长的实现。因此，通货膨胀与经济增长负相关，要将通货膨胀控制在合理的范围，维持市场物价稳定，避免通货膨胀的恶化。此外，劳动参与率（lab）的系数也显著为负，这与预期有一定差异，其原因可能是劳动力参与市场活动的比重越高，表明信息化、智能化的普及程度越低，大量经济活动仍依赖于人工劳动，从而不利于劳动生产率的提高和经济的持续增长。

除上述控制变量的影响外，在不同收入水平国家间，主要关注变量urb的系数在不同收入水平下也呈现出较大的差异。当人均国民收入低于第一个门槛值9681.77国际元（Lngni<9.178）时，城镇化率对GDP增长率的影响系数为0.0173，且在1%的水平上显著，即在国民收入处于较低水平时，城镇化大多是为满足市场需求而兴起和推进的，劳动力、资本、土地、技术等要素的空间集聚及配置，有利于解除各种落后的生产关系对生产力发展的束缚，有利于形成新的生产方式与生活结构，有利于城市规模经济的形成，对经济增长产生积极作用；当人均国

[①] Robert J. Barro, *Determinants of Economic Growth: A Cross-country Empirical Study*. Oxford: The MIT Press, 1998.

民收入处于两个门槛值之间时,城镇化率的影响系数增至最大,达到 0.0364 且显著,是低收入阶段城镇化率系数的 2.1 倍,这表明在第一阶段发展的基础上,人均收入水平的提升使居民的消费需求日益增强,城乡建设取得初步发展,集聚效应和扩散效应更容易得到发挥,城镇化率每提高 1%,经济增速将增加 0.0364%;当人均收入水平超过 27639.47 国际元(Lngni > 10.227)时,国民收入跨过第二个门槛处于较高阶段,城镇化率的影响系数显著降至 0.0039,仅占第二阶段影响程度的 10%,这表明当一国或地区的人均收入处于较高水平时,满足人自由而全面的发展需求成为经济增长和城镇化建设的首要目标,人口空间集聚的传统城镇化建设模式加剧了城市资源的紧缺与生态问题。在发达国家的主要城市,大量人口选择向城市近郊或周边的农村迁移,"逆城市化"现象出现,城市人口集聚的传统城镇化建设模式对经济增长的推动程度微弱。上述结论表明,城镇化率对经济增长的推动作用具有明显的门槛效应,拐点的出现依赖于人均国民收入水平,随着国民收入水平的提高,人口集聚的城镇化建设对经济增长的推动作用呈倒"U"型变化趋势,这一结论在一定程度上验证了理论假说 1。

4.3 中国城镇化建设的国际比较

4.3.1 中国城镇化建设现状及其作用程度的国际比较

改革开放 40 余年来,中国的城镇化建设稳步推进并步入较快发展的中期阶段。到 2018 年,我国的城镇常住人口总量由 1978 年的 1.7 亿增加到 8.3 亿人次,城市数量由 193 个增至 672 个,城市建成区面积扩大了约 6.6 倍[1],以中心城市为核心的城市集群逐渐形成并日益壮大,工业化、信息化与现代化等多元化建设稳步推进。城镇化进程以年均 1% 左右的增速较快推进,使迁移农民逐渐成为城市发展的主体,在为其提供平等、便利的创业与服务环境的同时,还需逐渐将其纳入城市的文化、服务体系之

---

[1] 数据来源于国家统计局。

中（任远，2010）[①]。基于传统城市规模和文化体系向乡村地区扩张的城镇化，自20世纪80年代乡镇企业的崛起以来，农村自发式城镇化逐渐增多，城镇化实现形式逐渐多样化，呈现出的问题亦随之复杂化，进而中国学者掀起了对城镇化建设研究的新高潮。城镇化建设作为一项系统的社会工程，不仅表现为农村剩余劳动力工作环境、居住场所向城镇的转移和过渡，也体现在迁移后城市定居、融入且逐步实现市民化等问题上。

在城镇化推进过程中，随着中国特色城乡二元户籍管理体制的试行与推广，城市人口和农村人口因制度差异而面临着社会身份与权益的分离，人户分离现象的出现使人口城镇化被人为地划分为两个阶段：第一，迁移阶段，以非农就业岗位的获得为载体，表现为农村剩余劳动力实现向城镇的空间转移和聚集；第二，转化阶段，主要通过农村转移人口在城市的市民化和社会融合来实现，包括：迁移农民在城市定居，基本生存发展需求得到满足；公平地享受与城镇户籍人口均等的社会保障和公共服务等权益；获得城市户籍，实现市民化，并在行为适应、身份认同、心理融入等层面完成向城市主流群体的社会融合。当前，中国的城镇化建设过程出现了迁移阶段和转化阶段的分离，大量农村剩余劳动力迁移到城镇后，由于经济能力、职业技能、社会环境和政策因素等方面的限制，虽成为城市的产业工人和建设主体，但难以获得城镇户籍和基本公共服务，社会融合程度较低[②]。根据国家统计局发布的农民工监测数据，到2017年，全国2.86亿农民工中1.71亿来源于外地，且44.7%的外地农民工选择了跨省流动；当前农民工群体的技能水平整体偏低，从受教育程度视角来看，大专及以上的人群占比仅10.7%，接受过农业或非农职业技能培训的农民工仅32.9%；从融入城市体系的程度来看，在农民工群体中，认为自己已经成为城市"本地人"的占比仅38%，而绝大多数的农民工只是在就业身份和暂住地等方面转向城镇，但仍是农民身份，对所在城市的归属感和认同感较弱，对目前生活状况表示非常满意和比较满意的农民工占比仅56.1%。除了户籍身份差异外，城乡二元户籍制度在教育、养老、医疗等公共服务方面带来

[①] 任远、乔楠：《城市流动人口社会融合的过程、测量及影响因素》，载于《人口研究》2010年第2期。

[②] 孔艳芳：《房价、消费能力与人口城镇化缺口研究》，载于《中国人口科学》2015年第5期。

的城乡差异使市民和农民工的生活水平和实际收入差异进一步拉大,城市内部出现了农民工与市民群体并存、分割的"新二元"结构分化(顾海英、史清华、程英、单文豪,2011)[①]。

为了体现中国城镇化建设过程中的阶段性分离特征,本节的分析分别选用以迁移规模为核心指标的城镇常住人口占比和以市民化程度为核心指标的城镇户籍人口占比等指标,以体现中国城镇化建设的数量和质量,并与国际样本平均值进行比较,详见表4-5所示。

表4-5 1991~2013年我国人均国民收入和城镇化水平的国际比较

人均国民收入:国际元	1991年	2000年	2008年	2009年	2010年	2011年	2012年	2013年
跨国样本均值	6566	9763	14543	14375	15062	15741	16145	16468
中国数据	1070	2830	7470	8110	9000	9940	10920	11850
城镇化率:%	1991年	2000年	2008年	2009年	2010年	2011年	2012年	2013年
跨国样本均值	47.8	51.26	54.49	54.88	55.28	55.69	56.09	56.49
中国城镇常住人口占比	27.31	35.88	46.54	47.93	49.23	50.57	51.89	53.17
中国城镇户籍人口占比	21.1	25.5	33.3	33.8	34.2	34.7	35.3	35.7

注:数据来自世界银行WDI数据库和中国国家统计局各年数据库。

将我国1990年以来的人均国民收入、城镇化率进行国际对比,可以发现,近年来中国的收入水平和城镇化建设虽取得较快发展,但整体水平仍低于国际样本平均值。

就人均收入水平而言,1991年中国的人均国民收入为1070国际元,仅相当于世界平均值的16.3%,远滞后于第一个门槛值;同时常住人口城镇化率和户籍人口城镇化率水平较低,仅相当于世界平均水平的57%和44%,此时,自发式的城镇化进程对经济增长产生一定的正向推动作用,但这一作用程度受到经济发展水平的限制。到2000年,跨国样本的人均收入水平已经跨越了第一个门槛,而我国的人均国民收入到2011年才首次超过第一个门槛值;同时,我国的常住城镇人口占比超过了50%,达到世界平均值在2000年时的水平,经济社会结构发

---

① 顾海英、史清华、程英、单文豪:《现阶段"新二元结构"问题缓解的制度与政策——基于上海外来农民工的调研》,载于《管理世界》2011年第11期。

生重要转变，城镇经济作为 GDP 增长主力的作用凸显，城镇化建设对经济增长的影响系数不断增大。到 2013 年，中国人均收入与世界平均值的差距逐渐缩小，增至 11850 国际元（Lngni = 9.38），是 1991 年的 11 倍之多，但仍远低于第二个门槛值。根据诺瑟姆"S"型曲线，随着城市经济的迅速扩张和第二、三产业的发展，中国当前的常住人口城镇化建设正处于较快增长的加速阶段，人口资源的空间集聚对经济增长的推动作用日益增强，推动城镇化建设是实现经济增长的重要途径和形式。

相较于城镇常住人口占比的城镇化率而言，代表中国城镇化建设质量的户籍人口城镇化率发展明显滞后。近年来，农村迁移人口获得城镇户籍的比重较低，到 2013 年这一城镇化率仅 35.7%，远低于样本国家的平均值，接近 18% 的迁移农民未实现市民化，迁移农民融入城市体系的水平整体较低。据统计，到 2014 年，未实现市民化的农民工人数上升至 2.73 亿，其中 61.4% 的农民工来自外地，而这部分外地迁移农民只有 13% 实现了举家搬迁，城镇化建设质量较差。因此，与国际平均水平相比，我国户籍人口城镇化的滞后性更为显著，仅相当于国际样本平均值的 63%，城镇化建设质量不高成为制约经济增长的重要瓶颈。在经济增速逐渐放缓的新常态下，推动户籍人口城镇化建设水平与常住人口城镇化并轨是实现经济持续增长的关键举措。

4.3.2　中国城镇化建设对区域经济增长的实证分析

对于区域经济发展的研究，可分别从时间和空间等维度进行审视，其中，时间维度主要表现为区域经济增长率的变化趋势及区域产业结构的变动（王建廷，2007）[1]；在空间维度上则表现为人类经济活动在区域间的集聚与扩散等行为，及其带来的区域经济空间结构演化。

自德国经济学家杜能（J. H. Von，1826）在《孤立国》中提出区域经济发展的理论以来，区域经济学相关研究获得较快发展。新古典区域经济理论从供给的角度对区域经济增长的影响因素进行分析，在一定程度上解释了区域经济增长的原因，但因其对需求视角的忽略，理论体系的构建与结论的适用性受到局限。在新古典区域理论的基础上，为有效

---

① 王建廷：《区域经济发展动力与动力机制》，上海人民出版社 2007 年版。

解释区域经济发展的不平衡现象，尤其是发展中国家的经济发展不平衡，区域经济学继承发展了不平衡发展理论，典型代表有：佩鲁（Francois Perroux，1950）的增长极理论、缪尔达尔（Gunnar Myrdal，1957）提出的循环累积因果论以及威廉姆森（Williamson，1965）倒U型理论等理论；此外，胡佛（Edgar Malone Hoover）和费雪（Fisher）在其经济发展阶段理论中提出，除了满足开放性条件外，各要素在区域间由以第一产业为中心的初级产业向以第二、三产业为中心的高级产业过渡和流动是维持区域经济持续增长的唯一途径。

在国际理论研究的基础上，为了充分体现中国区域经济发展的特殊性并找出解决地区差日益拉大问题的对策，20世纪80年代开始，国内学术界逐渐开始了对区域经济增长的研究。其中，郝寿义（1999）[①]将地理学中的均质空间分析应用于区域经济理论，提出根据要素的分布对区域空间进行均质与非均质的划分，要素及禀赋的空间非均质分布是区域经济不平衡发展的根本原因之所在。在交通、通信等区域网络发展的推动下，随着区域间要素的流动与分工的专业化，工业经济的扩张使传统城乡稀疏且均匀分布的要素禀赋格局逐渐被打破，人口和产业资源向城市中心集聚，在城市和农村间呈现出非均质的分布状态，区际间经济发展的吸引与辐射作用相互交替，推动着区域经济在时间维度的增长变化与空间维度的结构变动；而区域经济不均衡增长的核心动力和直接原因在于要素集聚效应的空间差异。基于要素禀赋及集聚效应差异，在区域经济增长的动态演化进程中必然产生区域发展的起点不平衡，因此，不平衡发展是长期的、相对的特征，是区域经济发展的常态；而宏观调控的主要目标是促进区域经济协调发展，使要素分布的区域差距控制在合理的范围，是在社会政治层面通过政府财政支出的调整、科学发展理念的推广、经济增长方式的转变等途径解决区域公平性问题。为了促进区域经济协调发展，近年来，我国陆续开启了西部大开发、振兴东北老工业基地和中部崛起等区域发展战略，在一定程度上缩小了地区经济发展差异，但区域经济增长不均衡问题仍然严峻。

在经济增速持续放缓的新常态下，探究影响各地GDP增长的主要因素，寻找推动经济增长的方法和路径，是适应新常态、把握新常态、

---

① 郝寿义、安虎森：《区域经济学》，经济科学出版社1999年版。

引领新常态的内在要求。基于此,本节从城镇化建设的视角,对中国 31 个省份的 GDP 增长现状及存在的问题进行分析,拟通过实证研究,探究不同承载主体的城镇化建设对区域经济增长的影响。

1. 中国区域经济增长现状分析

2008 年以来,在经济增速逐步放缓的同时,经济增长也呈现出显著的地区性差异。以 2013~2015 年的区域经济增速为例,2013 年 GDP 增速较快的省份主要分布在西南地区的贵州(17%)、西藏(15%)、云南(14%),中南地区的湖北(12%)及西北地区的陕西(11%)、青海(12%)、新疆(11%)等地;增速较慢的省份分别为河北(6.5%)、内蒙古(5.99%)、黑龙江(5.05%)和山西(4.04%);相较于 2013 年,2014 年各省的经济增速均呈现出下降的趋势,但经济增长较快的省份仍集中在贵州(14.4%)、西藏(12.89%)和重庆(11.59%)等西南地区,增速较慢的省份主要分布在东北地区及华北地区的内蒙古、河北、山西等省;到 2015 年,经济增速进一步放缓,增长较快的省份分别为西藏(11%)、重庆(11%)、贵州(10.7%),而增速较低的省份因传统制造业中产能过剩因素的影响,GDP 增长率跌破 4%。

通过近年来各省经济增速分布对比可以发现,我国的经济增长状况呈现出显著的地域性差异,西部地区的经济增长后发优势逐渐凸显,东北地区和华北地区的部分省份经济增长乏力问题严重,简单对全国平均数据分析难以准确测度经济增长因素的作用机制,需对各省份的数据展开异质性分析与说明。

2. 我国城镇化建设对区域经济增长作用程度的实证研究

(1) 指标选取

由于我国正处于并将长期处于社会主义初级阶段,在促进经济平稳持续增长的同时,经济总量的发展状况不容忽视,因此,在实证研究中,选用各省的 GDP 总量作为因变量,为了减少异方差的影响,对其取对数形式,用 LnGDP 来表示。

在自变量的选取中,为了体现城镇化建设对经济增长的作用机制及影响程度,本节将各省的城镇化水平作为主要研究对象。在我国的城镇化建设进程中,根据承载主体的不同,城镇化建设主要表现为人口城镇化和土地城镇化等内容。在已有研究的基础上（李子联，2013）[1]，本书选用城镇常住人口占比这一指标来体现人口城镇化建设情况，用 urb 来表示；借鉴陈凤桂（2010）[2] 等的研究方法，选用城镇建成区面积（are）占行政区域面积的比重来反映土地城镇化水平，用 land 来表示。

同时，在人口、土地等要素向城镇集聚的过程中，集聚效应所带来的外部性是否存在？积极的扩散效应与消极的回流效应谁占主导？解决这一系列问题的关键在于要素集聚程度的大小，当集聚程度过低或过高时，城镇化的外部性均难以发挥作用。因此，拟选用人口密度（den）这一指标作为门槛变量。

经济总量的增长除了受到上述城镇化建设因素的影响外，还受到经济增长结构的制约，需对该因素进行控制，拟选取如下控制变量：

①人口结构。随着我国人口结构的变动与人口老龄化趋势的增强，劳动人口的抚养压力逐年增加，就业状况和生活质量随之变化，人口结构变动对经济增长的影响不容忽视。因此，拟选用劳动人口的抚养比（bri）这一指标来体现人口结构老龄化背景下劳动人口所承担的少儿、老人抚养压力对经济增长的作用机制，通过（65 岁以上的老年人口数 + 14 岁以下的儿童人口数）/（15～64 岁劳动人口人数）计算得出。劳动人口的少儿、老人抚养的压力越大，其消费、投资能力越差，对经济增长的顺利实现产生一定的负向影响。

②产业结构。第二、三产业的发展水平很大程度上代表了经济结构的合理程度和优化程度，本节的实证分析拟采用第二、三产业增加值占比（str）这一指标来反映我国的产业结构调整程度，通过第二、三产业增加值总额占 GDP 总值的比重来体现；当前，我国的第二、三产业增加值占比增大，表明社会资源逐渐向生产率较高的非农产业集聚，有利于推动经济增长。

③城乡收入结构。在城乡两部门经济中，农村人口向城镇迁移的人口城镇化建设和城镇规模不断扩张的土地城镇化建设的不断推进，在很大程度上源于城乡居民在收入和生活水平等方面显著存在的地区差异。因

---

[1] 李子联：《人口城镇化滞后于土地城镇化之谜——来自中国省际面板数据的解释》，载于《中国人口·资源与环境》2013 年第 11 期。

[2] 陈凤桂、张虹鸥、吴旗韬等：《我国人口城镇化与土地城镇化协调发展研究》，载于《人文地理》2010 年第 5 期。

此，本节的实证分析拟选用城乡居民人均收入比（Dinc）这一比值来反映城乡之间的收入差异，用城镇居民人均可支配收入（uinc）/农村居民家庭人均纯收入（rinc）来测算。城乡居民人均收入水平差距的扩大，表明社会财富及收入分配的结构性不合理程度加深，不利于经济协调增长。

此外，从需求视角来看中，居民消费也是决定国民收入与经济增长的重要因素，因此，选用社会居民消费额（con）指标来体现区域内居民的消费能力。

④投资结构。在经济的增长中，资本的集聚与形成程度是重要的决定因素，为体现不同地区物质资本的投资状况，拟选用全社会固定资产投资额（inv）指标，对资本的投资情况对经济增长的影响进行有效控制。

除了投资总量的影响外，投资的资本构成及结构对经济增长也起到重要作用，而政府的投资决策与行为在很大程度上反映了国家及地方宏观调控的方向和社会资本的流向。因此，选取公共财政支出中的社会保障和就业支出额（ins）、教育经费支出额（edu）和交通客流量（tra）等指标来反映地方政府对基本公共服务供给的投资程度。其中，社会保障和就业财政支出（ins）在刺激国内投资需求的同时，因社会保障产品所具有的公共物品属性，该投资额的增加对居民生活质量的提升产生直接的正向效应，进而增强了居民的消费能力，与经济增长正相关；政府对于教育经费的投资是提高社会基本公共服务水平、促进人力资本积累的重要举措，尤其是对城乡地区基础教育投资力度的增强，对提高社会整体的人力资本水平具有重要的实践意义，有利于形成未来经济增长的持久动力，但教育投资对经济增长的促进作用具有较长的时滞。

⑤技术指标。在新型工业化和信息化等因素的推动下，不仅城市非农产业劳动生产率显著提升，农业农村的现代化建设也取得长足发展。当前，农业机械化程度的持续提高使得机器耕作逐渐取代大部分人畜力劳动，大量农业人口摆脱了土地的束缚，对城乡劳动力的转移与非农产业的发展形成较强的推力。因此，在实证分析中，拟选用农业机械总动力（mac）来体现农业技术水平的进步对经济增长的影响。农业机械化的推广有利于农业生产效率的提高，预测二者正相关。

同时，为反映经济增长过程中高新技术创新的引领作用，对我国的高新科技产业自主研发状况进行系统说明，基于可获得数据，拟选用各省的专利申请数（Patent）指标作为控制变量。在技术进步的过程中，专利的发明作为技术进步的源动力,是提高社会整体科技水平的根本,也是当前我国经济发展面临的主要瓶颈。

(2) 数据来源及说明

基于上述指标选取及设定,本节选用中国 31 个省份 2002~2013 年的数据,进行面板模型实证回归。为了减少异方差的影响,对上述绝对值变量取对数形式;所需数据分别来自国家统计局数据库、wind 数据库及 2003~2014 年各省统计年鉴等数据库,变量说明及描述性统计详见表 4-6 所示。

表 4-6　　变量说明及描述性统计

变量名称	经济含义	均值	标准差	最小值	最大值
因变量					
GDP	各省份 GDP 总量:亿元	10787.1	10881.84	162.04	62474.79
主要关注变量					
urb	城镇常住人口占比:%	47.95	15.39	19.8	89.6
are	城市建成区面积:平方公里	1189.56	914.09	71.97	5232.11
门槛变量					
den	人口密度:人/平方公里	2268.255	1391.568	186	6307.376
控制变量					
str	第二、三产业增加值占比:%	87.2839	6.47	62.1	99.4
bri	人口抚养比:%	37.29573	7.01	19.27	57.58
Dinc	城乡收入比	3.049	0.619	2.034	5.525
con	居民消费额:亿元	3699.49	3654.44	65.2	25208.5
ins	社会保障和就业财政支出:万元	1918531	1823122	25592	8300000
inv	全社会固定资产投资额:亿万	6102.716	6336.805	106.58	36789.07
edu	教育经费投资额:万元	4537829	3965470	3965470	25884399
tra	交通客流量:人	78994.94	77614.74	125	574266
mac	农业机械化总动力:万千瓦	2268.255	1391.568	186	6307.376
Patent	专利申请数:个	15628.85	33226.28	15	269944

注:上述各样本的观测值均为 372 个。

为了直观地反映城镇化建设指标与各省经济增长的变化趋势,分别绘制了人口城镇化率对数(Lnurb)、城市建成区面积对数(Lnare)与 GDP 对数(LnGDP)的散点图,详见图 4-1 所示。通过绘制基本的拟合图可以看出，中国的人口城镇化率、城市建成区面积均与经济总量呈正向相关关系。

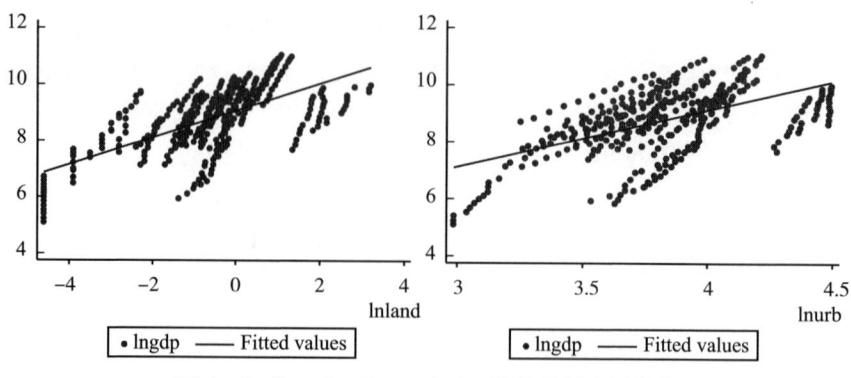

图 4-1　Lnurb、Lnare 与 LnGDP 的散点图分布

（3）模型构建及实证回归结果分析

①计量模型的构建

根据上述指标描述与图表说明，为进一步系统地体现中国城镇化建设对经济增长的影响，以各省的 GDP 对数为因变量，将基本模型设定为：

$$LnGDP_{it} = \alpha_{it} + \beta_i X_{it} + \gamma_i Z_{it} + \varepsilon_{it} \tag{4.2}$$

其中，X 代表主要关注变量——城镇化建设指标，Z 为各控制变量矩阵，α、β、γ 为待估参数；t = 2002, 2003, …, 2013 为时间变量，i = 1, 2, …, 31，是个体变量；ε 为随机误差项。

在现实经济发展中，当期的经济增长总量在一定程度上受到过去经济水平的影响，GDP 总量及其增长具有较强的惯性，需将因变量的滞后项纳入模型中；此外，在动态模型的构建过程中，由于中国城乡二元管理体制下的城镇化建设也具有一定的滞后性，迁移农民中有很大部分难以在当期实现向城市体系的转化与融合，大量农民工群体的存在会增加城市后期面临的市民化压力和经济建设成本，城镇化对经济增长的作用机制应充分考虑城镇化建设的滞后性影响。

经过反复试验发现，在城镇化建设的具体推进过程中，门槛效应对于土地城镇化建设指标的影响并不显著，而是主要体现在人口城镇化建设指标上，因此，对式 4.2 进行拓展，将城镇化建设的门槛效应动态模型设定为：

$$\begin{aligned} \mathrm{LnGDP}_{it} = &\alpha_{it} + \alpha_1 \mathrm{LnGDP}_{i,t-1} + \beta_1 \mathrm{Lnurb}_{it} \cdot I(\mathrm{Lnden}_{it} \leq \gamma_1) + \beta_2 \mathrm{urb}_{it} \cdot I \\ & (\gamma_1 \leq \mathrm{Lnden}_{it} \leq \gamma_2) + \cdots\cdots + \beta_n \mathrm{urb}_{it} \cdot I(\mathrm{Lnden}_{it} \geq \gamma_{n-1}) \\ & + \beta_1' \mathrm{Lnurb}_{i,t-1} + \beta_2' \mathrm{Lnare}_{it} + \beta_3' \mathrm{Lnare}_{i,t-1} + \lambda_1 \mathrm{str}_{it} \\ & + \lambda_2 \mathrm{bri}_{it} + \lambda_3 \mathrm{dinc}_{it} + \lambda_4 \mathrm{lnins}_{it} + \lambda_5 \mathrm{lnedu}_{it} + \varepsilon_{it} \end{aligned} \quad (4.3)$$

其中，α、β、β′、λ均为待估参数，I(·)为指数函数，γ为门槛值，n为门槛变量的个数。

②实证回归及结果说明

图4-2中拟合的散点图，在一定程度上证明，当前的中国城镇化建设对经济总量起到了积极的推动作用。在此基础上，对2002~2013年我国的省际面板数据进行门槛效应实证回归，具体过程及结果如下：

首先，以各省份中城市人口的集聚程度为门槛变量，确定单一门槛、双重门槛和三重门槛模型中拐点的存在性及置信区间，经stata 12软件测算，各模型的门槛值均落在95%置信区间内，门槛值分别为：851、2487和3502（人/平方公里）。如表4-7所示：

表4-7　　　　　　　　各门槛值估计及置信区间

	门槛估计值	95%置信区间
单一门槛模型	851	[649, 2587]
双重门槛模型		
Ito1	3502	[497.225, 3890.574]
Ito2	851	[649.000, 2908.000]
三重门槛模型	2487	[2362.000, 3013.000]

其次，对门槛值的存在性进行检验。分别对上述三个门槛值进行200次自抽样检验，LR检验结果显示：单一门槛和三重门槛值均在5%的条件下显著，双重门槛值在10%的条件下显著，因此确定模型存在显著的三重门槛效应。

此外，采用LR似然比检验方法对三种门槛效应进一步进行检测。在单一门槛的似然比检验中，LR值在851处于最小值，将其确定为第一个门槛值；对第一门槛值进行控制后，LR值在3502处出现波谷，选定为第二个门槛值；同时，对第二个门槛值进行控制后，LR检验得到第三个门槛值，详见图4-2所示。

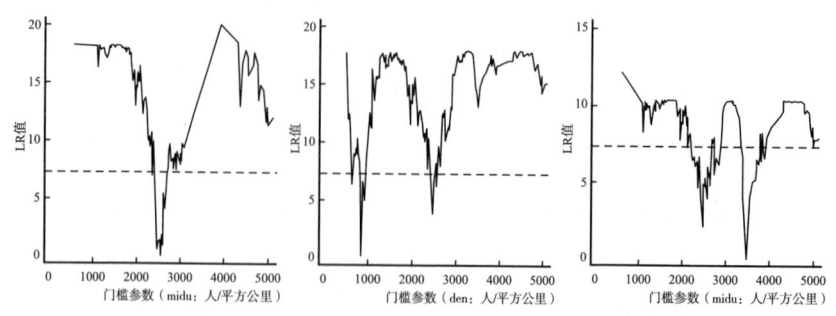

图4-2　第一个门槛值、第二个门槛值和第三个门槛值LR检验

在三个门槛值确定的基础上，根据人口密度将各地的城镇人口集聚程度划分为：较低集聚程度（den<851）、中等偏下集聚程度（851~2487）、中等偏上集聚程度（2487~3502）和较高集聚程度（den>3502）四种类型；并据此对动态面板数据进行固定效应回归。为使回归结果更加有效，本节的实证分析采用稳健标准误；为了将结果进行对比，检验回归的稳健性，将常规标准误模型回归结果一并呈现，详见表4-8所示：

表4-8　中国省际面板数据的门槛效应回归结果

变量类别	变量名称	常规标准误模型	稳健标准误模型
滞后变量	LnGDP（-1）	0.483 *** (11.97)	0.483 *** (11.74)
主要关注变量	Lnurb	0.562 *** (4.02)	0.562 *** (3.81)
	Lnurbd1	-0.00842 *** (-3.15)	-0.00842 ** (-2.55)
	Lnurbd2	-0.00355 * (-1.98)	-0.00355 * (-1.90)
	Lnurbd4	-0.00818 *** (-3.18)	-0.00818 *** (-3.42)
	Lnurb（-1）	-0.537 *** (-4.06)	-0.537 *** (-3.25)
	Lnland	0.0609 ** (1.99)	0.0609 * (2.53)
	Lnland（-1）	-0.017 (-0.58)	-0.017 (-0.71)

续表

变量类别	变量名称	常规标准误模型	稳健标准误模型
控制变量	Str	0.00967 *** (5.5)	0.00967 *** (4.09)
	Bri	-0.00231 ** (-2.55)	-0.00231 ** (-2.29)
	Lnedu	-0.0564 (-1.3)	-0.0564 (-0.92)
	Lnins	0.0201 *** (3.24)	0.0201 *** (3.7)
控制变量	Lntra	0.0202 *** (3.7)	0.0202 *** (2.93)
	Lncon	0.316 *** (8.28)	0.316 *** (7.48)
	Dinc	-0.0234 * (-1.81)	-0.0234 * (-1.51)
	Lninv	0.121 *** (7.72)	0.121 *** (8.83)
	Lnpat	-0.021 ** (-2.56)	-0.021 ** (-3.1)
统计指标	常数项	0.468 * (1.73)	0.468 (1.51)
	调整的 R^2	0.996	0.996
	样本数	341	341
	F 统计量	4239.8	8687.3
	P 值	0.0000	0.0000

注：括号内为 t 统计量；*、**、*** 分别表示在 10%、5% 和 1% 的水平上显著。

1）根据三重门槛的设定，在主要关注的城镇化变量中人口城镇化的系数显著为正，但影响系数在人口集聚程度的各阶段有较大差异。以人口聚集处于中等偏上程度（2487～3502）为基准，其影响系数为 0.562，在 1% 的水平上显著，即当城市的人口密度处于该阶段时，人口城镇化率每提高 1%，将带动区域经济总量增速提高 0.562%。与中等偏上基准组进行对照，当人口密度低于第一门槛值 851 处于较低集聚程度时，人口城镇化过程中要素集聚的规模效应与扩散效应较低，城镇化的影响系数减少了 0.008，在各阶段中影响程度最小，系数为 0.4778；随着城镇化建设水平的不断提高，城市人口的集聚程度随之增加，当人口密度介于 851~2487 的中等偏下水平时，人口城镇化对经济增长的推动作用比较低水平的第一阶段有所增强，系数增至 0.558，但与参照组相较，影响程度降低了 0.0035；当人口聚集程度超越第三个门槛值 3502 处于较高阶段时，人口城镇化的影响系数较参照组降低了 0.008，降幅较大，这表明城镇人口的过度集聚对经济增长的负向效应逐渐呈现，城镇化对经济增长的刺激作用减弱。通过上述结论可以看出，我国人口城镇化对经济增长的刺激作用随着人口密度的变化而呈现出显著的门槛效应，人口密度过高或过低都会使城镇化建设的积极效应降低，当期的人口城镇化对经济增长的推动作用呈现显著的倒"U"型结构。

在实证分析中，人口城镇化的滞后项 Lnurb（-1）在 10% 的水平上显著为负，影响系数为 -0.537，即上期人口城镇化问题每滞留 1%，区域经济 GDP 增速将降低 0.537%。究其原因在于，户籍等城乡二元制度的限制，使人口城镇化建设过程中滞留了大量的"待市民化"农民工群体，降低了城镇化的建设质量。大量城市（尤其是特大城市和大中城市）中农民工的社会保障及其家属的市民化问题对城市建设和经济发展提出要求，形成较大的财政压力，而农村人口的迁移与市民化阶段的分离使城镇化建设的推进对经济增长产生显著的负效应。

在土地城镇化的评价指标中，土地城镇化率的系数为 0.0609，在 10% 的水平上显著。这在一定程度上表明，当前中国城镇化建设中城市规模的扩张对经济增长产生显著的正向效应，但与人口城镇化建设相比，土地城镇化率的影响系数和显著性水平均较低，城市规模的扩张对经济增长产生一定的积极效应，但依赖"摊大饼式"的土地城镇化来拉动经济增长其作用程度非常有限。因此，在区域经济增长的过程中，不能一味地依靠城市土地规模的扩大来刺激经济，与盲目扩大的城市建设面积相比，通过提高农村人口的迁移质量、降低市民化与迁移率之间人口城镇化"缺口"等途径来促进经济增长更为有效。

2）因变量滞后项 LnGDP（-1）的影响系数显著为正，即在区域经济增长的动态面板分析中，各省的当期经济增长受到上期增量的正向作用，影响程度为0.483。对过去的经济增长状况进行分析，是形成当前经济增长点的重要基础和条件。

在影响地区 GDP 增长的控制变量中，第二、三产业增加值占比（str）、社会保障和就业财政支出（Lnins）、交通客流量（Lntra）、消费支出（Lncon）和固定资产形成额（Lninv）的系数显著为正，均与 GDP 增长呈正向的相关性。其中，消费支出对经济增长的推动作用最大，其影响系数为 0.316，在 1% 的水平上显著，因此，在经济新常态的背景下，在供给侧结构性改革全面深化的基础上，需进一步推动对有效需求方面的改革，切实提升区域内城乡居民的收入水平、提高居民消费能力以有效改善民生仍是当前实现经济增长的重要途径；固定资本形成额（Lninv）的系数显著为 0.121，即在需求因素中，投资需求对经济增长的推动作用虽弱于消费需求的影响，但仍是推动我国经济持续增长的重要动力，固定资产投资水平每增加 1%，将带动区域经济增速提高 0.121%；在投资结构的影响因素中，完善的公共服务供给体系是提升居民消费能力的基础和保障，而政府的投资仍是当前我国基础设施建设和社会保障体制逐步完善的主体，其中，政府的社会保障及就业支出（Lnins）、交通客流量（Lntra）指标的影响系数约为 0.02，且高度显著，即政府对于社会保障、就业、交通等基础设施和公共服务投资力度的增强对经济增长产生显著的正效应。

此外，从供给侧层面的因素来看，第二、三产业增加值占比的系数显著为正，这表明我国产业结构的优化和升级对经济增长起到正向推动作用，第二、第三产业增加值占比每提高 1%，经济增速将提高 0.01%。

3）此外，在实证分析的回归结果中，部分变量对地区经济的增长产生负向影响，成为当前制约我国经济增长的主要因素。

第一，劳动人口抚养比（bri）的系数在 1% 的水平上显著为 -0.002，这一结论验证了在经济增长及结构性调整过程中，人口结构老龄化趋势的深化及劳动力抚养压力的增加是新常态下经济增速放缓的主要因素之一；同时，也在一定程度上证明了促进劳动力资源合理配置、提高劳动生产率对于经济增长的重要性。

第二，教育经费支出（Lnedu）的系数为负，究其原因在于教育投资（尤其是义务教育）具有较强的公益性，教育投资支出较大，但产生一定的经济社会收益需要较长的时间，具有很长的时滞。因此，当前的教育支出对经济增长的作用为负，但这一影响程度微弱。

第三，专利申请数（Lnpat）的影响系数显著为 -0.021，这与预期存在一定差异，其原因可能是，技术创新和研发需要大量的人力资本和资金投入，高新技术的产生和专利的形成所需的投资成本及风险较高。同时，在我国，存在技术研发与产业化的衔接程度较低等问题，大量的科研成果和专利难以转化为社会生产力，研发创新对经济增长的推动作用受阻，创新驱动尚未系统形成。

第四，城乡居民收入差距（dinc）的系数为 -0.02，且在 10% 的水平上显著。这一结论表明当前我国居民收入不平衡问题，尤其是城乡间居民的收入差异，是阻碍经济持续增长的重要原因之一。在社会产品的分配过程中，在提高效率的同时，更要关注财政支出、税收、转移支付等政府手段在促进社会公平正义中的作用，不断提高农民财产性收入和经营性收入，缩小城乡收入差距，实现城乡经济协调发展。

4.4 本章小结

在前 3 章相关文献及理论阐释的基础上，本章对美国、英国、日本、韩国及拉美国家等世界城镇化建设的主要模式及其对经济增长的影响进行经验总结，并对有效样本国家的数据进行实证分析，得出在各国的城镇化建设推进过程中，基于要素空间流动所产生的集聚效应和扩散效应，各国的城镇化建设均是推动经济增长的重要动力，但城镇化对经济的正向效应受到人均收入水平的影响，呈现显著的先增后减非线性变化趋势，各国的城镇化建设模式及其经验为我国提供了良好借鉴。

本章的研究，在国际经验及数据分析的基础上，对我国的城镇化建设水平及其对经济增长的作用程度进行国际比较，发现我国的城镇化建设正处于快速推进的中期阶段，但建设数量和建设质量远滞后于世界平均水平，当前我国的人均收入处于两个门槛值之间，城镇化对经济增长的作用程度较强，提高城镇化建设水平是新常态下经济增长的重要动力机制。

此外，对我国的城镇化建设进行分解，从土地城镇化和人口城镇化建设等角度，对各省城镇化建设对于经济增长的作用程度进行实证分析，结果表明：（1）人口城镇化对经济增长存在正向的三重门槛效应，其影响系数随人口密度的增加呈先增后减的呈倒"U"型趋势；（2）中国的人口城镇化建设出现了迁移和市民化阶段分离，滞后的市民化建设水平使城市承载压力增大，对当期经济产生显著负效应；（3）土地城镇化对经济增长存在一定的推动作用，但作用程度有限，中国经济的主要增长点应放在提高人口城镇化建设质量上。

当前，导致我国经济增长持续下滑的原因还在于：人口结构变化产生的劳动人口抚养压力增大，城乡收入差距持续扩大，教育与研发成果产业转化能力较差，产业结构不完善等因素。

第5章　城镇化、产业结构优化与经济增长

在经济增长总量分析的基础上，从产业结构调整的视角对经济增长的质量进行分析也是衡量经济增长的重要组成部分。新中国成立以来，在工业化、信息化等建设进程的持续推动下，随着人口、土地、资本等要素的空间流动与集聚，传统制造业逐渐成为经济增长的重要支柱，尤其是改革开放以来，在产业结构的渐进式调整过程中，后发优势的激发推动着我国经济社会实现跨越式发展；但在城镇化建设与经济总量增长取得成效的同时，高投入、高消耗、高污染的增长模式也成为城乡生态环境恶化、产业发展现代化程度较低的主要原因，我国在高新技术产业与创新领域中仍与发达国家存在较大差距，在国际产业梯度转移中仍处于被动接受的状态，经济发展长期处于产业链的低端，产业附加值较低，产业结构的合理化与高级化程度不高。近年来，在中国经济增长与城镇化建设取得较大成效的同时，随着城乡劳动力供给数量的逐年降低与人口老龄化压力的日益增强，依靠要素投入与低成本劳动力资源优势来拉动经济增长的粗放型发展模式难以持续，区域发展对产业结构的优化升级提出新要求。在中国特色社会主义建设新时代下，通过城镇化建设促进产业结构调整，将传统产业与"互联网+"等新型运营模式相结合，推动传统落后产能向低投入、低能耗、低污染的新型产能转型，是实现人与自然协调发展，城乡居民生活水平稳步提高的物质基础。2015年11月，习近平在亚太经合组织上明确提出，要从对供给端、生产端入手，推动经济结构改革，淘汰落后产能，以解放生产力、发展生产力。

因此，充分发挥城镇化建设这一重要战略契机推动产业结构的优化升级，是实现供给侧结构性调整、践行中国特色社会主义协调与共享等

科学发展理念的重要途径。本章的研究，立足于经济发展新常态下中国经济增长对社会结构调整的新要求，拟以就业结构的优化为媒介，以产业结构的调整为研究对象，从城镇化建设的视角，对经济增长的质量问题进行说明。

5.1 我国产业间的就业结构现状

在对经济增长的系统衡量中，除对经济增长的速度进行考核外，产业结构作为反映经济增长质量的主要体现，对产业结构的调整程度进行系统分析也是经济增长的重要研究内容。

所谓产业结构调整，是指在三次产业的发展中，以农林牧副渔等第一产业的稳步发展为前提，生产资料及产值逐渐由劳动生产率较低的第一产业向生产率较高的第二、第三产业转移的过程，是由传统结构向新结构的过渡。产业结构的调整程度以资源的使用效率、产业部门的协调优化、先进技术的使用推广、劳动就业的提供、社会产品与服务的供给能力和经济效益的提高等内容为重要标志。在产业结构的调整过程中，从量上来看，表现为传统结构向新结构的过渡过程中内部构成的比例变动，其中，各产业产值占比的调整与劳动力、资本、技术等资源和要素的产业间流动与配置互为条件，相互作用；从质上来看，体现为传统结构向新结构的转换过程中各构成部分的特征及功能差异。根据三次产业产值及要素占比的变化程度和发展趋势，可将产业结构的调整划分为产业结构的合理化和产业结构的高级化等内涵。其中，产业结构的合理化是指，在一定的经济社会发展阶段，基于现有的科学水平、消费能力与人口结构等因素，随着要素和产值等数量比例关系的产业间变动，对传统不合理的产业结构进行调整，使三大产业间的经济技术联系逐渐增强并形成相互协调的格局，产业结构的转换能力与市场的适应能力随之增强。产业结构的合理化主要包括产业间的劳动力资源配置数量与质量的协调、产值占比与地位相协调、供给与需求相协调、产业间的关联方式相协调等内容；产业结构的合理化趋势是社会再生产顺利实现的基本条件，是达到最佳经济效益的前提和基础，也是实现经济社会跨越式发展的内在要求。而产业结构的高级化又可称为产业结构的优化升级，是在产业结构合理化的基础上，基于科学技术水平的进步，从动态的视角来看，产业结构由低级形态向高级形态转化，由一种相对合理化的状态上升为更高层次的合理化状态，产业发展的技术集约程度提高，新的主导产业形成并发挥重要作用，因此产业结构的高级化体现着产业发展和生产能力转变的一般趋势及客观规律。产业结构高级化的具体过程表现为：（1）劳动生产率较低的第一产业逐渐为生产率较高的第二、第三产业所替代；（2）传统劳动密集型、资本密集型产业被新型技术密集型产业取代，经济实现内涵式发展；（3）低附加值的产业逐渐被高附加值的产业所取代（汤斌，2005）[①]。有学者提出，产业结构的高级化内容可细分为：技术水平的高级化、生产要素构成的高级化、主导产业的高级化、产品生产与加工的高级化、市场发展程度的高级化等（高觉民，2003）[②]。当前，在中国三次产业的调整过程中，第一产业发展相对薄弱，第二产业内部产能过剩，第三产业劳动生产率较低等问题是产业结构合理化与高级化所面临的主要问题，也对经济持续有效地增长和质量的提升形成较大压力。

在产业结构的调整过程中，居于主导地位的劳动者，其就业结构的调整变化既是产业结构合理化和优化升级的重要实现形式，也是推动产业结构由低级向高级形态转化的基础。因此，对人口结构和就业结构的现状进行分析是研究城镇化建设对产业结构影响的重要内容。在中国特色社会主义现代化建设具体实践过程中，在城乡户籍、土地、社会保障等制度因素和其他社会因素的共同作用下，不同的劳动力市场呈现出显著的区域异质性。当前，大量学者认识到中国城乡产业发展与城镇化推进过程中出现的劳动市场分割问题，发现我国区域经济发展过程中日益减少的劳动力资源供给却在配置上存在严峻的扭曲问题，其中最突出的表现是因户籍局限而导致的城乡劳动力配置扭曲。柏培文（2012）[③]对这一扭曲程度的因素进行分解，得出20世纪90年代后城乡间的劳动力扭曲配置的贡献率虽有所降低，但仍高达78%，合理促进城乡部门间

[①] 汤斌：《产业结构演化的理论与实证分析——以安徽省为例》，西南财经大学毕业论文2005年。

[②] 高觉民：《结构转换与流通产业结构高级化》，载于《产业经济研究》2003年第1期。

[③] 柏培文：《中国劳动要素配置扭曲程度的测量》，载于《中国工业经济》2012年第10期。

劳动力资源有效配置是提高劳动生产率、促进产业结构优化的关键。

对于城镇化过程中劳动力资源在城乡之间空间集聚和重新配置的现象，英国经济学家雷文斯坦（Ravenstien，1889）提出用"推拉理论"来进行解释，即劳动者由农村向城市集聚是农村不利因素产生的推力和城市有利因素形成的拉力等双向力量共同作用的结果①。在中国，城乡部门之间在劳动生产率、收入水平、公共服务供给、生活质量等方面呈现出的较大地域性差异形成了城镇化进程的推拉合力。在经济增速逐渐放缓的新常态下，大量城镇非农产业的发展面临着劳动力成本提高、人才资源短缺、土地成本上涨、社会公共服务供给不足等问题，成为制约经济增长的重要瓶颈，尤其是劳动力供给收紧及劳动成本上升所产生的压力，对传统劳动密集型、资本密集型制造业和服务业的发展形成较大冲击，如何以城镇化建设为契机，通过农业机械化、人口资源的流动等途径来提高现有劳动力资源配置效率、促进产业结构优化升级，是当前推动经济增长的重要议题。

5.1.1　劳动力供给持续减少

新中国成立之初，中国的城乡新增人口保持较快增长，年出生率在33‰以上；而在新中国成立之初物质资料较为紧缺的特殊历史时期，人口的膨胀加剧了贫困。为了减少人口膨胀带来的经济、社会压力，1973年在全国范围内实施了计划生育政策，人口出生率和新增人口占比得到有效控制。为了在较短的时间内实现人均国民收入达到1000美元的奋斗目标，较快地摆脱贫困落后的经济面貌，1980年我国的人口政策进一步收紧，"一胎化"新政策取代了"少生、晚生"旧政策，人口出生率骤减，人口自然增长率由1970年的25.9‰降至1980年的11.87‰；1982年计划生育成为一项基本国策并长期推广。在人口控制政策的主导下，我国人口增长率呈持续降低的趋势，到2018年，人口出生率降至10.94‰，人口自然增长率仅3.81‰②；与此同时，家庭规模在逐年缩小，据2015中国家庭发展报告显示，目前家庭平均规模为3.35人，

---

① Ravenstein E. G., The Laws of Migration. *Journal of the Royal Statistical Society*, Vol. 52, No. 2, 1889, pp. 241-305.

② 数据来源于国家统计局数据库。

2人、3人家庭成为家庭类型主体，家庭结构日益单薄；此外，新生儿性别比例逐渐失衡，男女性别比为1.05。人口控制的政策导向在有效缓解人口压力的同时，劳动人口供给严重不足成为当前经济增长面临的新问题。

人口结构的变化决定着就业结构的调整，进而对产业结构的调整和经济增长质量的提升产生重要影响。改革开放以来，我国就业人口总量平稳增长，2014年达到7.72亿，但增速却显著降低，2000年就业人口增速为0.97%，随着人口出生率的降低，到2014年就业人口的增速降至0.36%，详见图5-1所示。根据世界银行的预测，到2040年，中国的劳动人口将减少9000万左右。随着人口出生率的下降，劳动力资源供给不足的问题将日益严峻；近年来，在江浙等东部沿海地区的制造业中，不同程度出现了"用工荒"现象，劳动力资源供给不足制约着经济得有效增长。

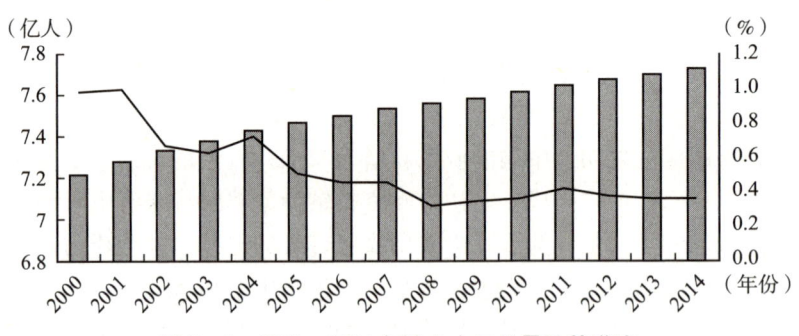

图5-1 2000~2014年就业人口总量及其增速

劳动力供给不足的压力推动着我国人口政策发生转变，2013年党的十八届三中全会中明确提出，一方是独生子女的夫妇可执行生育两个孩子的"单独二孩"政策，人口控制的政策局限正式被打破。但2013年的新增人口数量并未显著提高，出生率增速明显低于2012年，到2014年出生率和自然增长率略增至12.37‰和5.21‰，单独二孩的政策效应甚微。为了积极应对人口减少带来的经济社会压力，2015年党的十八届五中全会中进一步提出全面放开二胎的政策，这标志着我国30多年来的独生子女政策正式落幕，人口政策由控制生育的倾向向鼓励生育新导向转变。

5.1.2 劳动人口的抚养压力加重

在人口结构变动的分析中，年龄结构在很大程度上反映了劳动者的生产能力和人力资本状况，一直是人口学研究的重点。瑞典人口学家桑德巴格、波兰人口学家罗塞特和日本学者黑田俊夫等学者纷纷从年龄的视角对劳动人口进行年龄段划分，以系统研究人口结构变动对经济增长的影响。他们一致认可，将年龄在0~14岁的少年儿童和65岁及以上的老年人口界定为非劳动年龄人口，而年龄介于15~64岁之间的人口设定为劳动人口。在此基础上，学者们分别以人口抚养比、老年系数、少年儿童系数、中位数等指标为核心变量，将各国和地区的人口结构划分为年轻型、成年型及年老型等类型，其中，老年系数=老年人口数÷人口总数，少年儿童系数=少年儿童人口数÷人口总数，人口抚养比=（老年人口数+少年儿童人口数）÷总人口数。在人口结构变动及其对经济增长的效应分析中，因不同学者在指标选取及划分中存在主观评价差异，给研究结果的科学性、适用性带来不便。1965年联合国公布了较为权威的人口结构划分标准，将老年系数在4%以下、少年儿童系数在40%以上且年龄中位数在20岁以下的人口结构设定为"年轻型"；老年系数在4%~7%、少年儿童系数在30%~40%且中位数在20~30岁的人口结构设定为"成年型"；老年人口系数在7%以上、少年儿童系数在30%以下且中位数在30岁以上的为"年老型"结构。

自20世纪70年代中国人口政策收紧以来，在人口出生率发生较大转变的同时，从事社会生活的劳动人口数量及比重也随之发生变化。其中，少儿系数持续降低，目前已降至16%。与少儿系数大幅降低显著不同的是，劳动人口占比缓慢增长，2011年劳动人口虽已突破10亿，但增幅缓慢，2014年总的劳动人口减少了113万人，且未来一段时期内中国的劳动人口数量仍将持续减少。此外，老年系数较快增长，根据国家统计局的相关测度，2001年中国已经正式步入年老型社会结构。

表5-1　　　　2008年以来中国不同年龄阶段人口系数　　　　单位：%

年份	少年儿童系数	劳动人口系数	老年系数
2008	18.95	72.80	8.25
2009	18.48	73.05	8.47
2010	16.60	74.53	8.87
2011	16.45	74.43	9.12
2012	16.46	74.15	9.39
2013	16.41	73.92	9.67
2014	16.49	73.45	10.06

注：数据来源于国家统计局。

在此人口结构背景下，中国劳动人口所面临的抚养压力呈逐年递增的趋势，2014年的人口抚养比上升至36.1%，其中老年抚养比为13.7%，老龄化问题凸显。劳动人口承担的抚养压力增大这一趋势对经济社会产生重要影响，（1）从人力资本来看，抚养压力增大加重了劳动人口的生活负担和经济成本，用于提高自身能力和知识水平的时间和精力随之减小，不利于人力资本水平的提升和积累；（2）从生活水平来看，人口抚养压力的增加，意味着用于养老、医疗等层面的消费支出占比增加，家庭基本的生存需求压力增大，不利于现有消费结构的优化，劳动人口的实际收入水平随抚养压力的增加而减少，生活水平呈显著的下降趋势；（3）从劳动力供给成本来看，在抚养压力增加与劳动力供给减少的双重压力下，企业雇佣工人的经济成本持续增加，劳动密集型产业发展所面临的成本压力加剧，传统粗放型增长模式难以为继；（4）从社会资本分配的角度来看，劳动人口抚养压力的增加，会在一定程度上直接引致居民储蓄能力的降低，不利于社会资本的深化。

5.1.3　失业与劳动力供给短缺现象并存

根据要素分配理论，在市场经济条件下，基于产业发展差异，要素会自发地由劳动生产率较低的部门向劳动生产率较高的部门转移，劳动力资源的自由流动成为必然趋势。在城镇化过程中，人口流动和迁移对就业结构发生作用的重要前提在于，三大产业间存在显著的工资差异和劳动生产率差异。在中国传统城乡二元分割的社会管理体制下，基于城市和乡村在户籍制度、用人制度以及区域贸易壁垒等层面的制度差异，中国的劳动力资源流动与配置以制度为先导，不同程度地面临着劳动力市场扭曲问题；而产业间的配置扭曲主要表现在农村劳动力资源的闲置与城市第二、第三产业劳动力资源供给不足并存的结构性失衡上。

从城市劳动力资源的供求状况来看，近年来，随着城市规模的扩张和产业的集聚，城市非农产业的较快发展对劳动力资源产生较大的需求，尤其是在第二、第三产业发展较为活跃的东部沿海地区，城市增长极逐渐形成并获得较快发展，对人口资源的流动与配置形成"拉力"。随着人口出生率的降低，自2009年以来，在长三角、珠三角等地的制造业和服务业中（尤其是餐饮、服装等劳动密集型产业），不同程度地出现了"用工荒""人才荒"等人力资本供给不足的问题，成为传统劳动密集型产业发展与转型升级所面临的首要难题。与此同时，从农村地区的人力资本供给层面来看，由于在职业技能、受教育程度和信息流通等方面的局限性，大部分农村劳动力仍以农业生产为主要谋生手段，闲置人口和时间占比较大且难以实现非农就业，农业生产的季节性特征更加剧了农村劳动力资源的闲置程度；而对于已经在城市实现非农就业的迁移农民而言，因其所掌握的就业技能大多处于较低水平，就业主要集中于城市非正规部门，收入水平较低，就业质量和稳定性较差。农村劳动力资源闲置与城市部门中有效劳动力供给不足现象的并存表明，当前中国劳动力资源的产业间、地区间配置扭曲的问题在不断深化，解决结构性失业迫在眉睫。

近年来，随着城镇化建设的不断推进，信息通信技术与交通条件的改善以及户籍、分配制度改革的全面深化，使城乡间、产业间劳动力资源配置的扭曲程度有所下降，但如何促进劳动力资源在不同产业之间更加合理的流动和有效配置仍是未来经济持续增长和产业结构优化升级的关键问题。

5.2 城镇化、产业结构优化与经济增长的机制说明

5.2.1 农业机械化增加非农劳动力供给

改革开放以来,在中国特色社会主义城乡关系演化与经济发展过程中,广大农村地区一直是城镇产业发展的劳动力"蓄水池",为城市工业化进程的较快推进提供了人力资源保障。因而,中国第二、第三产业的发展及比重的提高,在很大程度上依赖于农业生产中机械化推广程度对农业劳动人口的节省及城乡间劳动力资源的转移数量,而人口城镇化建设进程源源不断地向城市非农产业部门输送着劳动力资源。近年来,在城镇产业较快发展与人口迅速集聚的同时,农村劳动力的持续转移使得农村对剩余劳动力的供给由相对过剩转为相对紧缺的状态(燕静宏,2008)[①]。大量劳动力密集型产业面临着较大的劳动力供给压力,人口红利逐渐消失(蔡昉,2010)[②]。中国传统的廉价劳动力资源优势不复存在,在很大程度上制约了经济的增长,并对经济增长方式的转型提出了新要求,是新常态下经济增速放缓的重要原因之一。

在工业化水平不断提高的背景下,农业机械化水平的提升是促进劳动力资源配置效率提高的重要动力,对产业结构的调整优化以及经济持续有效地增长具有较强的现实意义。(1)提高农业生产率需要农业机械化。改革开放之初,中国约68%的劳动力从事农业生产,而以家庭联产承包为主的责任制与统分结合的双层经营体制,使农业生产的积极性和生产效率大大提高,并支撑着全国人民逐渐摆脱了贫困和饥饿的困扰,为社会主义制度的建立、巩固与社会主义现代化国家的建设提供了良好的物质基础。随着农业生产发展达到较高阶段,家庭联产承包责任制下以家庭为单位的小规模经营模式表现出一定的弊端,近年来,中国

[①] 燕静宏:《发展农业机械化应对农业劳动力转移》,载于《中国农机化》2008年第6期。

[②] 蔡昉:《人口转变、人口红利与刘易斯转折点》,载于《经济研究》2010年第4期。

农业生产的劳动边际产量呈逐年降低的趋势,用机器生产替代人畜力劳动成为经济社会发展的必然趋势。此外,农民对于减少农业劳动时间、降低劳动强度的意愿也产生了农业机械化推广程度提升的现实需求。改革开放40余年来,我国的农业机械化取得跨越式发展,一批自动化、智能化的新型农业机械大量涌现,"机器替代人"渗透到农业生产领域,实现了由以依靠人畜力为主向以大型机械作业为主的历史性转化。农业机械化的发展提高了农业生产的劳动效率,为粮食生产的丰收提供了强大的物质基础和技术保障;据农业农村部相关数据显示,到2018年我国的农作物耕种收综合机械化率已经超过67%,目前,300多个示范县率先基本实现了全程机械化,且农业机械化适用领域正由大宗作物向果菜茶等多种经济作物生产领域拓展。(2)提高劳动力资源利用效率需要农机化。农业生产活动的开展,很大程度上依赖于气候、温度、土地等自然条件,从事农林牧副渔业生产具有较强的季节性,在农闲时期,大量农民处于闲置状态,但难以找到临时性的非农工作,劳动力资源利用率较低。而在农业机械化水平较低的阶段,外出务工的农民在农耕期也出现大量的返乡潮,绝大多数农民在向城镇转移的过程中,受到农业生产的限制,就业的难度增大;同时,雇佣工人的劳动者时间不确定性也增加了企业的运营成本。农业机械化水平的提高有利于突破农业生产对人力劳动的依赖,同等耕地面积上所需要的劳动力数量和劳动时间大大缩减,大量农村从农业生产和土地上摆脱出来,部分农村"隐形剩余劳动力"转化为"显性剩余劳动力"(张雅丽、范秀荣,2009)[1],进而增强了农业农村对剩余劳动力的供给能力,劳动力资源的利用率随之提升。(3)政策鼓励农业机械化发展。加快推动农业机械化水平与农机装备的优化升级,是实现农业农村现代化和全面建成小康社会的重要支撑,也是进一步扩大国内市场的重要动力。近年来,"中央一号文件"连续多次提及要全面提升农业生产的机械化水平,并推行系列惠农政策对农民购买农机工具进行大力扶持。党的十八大报告进一步提出,要促进新型工业化、信息化、农业现代化和城镇化的同步发展,将农业现代化与新型城镇化建设列为推动经济增长速度提高和质量提升的重要机制,而农业农村的现代化,其实现前提和表现形式主要取决于农业机

---

[1] 张雅丽、范秀荣:《中国工业化进程中农村劳动力转移"推力模型"的构建》,载于《西北人口》2009年第5期。

械化的推广程度。当前，以政策为导向，我国农业生产的机械化成本在逐年降低，农业农村现代化的建设步伐稳步加快。聚焦农业生产中的机械化程度与农机装备的创新、升级等建设短板，是农业农村现代化过程中有效解决"三农"问题、提高区域经济增长质量的关键。因此，在政策的引领下，要更加尊重农民的意愿，以农业机械化为动力推动适度规模经营的多样化，以充分发挥市场机制的调节作用与劳动群众的创造力，实现新型城镇化与乡村振兴等战略因地制宜、协调有序的实施。

5.2.2 劳动力空间流动促进产业结构调整

产业结构的合理化和高级化，是要素的空间流动与经济发展的必然趋势，也是产业间内在经济技术联系增强的客观要求与体现。在产业结构的构成中，就业结构和产值结构是基本要素，因此，以三大产业比例关系的变动为主要实现形式，产业结构的调整过程主要表现为产业间的产值占比、就业人员占比等层面的变动，主要包括就业结构、产值结构的合理化和高级化等内容，其中，就业结构的变动是产值结构调整的基础和条件。

城镇化推动过程中劳动力资源的空间流动，也是就业人口由农村农业部门向城市非农部门转移的过程，因此，我国的人口城镇化建设蕴涵着就业结构的转变和产业结构的调整。产业间劳动工资报酬的差异是人口流动与就业结构调整最直接的原因，以城镇就业人口为例，2012年收入最低的行业为第一产业，年人均工资为2.2万元，仅为电力行业工资收入的39%；若与收入较高的金融业（8.97万元）相比，行业间工资差距更加显著。在工资差异的推动下，劳动力资源逐渐由工资收入较低的部门向收入较高的部门和行业转移，通过市场竞争推动着就业结构的调整和优化。从我国产业结构的调整状况来看，当前，在三大产业的发展与结构调整中，就业结构的优化程度远滞后于产值结构的调整，成为制约产业结构优化升级的关键障碍，通过劳动力资源在不同产业间的合理流动与配置来带动产值结构的优化升级是本书的重点内容之一。

在城乡劳动人口空间流动的背景下，根据三次产业的划分，中国的就业结构与产值结构的调整历程中大致呈现出如下的阶段性特征：

（1）就业结构的逐渐优化。1997年以前，中国的劳动人口主要集中于第一产业，其占比超过第二、第三产业劳动人口占比的总和。随着城镇化和工业化进程的稳步推进，劳动人口逐渐向第二、第三产业转移，城镇非农产业就业人数与日俱增，第一产业的就业人数持续减少。截止到2014年，第一产业就业人员占比从1997年的59.7%降至29.5%，占比降至1/3以内；其中，第二产业的就业人数稳步增长，占比由21%增至30%，增幅近43%；与第二产业相比，第三产业的就业人数增长幅度较快，到2011年就业人数占比超过第一产业，人员占比增至40.6%，成为吸纳劳动人口的主体。因此，在中国的经济增长过程中，在部分劳动力资源由第一产业向第二产业转移的同时，向第三产业的流动与集聚成为人口城镇化有序推进最主要的实现形式。到2014年，中国总就业人数达到7.72亿人，在三大产业的分布分别为：2.27亿、2.31亿和3.14亿，就业结构由"一二三"结构逐渐向更加合理的"三二一"结构转化，服务业成为吸收农业转移劳动力的主要行业，详见图5-2所示。

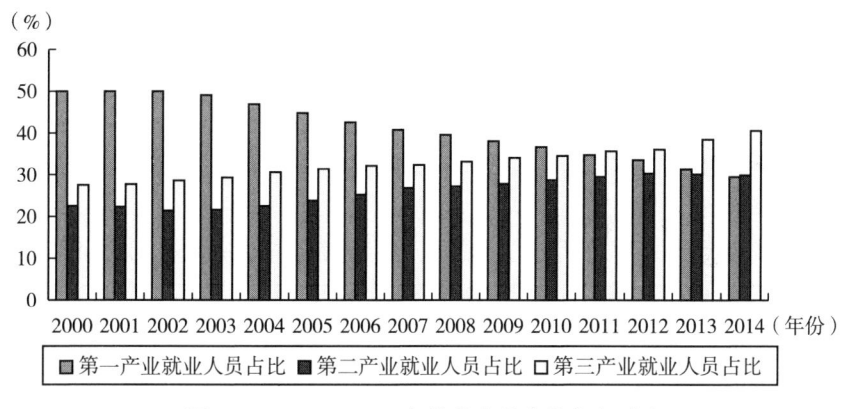

图5-2 2000~2014年就业人员产业分布对比

此外，为进一步说明就业结构的变动，对2000年以来三大产业的就业人员增幅进行对比分析，详见图5-3所示。其中，第一产业就业人员增幅为负，且在整体上呈逐年扩大的趋势，到2014年降幅超过6%，这表明农业部门就业人口向非农业转移的速度逐年加快。与第一产业相比，第二产业就业人员增速波动较大，在2002年短暂减缓后呈持续上扬的态势，到2007年增速达到顶峰，2008年金融危机后，第二产业尤其是制造业面临转型升级、规模收缩，就业人员增速降至1%，到2013年，增速降为负值，2013~2014年第二产就业人员的增速为-0.66%。与第一产业的负向增幅形成鲜明对比的是第三产业就业人员的增速变动情况，通过图表分析结果可以看出，当第一产业就业人员增速降低的时候，第三产业增速相应提高，多年来显著为正且持续增加；2012年后，第三产业就业人员增速快速上扬，年均增长率达到6%。

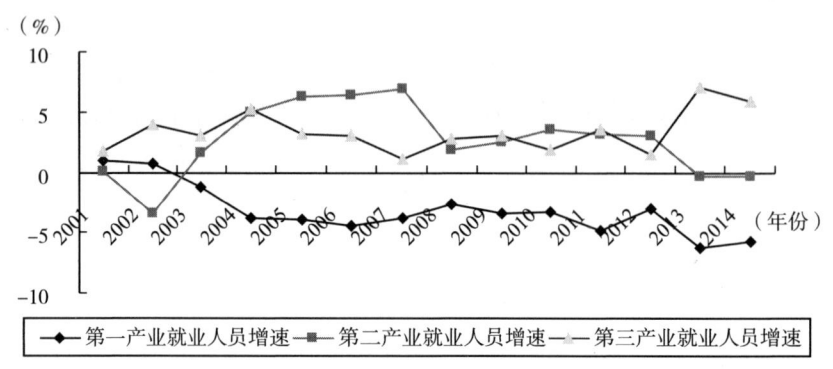

图5-3 三大产业就业人员增速

（2）产值结构不断优化升级。就业结构变动从人力资本供求的视角影响着产业经济的发展，随着就业人员的产业间流动，产值结构也相应发生调整。改革开放以来，在第三产业就业人员占比稳步增长的同时，其产值也呈现出持续上扬的态势，到1985年第三产业产值首次超过第一产业，2012年超过第二产业，成为国民经济增长的首要支柱。第二产业产值的增长保持在相对稳定的水平，降幅缓慢。与此同时，随着第一产业就业人员比重的降低，其产值占比也逐年减少，经济总量增长的主要来源逐渐向第二、第三产业倾斜。到2014年我国第一产业产值占比降至9.17%，三大产业间的产值比例为：1∶4.66∶5.24；产业结构由"二三一"模式转化为"三二一"模式。

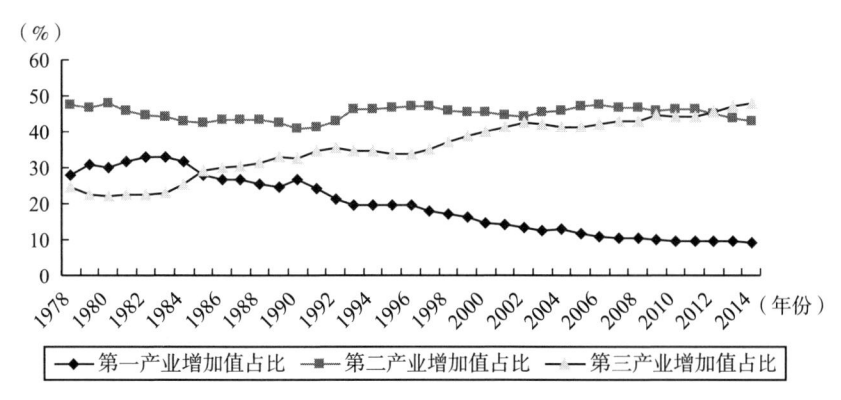

图 5-4 改革开放以来中国三大产业的增加值占比

随着产值结构的不断调整升级,工业和服务业在经济增长中的作用逐渐凸显;但在各产业内部,行业间的产值状况及地位变动也呈现出较大差异。近年来,随着劳动人口供给增幅的减缓,制造业的增长虽呈持续下降的态势,但其产值仍占 GDP 总量的 30% 左右,是第二产业最为重要的组成部分;随着制造业占比下降趋势的增强,第二产业中取得较快增长的行业为建筑业,其产值占比逐年上涨,到 2014 年增至 7.04%。在第三产业中,各行业的增加值均呈稳步上升的趋势,其中比重较大的行业主要集中在流通部门和为生产、生活提供服务的部门,如批发零售业、金融业和房地产业等;而比重较低的行业集中在提供公共服务的部门,如:教育产业的产值占比为 3.1%、卫生社会保障和公共服务业的产值占比仅 1.9%、科学研究与技术服务业的产值占比为 1.7%、卫生文化和娱乐业的占比仅 0.7% 等;这在一定程度上反映出当前中国服务业仍集中于低端产业,发展质量不高,公共服务业和高新技术产业等部门的发展仍显著滞后于传统生产、生活服务业的发展,在促进产业结构合理化调整的同时,提高产业结构的高级化程度与产业发展质量是未来经济增长质量提升的主要动力源泉。

此外,第一产业的增加值也随其就业人员的减少而呈逐年下降的趋势,且就业人口所占比重远超其产值占比。1978 年,第一产业的就业人员占比是其增加值占比的 2.53 倍;1978～2014 年,第一产业产值比值降幅达 72%,超过就业人员降幅 8%。第一产业就业人员的降幅滞后于产值调整,使第一产业劳动生产率的增长呈逐年递减的趋势,这也是第一产业劳动生产率较低的重要原因。

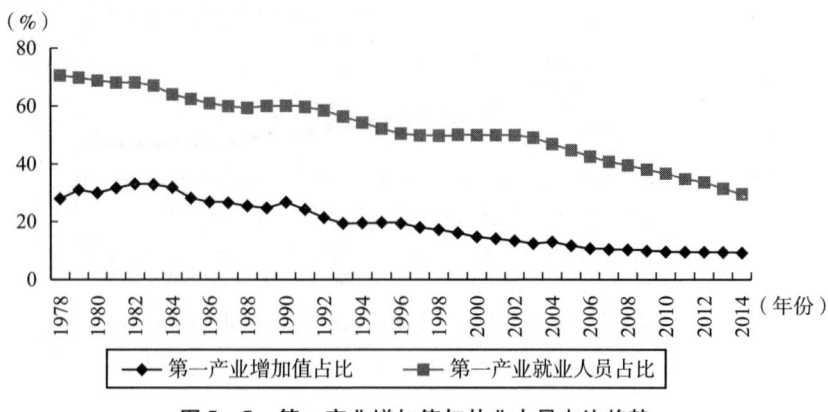

图 5-5 第一产业增加值与从业人员占比趋势

第一产业较高的就业人员占比和较低的劳动生产率这一现状表明，当前中国大量劳动力仍被束缚在季节性较强、效率较低的农业生产之中，农村劳动力资源的利用率不高。通过机械化生产提高农业劳动生产率，并逐步消除农业剩余劳动力向城镇非农产业转移的制度壁垒，促进劳动力资源在城乡间、产业间的自由流动与合理配置，仍是未来经济增长的重要任务。

5.2.3 产业结构优化推动劳动生产率提高

在经济发展过程中，一国的劳动生产率是衡量生产力发展水平的核心指标之一，而劳动生产率的高低主要取决于劳动者的平均熟练程度、科技发展水平、生产者的组织经营能力及生产资料的投资规模等因素。马克思认为，在资本主义条件下，资本家为最大限度地占有工人劳动所创造的剩余价值，追求比同行业其他企业主更高的超额利润，会通过增加劳动时间或提高劳动强度途径实现绝对剩余价值的生产，在绝对剩余价值生产达到极限后，资本家会转向采用新技术、引进新设备、提高管理效率等途径提高劳动生产率，形成相对剩余价值的生产。列宁在马克思主义理论的基础上也曾指出：劳动生产率，归根到底是使新社会制度取得胜利的最重要最主要的东西①。因此,只有劳动生产率不断提高才能有效推动经济增长,才能有效改善人民的生活水平。

在中国新型工业化、信息化、城镇化与农业现代化等进程协同推进的背景下,劳动力、产业和公共服务等资源的集聚为第二、第三产业规模经济的形成提供了条件,使得社会全员劳动生产率呈整体上扬的态势,到2014年人均劳动生产率增至72313元/人,是2008年的1.64倍。

表5-2　经济新常态以来中国社会全员及三大产业劳动生产率对比

单位:元/人

年份	社会全员	第一产业	第二产业	第三产业
2008	44121.51	12303.24	74542.02	58339.38
2009	48025.58	13219.08	80191.72	62095.34
2010	52853.93	14267.12	87312.72	66525.03
2011	57545.06	15499.98	93116.97	70854.73
2012	61706.39	16872.70	97418.17	74671.95
2013	66199.20	18398.92	103644.73	77528.32

注:数据来源于国家统计局数据库。

同时,在三大产业内部,劳动生产率也发生重要转变。20世纪90年代中期,第二产业的劳动生产率已经超过第三产业,逐渐处于领先地位;在第三产业内部,流通部门和服务部门的生产率也呈持续增长的趋势,到2013年增至7.7万元/人。与第二、第三产业较高的劳动生产率相比,第一产业的劳动生产率明显滞后,2013年仅达到第二、第三产业的17.8%和23.7%。

与世界各国相比,中国的劳动生产率水平远滞后于发达国家,到2012年中国的劳动生产率仅相当于美国、日本的1/12、1/11,甚至有研究认为中国的劳动生产率水平在一定程度上要低于拉美和印度等人口大国。在人口红利逐渐消失的背景下,劳动生产率水平的滞后性严重制约着市场经济的健康发展和经济增长质量的提升。城镇化过程中,劳动

---

① [俄]列宁著,中央编译局译:《列宁选集》,中央编译局译,人民出版社1995年第三版第4卷,第16页。

力资源由劳动生产率较低的第一产业向生产率较高的第二、第三产业转移和集聚是提高全社会劳动生产率的重要途径。

5.3 我国城镇化建设对产业结构优化的实证分析

随着经济总量的增长，中国的产业结构呈逐渐合理化、高级化的趋势，但各产业内部仍存在劳动生产率较低、产业转型升级困难等问题。在此背景下，本节以产业结构的调整为研究对象，从人口城镇化建设的视角，拟寻找促进经济结构优化、提高经济增长质量的有效途径。

5.3.1 模型设定及指标选取

在三次产业发展过程中，各产业的产值比例是产业结构优化程度最为直接的体现形式，本节借鉴了徐德云（2008）[①]对产业结构评价指标的构建方法，构建产业结构优化度（Str），并以此为研究对象进行实证分析。同时，产值比例的调整是一个动态的过程，为了充分体现产业结构变化的动态滞后效应，将因变量的滞后项指标纳入模型中，构建动态面板数据模型（Dynamic Panel Data Model）：

$$Str_{it} = \alpha + \delta Str_{i,t-1} + \beta X_{it} + \varphi Y_{it} + \mu_i + \varepsilon_{it} \tag{5.1}$$

以三大产业的产值为基础，因变量产业结构优化度 Str 的测度公式如下：

$$Str = \sum_{j=1}^{3} y_j * j = y_1 * 1 + y_2 * 2 + y_3 * 3 \tag{5.2}$$

其中，y_j 为第 j 产业产值的 GDP 占比；Str 为因变量，介于 1~3 之间，当 Str 越接近 1 表明产业结构优化度越低，越接近 3 表示产业结构水平越高，$Str_{i,t-1}$ 为因变量的滞后项；X_{it} 为主要关注的因素，Y_{it} 为相关

---

① 徐德云：《产业结构升级形态决定、测度的一个理论解释及验证》，载于《财政研究》2008 年第 1 期。

控制变量；i、t 分别代表了不同时间和地域指标；μ 为未观测到的个体效应，ε 为随机误差项。

在影响产业结构的因素中，主要关注的变量包括以下几个方面：（1）劳动力迁移的人口城镇化率（urb），用各地的城镇常住人口占比来表示，以体现农业人口向非农产业的迁移程度和劳动供给情况。（2）第二、第三产业就业人数占比（emp），城镇化建设通过就业结构的调整来作用于因变量，为了体现城镇化过程中就业结构变化对三大产业产值占比的影响，选用第二、第三产业就业人数占比这一就业结构指标作为主要关注变量之一。（3）农业机械化水平（mac），城镇化建设的实现和第二、第三产业产值结构的优化，在很大程度上取决于农业剩余劳动力的供给和流动程度，农业机械化的发展对产业结构的调整，其作用机制主要体现在农村劳动力资源的节省和产业间迁移人口的供给上，因此，构建农业机械化与人口迁移的城镇化交叉项指标，其中，农业机械化水平用农业机械总动力（万千瓦）的对数形式 Lnmac 来表示。

除受上述主要关注变量的作用外，产业结构的调整还受其他因素的影响，需对其进行控制。因此，本节的实证分析选取的控制变量主要包括：（1）社会需求因素，从需求视角来看，投资、消费需求为各产业的发展提供了市场导向，因此需对投资需求额和消费需求额进行控制，分别用固定资产投资额（inv）和消费支出额（con）来表示，为减少异方差，均对其取对数，表示为 Lninv 和 Lncon；（2）人口抚养压力，劳动人口的抚养压力也是产业结构调整的重要影响因素之一，用（老年人口数 + 少儿人口数）÷ 劳动人口总数这一人口抚养比（bri）来表示。

在上述指标分析的基础上，将式（5.1）拓展为：

$$\begin{aligned}Str_{it} = \alpha &+ \beta Str_{i,t-1} + \beta_1 urb_{it} + \beta_2 emp_{it} + \beta_3 urb_{it} * Lnmac_{it} \\&+ \varphi_1 Lncon_{it} + \varphi_2 Lninv_{it} + \mu_i + \varepsilon_{it}\end{aligned} \quad (5.3)$$

其中，β、φ 均为待估参数，代表各因素变化对产业结构的影响程度。

因可获得数据的有限性，选取了 2002~2013 年 31 个省（市、区）的面板数据，各指标的样本值均为 372 个，变量的描述性统计如表 5-3 所示：

表 5-3　　各指标的描述性统计

变量类别	变量名称	均值	标准差	最小值	最大值
因变量	Str	2.27	0.12	2.01	2.77
主要关注变量	urb：%	47.95	15.39	19.80	89.60
	emp：%	58.34	15.82	23.00	96.62
	mac：万千瓦	2598.18	2619.262	95.32	12739.83
控制变量	con：亿元	3699.48	3654.44	65.20	25208.50
	inv：亿元	6102.72	6336.81	106.58	36789.07
	bri：%	37.29	7.01	19.27	57.58

为了直观地体现城镇化建设、农业机械化水平与产业结构优化度的线性关系，分别将人口城镇化率、人口城镇化与农业机械化的交叉项与产业结构优化度的变化趋势绘制散点图，如图 5-6 所示，散点图直观地表明二者均与产业结构的优化呈显著的正向相关。

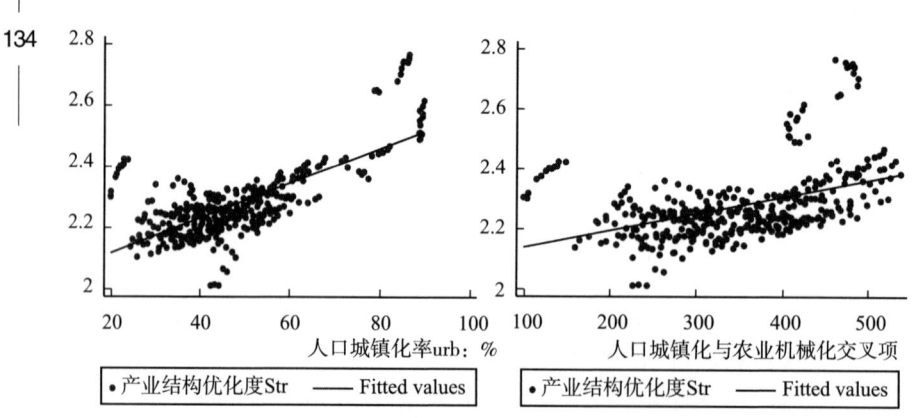

图 5-6　人口城镇化率、交叉项与产业结构优化度的散点

5.3.2　城镇化推动产业结构优化的实证结果说明

散点图直观地体现了主要关注变量与产业结构优化度的关系，但难以准确地描述其影响程度及作用机制。在散点图的基础上，本节通过构建理论模型来进行实证分析。

尼克尔（Nickell，1981）[①] 等学者的研究发现，在将被解释变量的滞后项作为解释变量的动态回归中，采用普通最小二乘估计（OLS）和极大似然估计（ML）在不同程度上存在偏倚和组内估计量不一致等问题。为了消除估计过程中产生的不一致性和有偏性，在差分广义矩估计的基础上，阿雷利亚诺和邦德（Arellano and Bond，1991）[②]、比恩德尔和邦德（Blundell and Bond，1998）[③] 等学者提出了系统广义矩估计分析法。广义矩估计（GMM）成为新的替代方法受到学者们广泛的认可和肯定，且大量研究表明系统 GMM 回归的估计结果更为有效。

此外，大量研究结果表明，在城镇化建设作用于产业结构调整的同时，城镇化的建设水平和建设质量也受到产业结构优化程度的反作用，第二、第三产业的发展为转移农民在城镇找到工作提供了就业岗位，增加了城镇就业人口规模，产业结构状况在很大程度上反映了对农村迁移人口的市场需求，存在一定的内生性问题。为避免面板回归中出现内生性和弱工具变量等问题，基于两阶段差分广义矩估计（Two-step Diff - GMM）和两阶段系统广义矩估计（Two-step SYS - GMM）等研究方法的优势，本研究拟选用两阶段系统广义矩估计，设定主要关注变量人口城镇化率（urb）的滞后期为工具变量，进行动态面板实证回归。

为了便于结果对比，验证实证分析的稳健性，分别将基础 OLS 回归、两阶段差分 GMM 估计和两阶段系统 GMM 估计的结果一并呈现，如表 5 - 4 所示：

表 5 - 4　　　　　　　　实证回归结果汇总

变量名称	OLS 回归	差分 GMM	系统 GMM
str（-1）	0.963 *** (0.014)	0.373 *** (0.023)	0.655 *** (0.034)

[①] Nickell S., Biases in Dynamic Models with Fixed Effects. *Econometrica*, Vol. 49, No. 6, 1981, pp. 1417 - 1426.

[②] Arellano M. and S. Bond. Some Tests of Specification for Panel Data: Monte Carlo Evidence and an Application to Employment Equations. *The Review of Economic Studies*, Vol. 58, No. 2, 1991, pp. 277 - 297.

[③] Blundell R. and S. Bond. Initial Conditions and Moment Restrictions in Dynamic Panel Data Models. *Journal of Econometrics*, Vol. 87, No. 1, 1998, pp. 115 - 143.

续表

变量名称	OLS 回归	差分 GMM	系统 GMM
urb	0.051 (0.063)	0.659 ** (0.258)	0.162 ** (0.068)
urb（-1）	0.055 (0.061)	0.344 *** (0.067)	0.201 *** (0.055)
emp	0.014 * (0.008)	0.030 (0.026)	0.070 *** (0.024)
urb * lnmac	0.001 (0.107)	0.082 *** (0.029)	0.005 *** (0.004)
Lncon	-0.195 (0.137)	-0.609 *** (0.898)	-0.048 *** (0.602)
Lninv	0.08 (0.14)	0.147 *** (0.48)	0.627 ** (0.381)
bri	-0.038 *** (0.012)	-0.093 *** (0.018)	-0.036 * (0.018)
_cons	3.783 *** (1.246)	46.87 *** (5.418)	24.561 *** (3.769)
调整的 R^2	0.983	—	—
样本量	341	310	341
Wald 检验值	13350.60	1295.29	17810.01
P 值	0.0000	0.0000	0.0000

注：括号内的值为 t 统计量，*、**、*** 分别表示在 1%、5% 和 10% 的水平上显著。

通过结果对比可以发现，回归结果均通过 Wold 检验，模型拟合结果较好，且各变量的系数在不同水平上显著；与 OLS 基本回归、差分 GMM 回归结果对比，系统 GMM 回归结果较为稳健。

表中第 3 列两阶段系统 GMM 的估计结果表明：当期产业结构优化度的变化与上期的产业结构水平正相关，其滞后项的影响系数为 0.655，且在 1% 的水平上显著，即产业结构调整具有较强的惯性，对其进行动态研究是非常必要的。

在主要关注的变量中,各变量的系数均与因变量显著正相关。其中,人口城镇化率(urb)当期和上期的影响系数均显著为正,即人口迁移的城镇化建设对产业结构的调整具有一定的时滞性,当期的产业结构除了受本期城镇化水平影响外,还受到上期人口迁移的作用,本期和上期人口城镇化率每提高1%,产业结构优化度将分别提高0.162%和0.201%。农业机械化与人口城镇化率交叉项的系数为0.005,且在1%的水平上显著,这表明通过农业机械化节约的农村剩余劳动力促进城镇人口占比每提高1%,产业结构优化度将随之提高0.005%,产业结构优化程度与交叉项正相关,该结论证明了农业机械化→农村剩余劳动力供给增加→产业结构优化这一作用机制的存在性和合理性;此外,单纯地调整就业结构对产值结构的影响系数显著为正,就业结构的优化程度每提高1%将带来产值结构优化0.07%。

在上述结论分析的基础上,回归结果还进一步表明产值结构的优化程度受到需求因素的影响。其中,消费需求支出额Lncon的系数显著为负,这与预期有一定差异,其原因可能是我国当前居民的消费结构处于较低水平,大量消费仍集中在基本的生活需求,对高端产品和服务业的支付能力较弱,需求占比较小,从而消费支出额的系数为-0.048。除消费支出系数为负外,社会投资需求Lninv的影响系数显著为正,这表明与消费需求的作用机制不同,投资需求的增加对产业结构的优化和经济增长起到积极的正向推动作用,社会投资需求每提高1%,产业结构将优化0.627%。在国内需求因素中,社会投资对产业结构优化的推动作用更为显著;通过收入分配政策改革,促进居民消费能力提高和消费结构改善至关重要。

此外,在控制变量中,劳动人口抚养比的系数也显著为负,抚养压力每增加1%,产业结构优化度将降低0.036%。这一结论表明,人口老龄化的趋势下,劳动人口家庭抚养负担的加重不利于产业结构的优化升级。

在经济发展新常态的背景下,产业结构的优化升级成为经济增长和结构调整的重要组成部分,劳动力资源供给收紧和人口老龄化趋势使传统的廉价劳动力优势逐渐消失,在此基础上,促进现有劳动力资源合理配置成为经济持续增长的关键。在实证回归的基础上,本节得出如下结论:(1)人口增长率和生育率的日益减少使第二、第三产业的发展面临着劳动力资源供给紧张的瓶颈；农业机械化的发展有利于节约农业劳动力，提高农村劳动力资源的使用效率，为非农产业的发展增加了劳动力供给；（2）劳动力供给紧张的现状下，有效地促进现有劳动力资源的合理流动与配置成为当前经济发展的关键，而三大产业间的劳动生产率和工资差异是推动劳动人口由农业部门向非农产业部门集聚的直接动力，人口城镇化的建设过程也是就业人员由第一产业向第二、第三产业转移的过程；（3）人口城镇化产生的要素集聚和扩散效应，为第二、第三产业的发展和产业结构的优化创造了条件，与产业结构的优化升级正相关；（4）消费结构的优化和社会投资需求的增加也是我国产业结构不断优化的重要条件，当前中国居民的消费水平和消费结构仍处于较低水平，对产业结构调整产生不利影响；社会投资的增加，为第二、第三产业的发展提供了资金保障和市场空间，是推动产业结构升级的重要条件。

5.4 本章小结

本章研究是基于第4章分析所得出的"产业结构优化升级是决定当前中国经济增长质量的重要因素"这一结论所开展的，以中国特色社会主义建设新时代下"协调发展"的科学理论为指导，以产业结构的调整为研究对象，从人口迁移的城镇化建设视角出发，以就业结构的调整为媒介，对城镇化建设推动经济增长的作用机制及影响程度进行说明。

首先，对中国当前的劳动力供给现状进行说明，得出人口红利的消失是当前第二、第三产业持续增长和产业结构优化升级所面临的主要挑战。在产业经济发展不充分、不均衡的时代背景下，中国经济增长面临着部分城市产业劳动力资源紧缺与农村劳动力资源闲置并存的结构性失衡问题，对提高劳动力资源的配置效率提出新要求。

其次，在人口结构和就业结构现状分析的基础上，通过农业机械化→人口城镇化→就业结构优化→产值结构优化→劳动生产率提高→经济增长这一主线，对中国的城镇化、产业结构优化和经济增长三者间的关系及作用机制进行说明。

最后，为了进一步探讨城镇化建设对产业结构优化的作用程度，本章以中国 31 个省份的面板数据为例进行系统 GMM 经验估计，实证结果表明，城镇化建设的推进对产业结构的调整具有一定的时滞性，当期的产业结构优化程度除受本期城镇化水平的影响外，还受到上期人口迁移率的影响；人口城镇化产生的要素集聚和扩散效应，为第二、第三产业的发展和产业结构的优化创造了条件，与产业结构优化程度正相关。城镇化建设持续稳步的推进，是促进产业结构优化升级、经济健康增长的重要条件。

第6章 城镇化、全要素生产率与经济增长

马克思在其理论体系的构建与完善中,充分认识到科技进步对生产力发展的重要作用,提出通过科技进步促进生产力发展是消灭城乡对立、实现城乡融合、推动社会资本实现内涵式扩大再生产的重要形式。在马克思主义政治经济学科学理论的指导下,中国特色社会主义的建设过程要坚持科学技术是第一生产力的重要理念,更加注重技术进步和创新在经济发展中的地位和作用。基于中国特色社会主义性质与基本国情,2015年,党的十八届五中全会上创新、协调、绿色、开放、共享五大科学发展理念的提出,为中国经济发展新常态下经济增长方式的转变提供了新的理论指导和制度支持。通过全面提升技术进步水平和自主创新能力,促进城市经济的扩张和农村增长方式的转变,是实现要素驱动、投资驱动向创新驱动转化、经济增长方式转化、经济增长质量和效益提升的重要途径,也是适应新常态、引领新常态的关键性举措。因此,本章的研究以中国特色社会主义创新发展的理念为指导,立足于体现经济增长效率和增长方式的全要素生产率这一关键要素,对中国的城镇化建设的经济增长效应进行系统研究。

6.1 引 言

6.1.1 全要素生产率对经济增长的重要性说明

1. 全要素生产率的内涵

全要素生产率(Total Factor Productivity,TFP)一词,最早由美国

经济学家索洛（Robert M. Solow）提出，因此又称为索洛余值，主要是指产出增长超过要素投入增长的那部分余值，是在科技进步推动下产生的要素投入额外效率。在索洛余值提出的基础上，随着经济增长理论的不断发展和完善，大量学者对于全要素生产率的来源进行拓展说明，其中刘建国等学者（2011）[①]认为，全要素生产率的来源不仅包括技术进步，还包括组织创新、专业化分工和生产创新等因素的共同作用，其增长率常被视为研究科技进步的主要指标。在现有研究的基础上，本书将全要素生产率的内涵概括为，在既定的要素投入水平下，通过技术进步和要素使用效率的提高，使现有的资源得到更为有效的利用，从而创造出更多的社会产品，这一增长率指标在很大程度上反映了一国或一个地区经济增长的效率。

2. 全要素生产率增长的实现条件

全要素生产率增长的实现，需要一定的前提条件，主要包括：

（1）技术创新人才的培养和集聚。在全要素生产率增长的实现过程中，劳动者发挥主导作用，主要体现在对劳动者技能水平的提高和技术使用效率的改善上，其根本动力在于对技术创新人才的培养和引进。通过激励机制，逐渐形成一批具有较强创新能力的科研人员和企业家；疏通劳动力资源的自由流动和有效配置渠道，吸引具有创新能力和创新理念的人才向创新产业或园区集聚，以形成技术创新产业发展的人才动力，是实现全要素生产率持续增长的基础和关键。

（2）自主创新的产业化能力。科技进步和要素使用效率的提高，是社会分工发展到一定阶段的产物，以成立专门的研发部门和相应的产业链与之相配套为前提，促进高新技术研发产业化能力的提升，是充分发挥科学技术第一生产力的重要实现条件。在经济发展新常态的时代背景下，要逐渐形成以科研单位和企业等多元化的自主创新主体，不断完善高新技术与创新知识共享、扩散的信息技术网络平台和空间载体，加大对科技企业加速器、产业孵化器的投资建设力度，完善信息、物流和通信等基本公共服务体系，加快推进产学研深度融合。

（3）国际与区域的交流与合作。在技术研发和使用的过程中，由

---

① 刘建国、李国平、张军涛：《经济效率与全要素生产率研究进展》，载于《地理学科进展》2011年第10期。

于技术门槛、资金投入和研发风险等因素的存在，合作创新逐渐成为激发技术驱动的一种重要实现形式。在保护核心技术专利的前提下，通过国际间、区域间和区域内部的长期合作、短期合作等多元交流合作形式，促进创新主体间的资源共享和优势互补，以推动创新驱动和全要素生产率增长实现形式的多样化。

（4）行政管理体系的持续完善。当前，中国特色社会主义建设步入新时代，正处于经济体制改革全面深化、经济增长方式转型的重要历史机遇期，要发挥全要素生产率对经济增长的推动作用，构建科学完善的行政管理体系、全面提升政府治理体制与治理能力的现代化至关重要。要在遵循规律、强化激励、合理分工、分类改革等原则的基础上，逐渐转变政府职能，加强政府对关键性技术研发和推广的政策支持；减少企业研发和高新技术产业化的行政审批环节和成本；以政策为导向，进一步推动科技评价体系合理化，有效提高科研资金的使用效率。

3. 全要素生产率对经济增长的作用说明

改革开放以来，中国的经济增长主要通过劳动、资本等生产要素的投入和技术进步带来的全要素生产率提高等途径来推动，从而形成了要素投入型和技术进步型两种增长模式。大量学者认为在市场经济初级阶段下，要素投入型的增长模式在中国的经济增长过程中居于主导（郭庆旺等，2005）[1]，尤其是对资本的投入和积累（郑玉歆，2007）[2]。但这种依靠要素投入来拉动的粗放型经济增长模式是不可持续的，原因在于：第一，市场经济中的资源具有稀缺性，在生产要素有限供给的条件下，完全依靠要素投入规模扩大拉动经济增长的粗放型模式在发展的后期会严重受限于资源的有限性。尤其是近年来中国劳动力资源供给的减少以及劳动成本的持续上升，使得传统模式下的人口红利逐渐消失，经济持续增长受到较大挑战。第二，依靠资本投入增加来推动劳动生产率提高的发展模式使资本—劳动比例逐渐失调，要素投入的不均衡性使资

---

[1] 郭庆旺，贾俊雪：《地方政府行为、投资冲动与宏观经济稳定》，载于《管理世界》2006年第5期。

[2] 郑玉歆：《全要素生产率的再认识——用TFP分析经济增长质量存在的若干局限》，载于《数量经济技术经济研究》2007年第9期。

本报酬趋于递减。根据柯布道格拉斯生产函数 $Y = AK^\alpha L^\beta$，经济增长主要来源于劳动力投入 L、资本投入 K 和技术进步 A。在要素边际报酬递减的规律下，若技术不发生变化，单纯依靠投入型增长模式来拉动经济，其积极效应的发挥必然受阻（黄志刚、刘霞辉，2015）[1]。近年来，邱晓华等（2006）[2] 学者对中国的经济增长情况进行分解测度，得出中国的经济增长越来越由依靠资源投入的粗放型增长模式向依靠全要素生产率的增长来推动，且这一结论得到广泛论证。因此，在要素边际产出递减和资源稀缺性等因素的限制下，通过全要素生产率的提升进而形成效率型增长模式才是实现经济持续增长的长久动力。

由于全要素生产率的增长，主要来源于要素投入之外的因素；当前对宏观经济的大量研究一致认可，对全要素生产率的测度在很大程度上反映了技术进步和创新驱动程度对经济增长的推动作用，不仅是经济增长过程的主要构成要素，还是衡量经济增长是否能顺利地实现由粗放型向集约型模式转化的关键性指标。因此，在中国特色社会主义现代化建设新时代下，要认识、适应和引领新常态，就要探寻并激发经济增长的新动力。当前，中国经济增长动力机制的形成，关键在于从要素驱动的投入型增长模式向创新驱动的效率型增长模式转换，其核心在于全要素生产率的提高（蔡昉，2015）[3]。

从区域经济及经济总体发展情况来看，自 20 世纪 90 年代后，中国的城市经济总量获得了较快发展，那么，决定经济增长质量的全要素生产率发展状况如何？在影响全要素生产率的构成因素中，技术进步和技术效率提高的作用程度多大？要素集聚的城镇化建设对全要素生产率增长如何发挥作用？基于上述问题，本节以对近年来中国的全要素生产率进行系统测算为主要目标，以为后文分析技术进步对全要素生产率及经济增长的作用机制等研究奠定基础。

---

[1] 黄志刚、刘霞辉：《新常态下中国经济增长的路径选择》，载于《经济学动态》2015 年第 9 期。

[2] 邱晓华、郑京平、万东华：《中国经济增长动力及前景分析》，载于《经济研究》2006 年第 5 期。

[3] 蔡昉：《全要素生产率是新常态经济增长动力》，载于《北京日报》2015 年 11 月 23 日。

6.1.2 全要素生产率的测算方法简介

1. 索洛余值法（SR）

1957年，新古典经济学家索洛（Solow）[①]对经济增长的构成部分进行分解核算，提出著名的索洛余值。在索洛余值法的测度中，其基本假定如下：（1）要素投入的规模报酬不变；（2）技术进步是中性的。索洛在其分解过程中，将资本、劳动力投入之外的因素对经济增长的贡献均归为索洛余值的增长，并将这一余值设定为全要素生产率，具体分解过程如下：

根据柯布—道格拉斯生产函数，将社会总产出表示为：

$$Y_t = Ae^{\lambda t}K_t^{\alpha}L_t^{\beta} \tag{6.1}$$

其中，Y为总产出，K、L分别表示资本投入量和劳动力投入量，A为技术进步，α、β表示资本和劳动的产出弹性，在规模报酬不变的情况下，$\alpha + \beta = 1$。

在式6.1的基础上，将全要素生产率的增长率表述为：

$$\frac{\Delta A}{A} = \frac{\Delta Y}{Y} - \alpha \frac{\Delta L}{L} - \beta \frac{\Delta K}{K} \tag{6.2}$$

同时，为获得产出弹性系数α、β，对式6.1两边同除以L_t后取对数，得：

$$\ln y_t = \ln A_t + \lambda t + \alpha \ln k_t \tag{6.3}$$

其中，y_t和k_t分别表示t期的人均产出和人均资本量。

通过索洛余值来测算全要素生产率的方法，直观且易于测度，得到学者的广泛认可和使用，成为研究经济增长构成因素的主要方法之一。

2. 隐性变量法（Latent Variable Approach，LV）

在索洛余值法规模报酬不变的假设前提下，隐性变量法将全要素生

[①] Solow R., Technical Change and The Aggregate Production Function. *Review of Economics and Statistics*, Vol. 39, No. 3, 1957, pp. 312–320.

产率的增长看作是一种不可观测的隐性变量。在保证时间序列变量平稳和协整的基础上，借助状态空间模型对变量进行极大似然估计，以确定全要素生产率。

在柯布—道格拉斯生产函数的基础上，隐形变量法将社会总产品的增长率表示为：

$$\Delta \ln Y_t = \Delta \ln TFP_t + \alpha \Delta \ln K_t + \beta \Delta \ln L_t + \varepsilon_t \quad (6.4)$$

其中，$\alpha + \beta = 1$；同时，隐性变量全要素生产率的增长具有内生性，且符合一阶自回归 AR（1）形式，即：

$$\Delta \ln TFP_t = \delta \Delta \ln TFP_{t-1} + \mu_t \quad (6.5)$$

其中，自回归系数 δ 为白噪声，且满足 $|\delta| < 1$。

隐性变量法是在索洛模型的基础上，将全要素生产率的增长看作是一种独立状态的变量，能从残差中分离出来，从而剔除了部分误差对全要素生产率测度的干扰；此外，该方法还对时间序列变量进行协整检验，以避免伪回归问题的出现。

索洛余值法和隐形变量法的测度均建议在要素投入的规模报酬不变的假设上，但这一假设的适用性受到广泛质疑。有学者提出，新中国成立初期，中国的经济基础薄弱，经济增长中的规模报酬递增效应非常显著，规模报酬不变的假设难以准确地说明以中国为代表的大多数发展中国家的经济增长效率变化趋势（段文斌和尹向飞，2009）[1]。要准确反映不同经济体的全要素生产率增长对经济增长的影响，需对规模报酬不变这一假设条件进行修正。

3. DEA—Malmquist 指数法

为打破上述假设的局限，道格拉斯等（Douglas et al.，1982）[2] 学者将瑞典经济学家曼奎斯特（Sten Malmquist，1953）用于测度消费的 Malmquist 指数引入到对生产效率的测算中，并进一步运用于对经济增长效率的研究和分析，这一研究方法较快地受到学者的关注和认可。

---

[1] 段文斌、尹向飞：《中国全要素生产率研究评述》，载于《南开经济研究》2009年第2期。

[2] Douglas W. Caves, Laurits R. Christensen and W. Erwin Diewert, Multilateral Comparisons of Output, Input, and Productivity Using Superlative Index Numbers. *The Economic Journal*, Vol. 92, No. 2, 1982, pp. 73 – 86.

1994年,有学者进一步将数据包络分析法(DEA)理论引入到经济增长率的测度中,与Malmquist非参数线性规划法相结合,推动着Malmquist指数从理论指数向实证指数转变,并将全要素生产率变化的构成划分为技术效率变动、技术进步变动和规模效率变动等三部分。因Malmquist指数具有不需提前设定生产函数的具体形式和结构、允许无效行为的存在、不对参数进行具体估计等优点(章祥荪和贵斌威,2008[①]),该测度方法突破了传统方法在生产函数、市场环境、规模报酬假设等方面存在的不足和束缚,逐渐成为测度TFP增长率的主要工具。此外,索洛余值法和隐形变量法等测度方法均是建立在对时间序列数据分析的基础上,对截面数据的纵向比较存在一定的困难,以面板数据为研究对象的Malmquist指数法有效地克服了这一难题,提高了测度的适用性与有效性。

Malmquist指数法的基本思想是在投入—产出分析的基础上,通过计算距离函数D的比率来确定各决策单元的投入效率。在投入要素为x、产出为y的条件下,设定t期的生产可能性集S_t为:

$$S_t = \{x_t, y_t\} \tag{6.6}$$

在一定的决策单元(DMU)内,根据生产可能性集,将i个个体在t期的距离函数D_i^t表示为:

$$D_i^t(x^s, y^s) = \inf\{\theta \mid (x^s, y^s/\theta) \in S_t\} \tag{6.7}$$

当$D_i^t(x^s, y^s) < 1$时,投入—产出组合在生产可能性集内;当$D_i^t(x^s, y^s) = 1$时,投入—产出组合在生产可能性集的边界上。参照t期和t+1期的技术参数,费雪(Fisher,1992)等学者对两期的全要素生产率的增长率进行几何平均,构建了反映全要素生产率变化情况的M指数(Tfpch):

$$\begin{aligned}\text{Tfpch} &= M(x_i^t, y_i^t, x_i^{t+1}, y_i^{t+1}) = (M_t \cdot M_{t+1})^{1/2} \\ &= \left[\frac{D_i^t(x_i^{t+1}, y_i^{t+1})}{D_i^t(x_i^t, y_i^t)} \cdot \frac{D_i^{t+1}(x_i^{t+1}, y_i^{t+1})}{D_i^{t+1}(x_i^t, y_i^t)}\right]^{1/2}\end{aligned} \tag{6.8}$$

其中,D_i^t和D_i^{t+1}分别表示i地区t时期和t+1期技术水平条件下的距离函数。进一步对式6.8进行分解得出:

[①] 章祥荪、贵斌威:《中国全要素生产率分析:Malmquist指数法评述与应用》,载于《数量经济技术经济研究》2008年第6期。

$$M(x_i^t, y_i^t, x_i^{t+1}, y_i^{t+1}) = \frac{D_i^{t+1}(x_i^{t+1}, y_i^{t+1})}{D_i^t(x_i^t, y_i^t)} \cdot \left[\frac{D_i^t(x_i^t, y_i^t)}{D_i^{t+1}(x_i^t, y_i^t)} \cdot \frac{D_i^t(x_i^{t+1}, y_i^{t+1})}{D_i^{t+1}(x_i^{t+1}, y_i^{t+1})}\right]^{1/2}$$
$$= EF \times TC \tag{6.9}$$

其中，EF（Effch）代表 t 期到 t+1 期内技术效率的变动情况；TC（Techch）表示此时间段内的技术进步率。为进一步对技术效率变化（EF）的构成进行细化，对规模报酬变化条件下的 Malmquist 指数进一步进行分解，如下：

$$M(x_i^t, y_i^t, x_i^{t+1}, y_i^{t+1}) = \frac{D_v^{t+1}(x_i^{t+1}, y_i^{t+1})}{D_v^t(x_i^t, y_i^t)} \cdot \left[\frac{\dfrac{D_v^t(x_i^t, y_i^t)}{D_c^t(x_i^t, y_i^t)}}{\dfrac{D_v^{t+1}(x_i^{t+1}, y_i^{t+1})}{D_c^{t+1}(x_i^{t+1}, y_i^{t+1})}}\right] \cdot$$
$$\left[\frac{D_c^t(x_i^t, y_i^t)}{D_c^{t+1}(x_i^t, y_i^t)} \cdot \frac{D_c^t(x_i^{t+1}, y_i^{t+1})}{D_c^{t+1}(x_i^{t+1}, y_i^{t+1})}\right]^{1/2}$$
$$= (PE \times SE) \times TC$$
$$= EF \times TC \tag{6.10}$$

其中，D_c^t 和 D_v^t 分别表示决策单元在 t 期规模报酬不变和规模报酬发生变化等状态下的距离函数。PE 表示在规模报酬变动情况下，短期内引起全要素生产率增长的纯技术效率变化程度，即各决策单元相对于生产前沿的距离；当 PE>1 时，表示技术效率得到有效改善，PE<1 则表示技术的使用效率呈退步趋势。SE 代表规模报酬的变化，当 SE>1 时，规模报酬呈递增的趋势，反之则为规模报酬递减。而 TC 代表长期的技术进步情况，TC>1 则表示技术获得进步。[1]

Malmquist 指数测度方法利用各种要素的投入与产出关系，将全要素生产率增长的来源划分为：技术使用效率的改善和技术进步两部分；与此同时，将技术使用效率的改善进一步分解为：纯技术效率变动和规模报酬的变动。因此，全要素生产率的增长来源主要包括：（1）技术的进步；（2）纯技术使用效率的改善；（3）规模报酬的变动；这一分解为测算各因素的贡献率及作用机制提供了良好的理论基础和分析方法。

---

[1] 岳书敬、刘朝明：《人力资本与区域全要素生产率分析》，载于《经济研究》2006年第4期。

6.2 经济新常态下我国 TFP 增长率的动态测度

本节的实证分析采用 DEA 数据包络理论和 Malmquist 指数测算法，选取了中国 31 个省（市、区）为决策单元，对 1990~2014 年的全要素生产率变化情况进行面板数据分析，以更好地反映中国经济增长的质量。

6.2.1 指标选取和说明

1. 投入变量

（1）资本投入量。在资本投入的指标选择中，直接采用固定资产形成额单一的指标难以剔除价格因素的影响，因此，邹至庄等（Chow,1993）[①] 学者提出了永续盘存法，有效地克服了这一问题。

$$K_t = (1-\delta)K_{t-1} + I_t \tag{6.11}$$

其中，K_t 和 K_{t-1} 分别表示第 t 期和 t-1 期的社会资本存量，I_t 为 t 期追加的资本量，δ 为资本折旧率。该方法的测度结果依赖于对基期和折旧率的设定，目前，我国大量学者根据各自研究需要与具体对象，对不同的基期和折旧率水平上的资本存量进行测算。

本书借鉴了张军等学者（2004）[②] 对各省资本存量的测算，以 1990 年的资本存量为基期，选用 9.6% 的折旧率，以固定资产形成额指标为基础，对中国 1991~2014 年各省的资本存量进行测度。由于广东、西藏、浙江等省份部分年度固定资本投资价格指数的缺失，进一步借鉴了龚六堂和谢丹阳（2004）[③] 的处理方法，采用商品零售价格指数（RPI）来替代。

[①] Chow G. C., Capital Formation and Economic Growth in China. *Quarterly Journal of Economics*, Vol. 108, No. 3, 1993, pp. 809–842.

[②] 张军、吴桂英、张吉鹏：《中国省际物质资本存量估算：1952—2000》，载于《经济研究》2004 年第 10 期。

[③] 龚六堂、谢丹阳：《我国省份之间的要素流动和边际生产率的差异分析》，载于《经济研究》2004 年第 1 期。

（2）劳动力投入量。经济社会发展过程中劳动力的投入主要体现在从事劳动生产的人口数量和劳动力质量上，由于劳动力质量测度指标和数据的缺乏，本部分的研究选用各省的从业人员数量作为主要的劳动投入量指标，所需数据来源于中经网的地区数据和各年《人口与就业统计年鉴》等数据库。

2. 产出变量

一般而言，GDP 和 GNP 是衡量一国或一个地区经济总量的主要指标（吴三忙，2007）[1]。尽管学者对 GDP 的核算存在一定的分歧，但选用各地的 GDP 总值作为体现产出能力的指标这一研究方法得到一致认可。因此，本节选用各省的生产总值作为主要的产出指标，为避免在平减过程中产生的不合理调整和偏差，产出指标直接采用各省当年的 GDP 数据（刘秉镰，2009）[2]。

6.2.2 我国 TFP 增长率的测度结果说明

1. TFP 增长率动态变化趋势测度

本书使用 DEAP 2.1 软件，根据全国及各省的投入—产出面板数据，测算了 1990 年以来我国的全要素生产率变化趋势及其构成，结果如下：

表 6–1　1990~2014 年我国全要素生产率 Malmquist 指数分解

	effch	techch	Pech	Sech	Tfpch	GDP 增长率：%
1990~1991	1.095	0.924	1.063	1.030	1.012	9.3
1991~1992	1.072	1.008	1.064	1.007	1.080	14.3
1992~1993	1.033	1.093	1.035	0.998	1.129	13.9

---

[1] 吴三忙：《全要素生产率与中国经济增长方式的转变》，载于《北京邮电大学学报（社会科学版）》2007 年第 1 期。

[2] 刘秉镰、李清彬：《中国城市全要素生产率的动态实证分析：1990—2006——基于 DEA 模型的 Malmquist 指数方法》，载于《南开经济研究》2009 年第 3 期。

续表

	effch	techch	Pech	Sech	Tfpch	GDP 增长率:%
1993~1994	1.080	1.060	1.065	1.014	1.145	13.1
1994~1995	1.090	1.019	1.057	1.031	1.111	11.0
1995~1996	1.028	1.030	1.015	1.012	1.059	9.9
1996~1997	0.998	1.022	1.001	0.997	1.020	9.2
1997~1998	0.983	1.000	0.988	0.995	0.983	7.8
1998~1999	0.981	0.994	0.979	1.001	0.975	7.6
1999~2000	0.990	1.022	1.001	0.990	1.012	8.4
2000~2001	1.001	0.997	0.994	1.008	0.998	8.3
2001~2002	0.998	0.999	0.990	1.008	0.997	9.1
2002~2003	1.014	0.988	1.015	0.999	1.001	10.0
2003~2004	1.048	0.999	1.033	1.015	1.047	10.1
2004~2005	1.001	1.021	0.993	1.008	1.022	11.3
2005~2006	1.001	1.005	0.997	1.003	1.005	12.7
2006~2007	0.969	1.068	0.972	0.997	1.034	14.2
2007~2008	0.989	1.042	0.991	0.998	1.031	9.6
2008~2009	0.957	0.955	0.955	1.002	0.915	9.6
2009~2010	0.980	1.029	0.975	1.005	1.008	9.2
2010~2011	0.968	1.062	0.995	0.972	1.028	10.6
2011~2012	0.919	1.039	0.962	0.955	0.954	9.5
2012~2013	0.923	1.021	0.962	0.960	0.943	7.7
2013~2014	0.920	1.031	0.951	0.967	0.949	7.7
均值	1.000	1.017	1.002	0.999	1.018	10.17

在 1990~2014 年，我国的 TFP 均值为 1.018，即保持年均 1.8% 的增长率；TFP 对经济增长的年均贡献率为 17.7%，这一结论在很大程度上证明了截至 2014 年我国的经济增长仍主要依赖于要素投入的驱动，技术进步和创新对经济增长的推动作用较弱，推动 TFP 的有效增长是转变经济增长方式的关键。在此阶段内，TFP 的增长主要来源于技术进步

的推动，这与金相郁（2007）[①] 等的测算结论相一致。其中，Techch 的平均值为 1.017，即技术进步实现了年均 1.7% 的增长；与技术进步的持续增长相比，技术使用效率 effch 的增长趋势则较为微弱，其中纯技术效率 pech 的年均增长率仅为 0.2%，而规模报酬 sech 的增长则呈下降趋势；因规模报酬下降引起的技术使用效率弱化是当前阻碍我国 TFP 进步和经济增长质量稳步提高的主要原因。

从长期来看，TFP 的增长率呈现出显著的阶段性特征：

（1）1990~1997 年持续增长阶段。自 20 世纪 90 年代以来，随着城镇化建设的不断推进和经济体制改革的深化，技术进步获得较快发展；此外，城镇化过程中要素资源配置效率的不断提高和企业管理能力的改善也使技术效率在总体上呈现递增的趋势，1997 年以前我国技术效率指数均大于 1；在技术进步和技术效率的双重推动下，1997 年 TFP 对经济增长的贡献率达到 25.6%。（2）1998~2002 年递减阶段。在全球信息化和网络化的背景下，亚洲金融危机的爆发对中国的技术创新与全要素生产率的增长形成不利的国际冲击；与此同时，受到国内特大洪水等自然灾害的影响，TFP 的增长率受挫呈递减趋势；在此阶段内，技术进步指数（techch）和技术效率指数（effch）均降至 1 以下，TFP 增长率降低了 2 个百分点。（3）2003~2008 年逐渐恢复阶段。随着国内外经济秩序的不断恢复，技术进步对 TFP 增长的推动作用迅速回升，到 2004 年 TFP 的增长率达到峰值 1.047，TFP 的 GDP 贡献率增至 46.5%，之后逐渐回归至平稳增长的状态。（4）2008 至今低迷发展阶段。2008 年全球性金融风暴的全面爆发和国内发展问题的不断呈现，使我国 TFP 发展的环境恶化，虽然技术进步水平在提升，但技术的使用效率持续降低，其中，到 2014 年纯技术效率和规模报酬增长率分别下降了 3.3% 和 5.1%，从而拉低了 TFP 的整体增长。

（2）地区增长的异质性分析。1990~2014 年，TFP 增长最快的北京，指数达到 1.111，即全要素生产率实现了年均 11.1% 的增长；而增长率退步较大的省份新疆，均值为 0.937，年均增速降低 6.3%；在全部省份中，TFP 指数 >1 的有效率省份约占 67.74%。同时，对比结果显示，近年来，在影响我国全要素生产率增长的各要素中，技术进步指

[①] 金相郁：《中国区域全要素生产率与决定因素：1996-2003》，载于《经济评论》2007 年第 5 期。

数的增长是 TFP 增长的主要动力。与技术进步指数相比，技术效率指数获得持续增长的有效率省份占比较低，仅占 41.94%，一半以上的省份技术效率呈负增长。因此，当前，技术效率的降低是阻碍我国经济持续增长和经济效率提高的主要原因。

表 6-2　　1990~2014 年我国各省全要素生产率指数及分解情况汇总

指标名称	指标	最大值	最小值	均值	1< 的省份数	有效率省份占比%
技术效率	Effch	1.038	0.973	1.000	18	41.94
技术进步	Techch	1.111	0.96	1.017	10	67.74
纯技术效率	Pech	1.03	0.981	1.002	13	58.06
规模报酬	Sech	1.038	0.981	0.999	20	41.94
全要素生产率	Tfpch	1.111	0.937	1.018	8	74.19

进一步对技术效率指数的影响因素进行分解，可以看出，在纯技术使用效率因素和规模报酬因素中，纯技术使用效率指数的均值大于 1，有效率的省份占比为 58%，对经济增长的推动作用显著，因此，导致我国整体技术使用效率指数增长弱化的根本原因在于规模报酬指数增长的滞后性。到 2014 年，规模报酬指数的均值仅 0.999，其中 20 个省份的增长率为负值，仅 11 个省份的规模报酬指数呈正增长。这一结论表明，在技术进步和创新驱动的过程中，现有的市场规模、环境和企业组织能力未能充分促进高新技术产业集聚过程中规模经济的形成和正向外部性的发挥，在城市规模不断扩张与要素空间流动的城镇化过程中，通过要素集聚效应和扩散效应为技术创新驱动提供传播媒介和平台是新常态下实现经济持续有效增长的关键。

在 TFP 整体变动呈现出的上述阶段性特征外，由于各地的资源配置状况、市场规模和技术水平不同，地区之间的全要素生产率指数也表现出显著的异质性。因此，本书对东部、中部、西部和东北部四大经济区域内各省份的 TFP 指数及其分解结果进行汇总，详见表 6-3 所示。

表6-3　1990~2014年不同地区间各省份的TFP指数对比及分解

	effch	techch	pech	sech	tfpch
西部地区：12					
内蒙古自治区	0.993	1.022	1.003	0.990	1.016
新疆维吾尔自治区	0.995	1.050	0.994	1.001	1.045
宁夏回族自治区	0.999	1.022	0.988	1.011	1.021
青海省	0.991	1.009	0.984	1.007	1.000
甘肃省	1.017	1.008	1.020	0.997	1.025
陕西省	1.020	1.014	1.025	0.996	1.035
西藏自治区	1.038	1.024	1.000	1.038	1.063
贵州省	1.026	0.977	1.030	0.996	1.002
四川省	1.014	0.996	1.008	1.006	1.010
重庆市	1.015	0.998	1.020	0.995	1.013
广西壮族自治区	0.996	0.991	1.002	0.994	0.987
云南省	0.976	0.960	0.981	0.994	0.937
东部地区：10					
海南省	0.993	1.043	0.985	1.008	1.036
河北省	1.003	1.002	1.010	0.992	1.004
广东省	0.981	1.049	1.000	0.981	1.029
山东省	1.000	1.014	0.997	1.003	1.014
福建省	0.991	1.018	1.000	0.991	1.009
浙江省	0.998	1.034	1.006	0.992	1.032
江苏省	1.010	1.032	1.004	1.006	1.042
天津市	0.998	1.051	0.999	0.999	1.049
北京市	1.000	1.111	1.000	1.000	1.111
上海市	0.996	1.096	0.999	0.997	1.092
东北部：3					
黑龙江省	0.984	1.033	0.989	0.995	1.016
吉林省	0.993	1.006	0.996	0.997	0.998
辽宁省	0.973	1.020	0.985	0.988	0.992

续表

	effch	techch	pech	sech	tfpch
中部地区：6					
山西省	0.994	1.015	0.999	0.996	1.010
河南省	1.010	0.999	1.007	1.003	1.009
湖北省	0.997	0.990	1.000	0.997	0.987
湖南省	1.020	0.991	1.016	1.004	1.011
安徽省	0.992	0.984	0.997	0.996	0.977
江西省	1.002	0.989	1.009	0.993	0.991

对比发现，近年来我国东部地区各省份的TFP呈持续增长的态势，取值均>1，其中北京、上海的年均增长率超过9%，经济增长效率水平较高；而河北省的增长率相对较低，年均增速为0.4%。

在西部大开发战略的推动下，除广西、云南等省呈负增长外，西部地区绝大部分省份的全要素生产率也获得持续增长（均值>1），在TFP增长的推动下，西藏和新疆在2014年的GDP增速均超过10%，全要素生产率的持续增长很好地诠释了近年来西部各省经济增长中后发优势的发挥。

与东西部地区TFP持续增长的趋势相比，中部地区和东北部的TFP增长相对滞后。在中部六省中，TFP获得持续增长的省份为山西、河南和湖南省，平均增速在1%左右；而江西、湖北、安徽等地的TFP指数均<1，其原因主要在于中部省份自主研发与高新技术引进能力薄弱，技术进步的增长与发达的东部地区相较呈现出显著的滞后性；此外，由于人才的流失和资源配置不合理等问题的存在，高新技术的使用效率随之降低也是造成安徽、湖北等地经济效率较低的重要原因。

此外，东北地区的TFP增长率也处于较低水平，除黑龙江获得年均1.6%的增长外，吉林和辽宁的全要素增长率均呈递减的趋势，且主要体现在技术使用效率的递减上。近年来，随着对东北地区自然资源开发的限制和保护力度的加大，以及劳动人口与高端人才外流问题的加剧，技术进步的规模报酬效益难以发挥，产业集聚程度的下降也降低了技术创新的产业转化能力，技术使用效率的弱化使东北老工业基地的经济增长方式转型升级较为乏力。

通过不同地区的对比可以得出，我国的 TFP 增长率对经济增长数量和增长质量的提升发挥着至关重要的作用，在经济环境良好的地区，技术进步和创新驱动逐渐形成并能得到有效发挥；而在市场环境相对落后的地区，技术进步水平及高新技术的使用效率较低，进一步加剧了经济增速下滑的趋势。因此，推动全要素生产率有效增长，不仅是经济新常态下供给侧结构性改革的重要构成部分，也是未来经济实现持续、健康、高效增长的技术保障，对我国各省的全要素生产率及其影响因素进行系统研究具有重要的理论意义和现实意义。

6.3 我国城镇化建设与 TFP 增长率的实证研究

根据马克思劳动生产率理论，资本家在剩余价值的处理过程中，通过资本积累增加资金投入，购买先进机器设备，扩大生产规模，资本积累的必然结果是资本劳动比例和资本有机构成不断提高，在客观上推动着劳动生产率的改善，是实现生产力发展水平提升的重要因素。马克思在社会资本运动的分析中提出，基于资本积累及资本有机构成不断提高的历史趋势，社会生产的发展呈现出物质资料生产部门优先增长的客观规律，与此同时，马克思进一步强调了各部门比例关系的协调在社会再生产顺利实现中的重要作用。

克鲁格曼（Krugman，1994）[1] 在对亚洲经济增长的研究中提出，东亚国家的增长模式与苏联的增长类似，主要依赖于资本要素的积累，缺乏技术进步和全要素生产率提升的推动；而在美国经济的长期增长过程中，要素投入的贡献仅占 20%，技术进步的推动作用达到 80%。因此，他认为亚洲国家的经济增长是要素投入的结果而非生产效率的提高，这种增长是不可持续的（徐杰，2010）[2]。克鲁格曼的这一结论受到大量学者的质疑，其中，有学者提出东亚国家的 TFP 在经济增长中起到重要作用，以新加坡为例，到 1990 年新加坡的 TFP 年均增长率高达

---

[1] Krugman P., The Myth of Asias Miracle. *Foreign Affairs*, Vol. 73, No. 6, 1994, pp. 62 - 78.

[2] 徐杰：《中国全要素生产率的估算及其对经济增长的贡献研究》，昆明理工大学 2010 年。

1.45%。亚洲"四小龙"成功跨越中等收入陷阱并挤入高收入国家（地区）行列这一事实打破了克鲁格曼对于东亚经济奇迹不可持续的预言，那么克鲁格曼理论与现实经济发展之间存在较大差异的原因何在？蔡昉（2013）[①] 等学者从人口迁移的视角对其进行解读，认为克鲁格曼等学者只关注到要素供给和资本报酬递减等条件假设，而忽略在城乡经济发展过程中，劳动力资源流动和配置所产生的巨大"人口红利"，及其对技术进步和 TFP 增长的推动作用。

近年来，随着我国劳动人口增速的递减和人口老龄化问题的加剧，在资本投入的增加和劳动供给增速放缓的双重作用下，产业中资本—劳动比例迅速提高，劳动生产率在获得较快增长后逐渐面临着资本边际报酬递减的瓶颈，现实经济中物质资本增长快于劳动力供给的现象使大量制造业出现了产能过剩、投资回报率低等问题（蔡昉，2015）[②]。与此同时，我国就业人口的人力资本水平整体不高现状，使日益减少的劳动力供给面临着供给质量不高的"双重"挑战，成为制约经济结构转型升级的主要障碍。从受教育程度来看，到 2016 年，全部就业人口中仅 16% 的劳动者接受了大专及以上高等教育，而取得硕士研究生及以上的学历的群体只有 0.5%；教育型人力资本的积累程度远低于欧美发达国家，创新能力相对较低。在中国的经济增长中，农业人口向城镇非农业的流动和集聚作为城镇化建设的主要实现形式，对全要素生产率提高的贡献率接近 50%。人口迁移的城镇化建设在很大程度上弥补了资本报酬递减与人力资本供给不足的消极影响，是经济增长的重要动力机制之一。因此，基于上述学者研究，本节拟从城镇化建设的视角，对中国经济发展过程中城镇化建设的有序推动对全要素生产率增长的作用机制及相关经验进行深入剖析。

6.3.1 作用机制说明

根据对 TFP 的 DEA – Malaquist 指数分解，可以看出全要素生产率

[①] 蔡昉：《中国经济增长如何转向全要素生产率驱动型》，载于《中国社会科学》2013 年第 1 期。

[②] 蔡昉：《全要素生产率是新常态经济增长动力》，载于《北京日报》2015 年 11 月 23 日。

的增长主要取决于技术进步水平和技术效率两方面的因素。其中,技术进步主要通过区域内自主研发和创新(R&D)投入、区域间技术引进等途径实现;技术效率的改善则依赖于市场规模的扩大、要素的集聚和政策体制的完善等因素。城镇化对全要素生产率的作用机制可以通过对技术进步和技术效率的中介效应来体现。

(1)城镇化集聚效应促进人力资本的积累。人力资本水平的提升与全要素生产率的提高相辅相成,既是实现创新驱动的主要源泉,也是创新驱动的归宿。在资本积累不断增强和劳动力供给数量既定的条件下,人力资本的提高成为全要素生产率改善的重要依托。

我国的城镇化建设以城乡间人口的迁移和集聚为主要实现载体,在社会主义初级阶段的市场经济运行过程中,我国劳动力资源迁移的主要模式是由农村向城镇流动,而农业人口迁移和市民化的实现均以获得城镇非农就业岗位为依托。从迁移个体出发,城市较高的岗位工资和良好的发展空间吸引着大量劳动力资源集聚,理性的劳动者为获得更高的收入和发展机会,会自发地增强自身受教育程度、职业技能培训、健康程度等人力资本投入,形成劳动力素质提升效应的内生动力,城镇劳动力市场竞争的增强推动着人力资本的积累;同时,城镇优良的教育资源、医疗卫生等基础设施和贸易条件,为迁移农民及其子女人力资本的积累提供了良好的外部环境,有利于迁移农民及其家属文化水平和综合技能的提升;城镇化过程中第二、第三产业集聚程度的增强,使劳动分工持续深化,对专业化人才的需求增加,市场规模的扩大为产业结构的优化和人才流动提供了更为广阔的市场空间,引导劳动力资源供给与企业需求有效匹配,形成劳动力结构优化的外部推力,提高资源使用效率,对人力资本的提升起积极的推动作用。

此外,劳动人口向城镇集聚的过程中,增加了技术进步和研发等战略新兴产业所需创新人员的供给总量,尤其是企业中就业人数的增加和生产规模的扩大为自主创新人员的培养提供了平台,有利于降低企业自主研发与技术引进的门槛和风险,提高技术使用效率。城镇化过程中劳动力资源的集聚通过人力资本这一媒介对全要素生产率及经济增长发挥作用。

(2)城镇化推动下的技术创新扩散效应。在经济增长过程中,构建完善的技术创新系统需推动技术研究机构与实体企业深入融合,促使科技创新成果转化为社会生产力（张苏梅等，2001）[①]；而技术创新要发挥作用，创新成果的有效使用与扩散至关重要。当前，技术创新的扩散主要通过两个途径：第一是渗透效应，即在不同城市等级间实现由上至下的逐级传播渗透；第二是扩展效应，这一作用机制主要体现在地理区域相连接的地区之间，技术进步和创新从核心地区向外围地区扩散。

从构成要素来看，技术创新的形成及扩散是技术研发源、联通渠道、空间梯度和技术外溢等四方面因素共同作用的产物。其中，技术研发源是指在技术、创新要素集聚的城市部门中，主要从事研究创新的高校、研究机构以及科技型企业等组织机构，是技术创新的源泉；技术创新的联通渠道是指，在技术研发源区域内部，构建知识、信息、技术、创新实现与传递的条件和渠道，主要表现为城镇内部基础设施网络体系的构建和不断完善；空间梯度则表现为经济发展过程中城乡之间、城镇之间、城市之间在技术进步和创新能力方面存在的地域差异，进而使得创新实力较强的城市成为技术进步与创新的核心区域；技术外溢则是指，在核心区域的带动下，高新技术产业和创新产品向周围地区辐射和渗透，从而带动区域整体技术水平的提高。

在区域发展实践中，基于核心区域的带动，创新驱动的形成在很大程度上受到地域空间因素的制约，而通过以人为本的新型城镇化建设，以城市科技创新源为节点，构建便捷高效的交通、信息、网络通道，增强核心区域对边缘地区的技术辐射和渗透，逐渐形成覆盖城乡的技术创新研发与推广的网络体系，为技术创新驱动生产力发展打下良好基础；此外，城乡间劳动力的迁移和流动亦为技术创新成果和知识的共享与扩散提供了桥梁和媒介（魏下海和王岳龙，2010）[②]。

（3）城镇化建设推动行政管理体制改革的全面深化。在城镇化建设推动技术创新的同时，行政管理体制的改革与完善作用不可忽视。首先，城镇化过程中非农产业及要素在城市的形成与集聚，倒逼着中国特色社会主义市场经济体制的逐步完善。随着城镇部门产业要素的集聚，专业分工与市场化程度不断提高、部门规模持续扩张、市场竞争日益多

[①] 张苏梅、顾朝林、葛幼松、甄峰：《论国家创新体系的空间结构》，载于《人文地理》2001年第1期。

[②] 魏下海、王岳龙：《城市化、创新与全要素生产率增长——基于省际面板数据的经验研究》，载于《财经科学》2010年第3期。

元化等新特征对我国行政管理体制的改革和完善提出新要求，改革的动力更加明确。在经济体制改革过程中，正确处理好政府与市场的关系是改革的主线。在城镇化的推动下，改革的全面深化，需以市场需求为导向，以维护最广大人民的根本利益为宗旨，转变政府发展理念与政府职能，不断推动行政管理体制向公共行政体制过渡，减少不必要的行政审批环节和门槛，降低企业（尤其是中小型企业）运营的制度成本，在加强法治政府、责任政府、服务政府建设的同时，加强市场监管，维护市场秩序，优化公共服务，以充分发挥市场在资源配置中的决定性作用。其次，技术创新的实现主体和前提是创新人才的形成和培养，而城镇化过程中劳动力资源流动的增强为城乡人才制度、户籍制度、土地制度等改革的全面深入提供了新的动力。近年来，我国在全面深化体制改革的过程中逐渐取消了城乡户籍登记制度对人口流动的限制，创新人才的培养与引进机制逐步完善，农村土地确权工作稳步推进，从多维度降低了劳动力、土地、资本、技术等资源区域间流动与共享的政策门槛和成本，在促进城乡要素自由、平等交换方面取得一定成效。为有效扭转我国过去经济发展在核心技术上较强的外部依赖局面，近年来，供给侧结构性改革的有序推进以自主创新为核心内容之一，积极地从制度层面构建鼓励自主创新的体制机制，加大对自主创新的技术研发支持力度，逐步形成鼓励自主创新、推动技术引进模仿与自主创新深入融合的制度供给。在自主创新宏观制度环境持续改善的同时，相关用人体系与激励机制的陆续出台也为具有较强创新能力的科研人员和企业家的培养、引进并发挥作用提供了制度保障，政府行政体制的改革从政策层面释放出强劲的鼓励技术创新信号。除对劳动力、土地、技术等要素发挥作用外，资本的流动也是城镇化建设的重要组成部分，在资本收益率不断降低的背景下，生物产业、新能源汽车、高端装备制造业、新兴信息产业等战略性新兴产业的发展，对高新技术研发、信息网络构建以及金融市场的供给提出新要求，因此，城镇化过程中产业结构的优化升级与市场需求的变化亦推动着金融体制改革的不断深化，推动着科技金融创新的逐渐形成，以促进创新产业规模经济的形成，提高资本回报率及社会生产效率。

6.3.2 城镇化推动 TFP 增长的经验分析

为了更详细地说明城镇化对我国全要素生产率增长的作用程度,在上述理论分析的基础上,本节对 1995~2014 年来的 TFP 增长率影响因素进行时间序列实证分析,具体指标选取和数据来源说明如下:

1. 指标选取和说明

(1) 主要关注变量:城镇化建设指标。为反映城镇化建设过程中人口集聚和城市规模扩大对全要素生产率的影响,本节选取了人口城镇化率(urb:%)和城市建成区面积(are:平方公里)等指标来反映我国的城镇化建设水平,其中人口城镇化率用城镇常住人口的占比来表示,反映了城市人口的集聚程度和市场规模,数据均来自 1996~2014 年《中国统计年鉴》。

(2) 相关控制变量:①人力资本因素。在人口红利不断消失的时代背景下,劳动力供给减少对经济增长的负面影响逐渐呈现,在现有供给数量下,通过人力资本水平的提高来推动全要素生产率的增长成为未来经济持续发展的重要实现形式,人力资本既是技术创新的源泉,也是技术创新及知识的使用和扩散主体。本节对人力资本的核算主要采用平均受教育年限这一指标,将受教育程度划分为文盲、小学、初中、高中和大专及以上等五个等级,分别将其受教育年限 year 设定为 0、6、9、12 和 16 年,据此来测算各省不同年份的平均受教育年限(edu:年),即 $edu_i = \sum pop_i \cdot year_i (i \sim 1, 2, \cdots, 5)$,其中 pop_i 表示各层次受教育水平人口数占 6 岁以上总人口数的比重,数据均来源于各年《中国人口与就业统计年鉴》。

②技术创新(R&D)投入要素。在全要素生产率的构成部分中,技术进步率的大小在很大程度上取决于技术创新过程中的从业人员数量和资金投入。本节的实证分析,拟选取 R&D 研发经费支出指标(mon:亿元)来反映我国对自主研发的物质投入程度;同时,还选取了 R&D 从业人员数量(cap:万人)作为控制变量之一。此外,进一步对交通运输基础设施的建设情况进行控制,以反映城镇化建设过程中人口迁移和技术扩散的运输成本,用公路铁路公里数(tri:万公里)来表示。

③对外贸易状况。对外贸易的总体水平通过净出口总额的 GDP 占比来表示，在数据的处理过程中，根据各年的汇率对净出口总额进行折算。此外，外国资本流入也是促进本国技术进步和使用效率提高的重要条件，外国资本的投资状况选用外商直接投资的 GDP 占比（inv：%）这一指标。

（3）因变量。全要素生产率的增长是经济增长的重要构成，也是衡量经济增长效率的主要标准，因此，本节的分析以 TFP 的年增长率为因变量。在此基础上，为进一步体现城镇化对全要素生产率增长各构成部分的影响程度，分别以技术进步增长率（tech）和技术效率增长率（eff）为因变量进行对比分析。

表 6-4　　　　　　　指标说明及描述性统计

变量名称	指标	Mean	Std. Dev.	Min	Max
人口城镇化率：%	urb	42.283	8.075	29.04	54.77
城市建成区面积：平方公里	area	31861.68	9942.06	19264	49772.63
平均受教育年限：年	edu	8.0275	0.716	6.72	9.13
铁路、公路公里数：万公里	tri	278.87	129.49	121.94	460
外商投资的 GDP 占比：%	inv	2.864	1.283	1.15	5.11
R&D 从业人员量：万人	cap	169.558	99.685	75.2	371.06
R&D 科研经费：亿元	mon	3969.569	4106.86	302.36	13015.63
TFP 增长率	tfp	0.005	0.04430	-0.08	0.11
技术进步增长率	Tech	0.0175	0.0253	-0.04	0.07
技术效率增长率	Eff	-0.012	0.04149	-0.08	0.09

2. VAR 模型回归结果分析

通过对 1995~2014 年各时间序列变量的平稳性进行 ADF 检验，确定因变量与自变量之间存在一定的协整关系，并构建二阶滞后向量自回归（VAR）模型，如下：

$$tfp_t = \sum_{i=1}^{2} \alpha_i tfp_{t-i} + \sum_{i=1}^{2} \beta_1 Lnurb_{t-i} + \sum_{i=1}^{2} \beta_2 Lnare_{t-i} + \chi_1 edu_t + \chi_2 Lntri_t + \chi_3 inv_t + \chi_4 Lncap_t + \chi_5 Lnmon_t + \mu_t \qquad (6.13)$$

在 Stata 12 软件实证分析的基础上,将技术进步增长率(Tech)和技术效率增长率(Eff)与全要素生产率的增长率(Tfp)的回归结果一并呈现,对比结果详见表6-5所示。

表6-5　　　　　多元变量时间序列回归结果对比

	变量名称	Tfp 增长率	Tech 增长率	Eff 增长率
滞后变量	L1. tfp	0.324** (2.55)	0.418* (2.38)	-0.132 (-0.84)
	L2. tfp	0.355** (2.54)	0.219* (1.07)	-0.316 (-1.68)
主要关注变量	L1. lnurb	6.013*** (3.97)	6.765** (3.50)	1.573 (1.59)
	L2. lnurb	-7.971*** (-5.99)	-6.089** (-3.42)	-2.460** (-2.80)
	L1. lnare	0.712** (2.78)	0.370 (1.57)	-0.370 (-1.48)
	L2. lnare	-0.176 (-0.62)	-0.345 (-1.15)	0.566** (2.50)
控制变量	lnmon	0.454*** (3.96)	-0.215 (-1.57)	0.389*** (4.09)
	edu	-0.0376 (-1.17)	-0.0282 (-0.86)	0.0135 (0.63)
	Lncap	0.428*** (4.76)	-0.171 (-1.51)	-0.409*** (-5.74)
	Lntri	0.217*** (5.88)	0.0831* (2.40)	0.0044 (0.11)
	inv	0.119*** (3.79)	-0.057 (-1.53)	0.108*** (4.12)
	_cons	-1.141 (-1.12)	-2.241* (-2.01)	-0.202 (-0.26)

续表

变量名称	Tfp 增长率	Tech 增长率	Eff 增长率
调整的 R^2	0.9999	0.9329	0.9344
F 统计量 P 值	0.0000	0.0002	0.0005
AIC	-19.1169	-19.83	-19.46

注：$*p<10\%$，$**p<5\%$，$***p<1\%$。

在回归过程中，各模型的拟合结果良好，均通过 F 检验和 AIC 检验。此外，对三个模型的回归结果分别进行稳定性检验，各单位根均落在单位圆内，结果稳定，如图 6-1 所示。

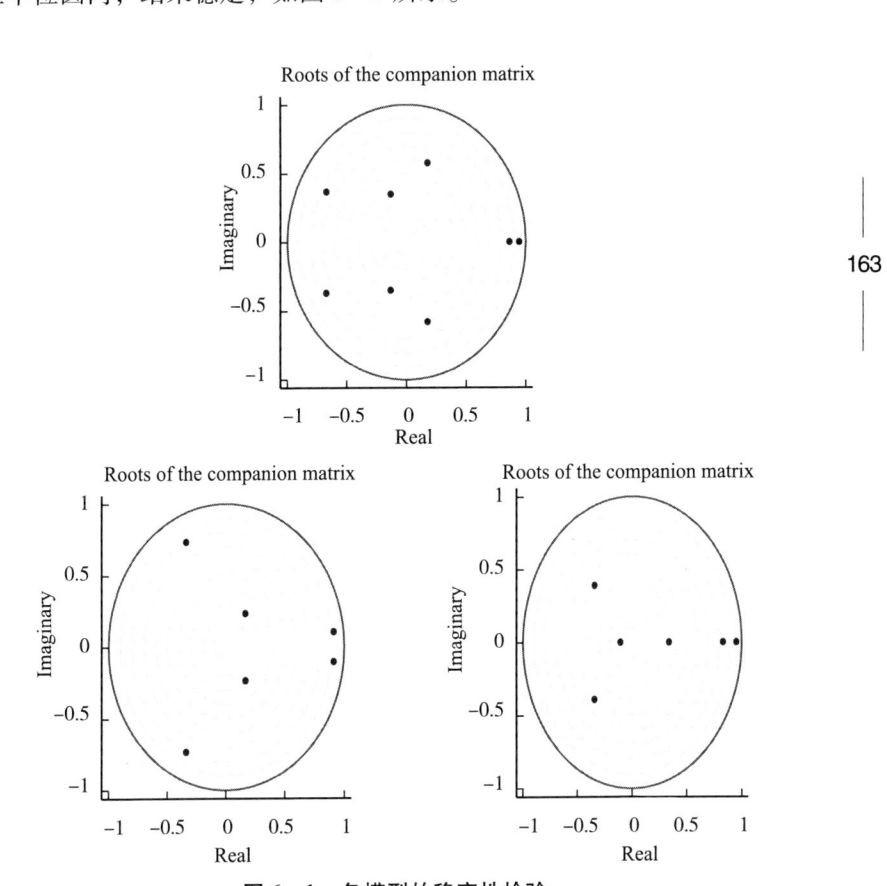

图 6-1　各模型的稳定性检验

在 Tfp 回归模型中，因变量滞后两期的影响系数分别为 0.324 和 0.355，且均在 5% 的水平上显著，即全要素生产率上两期的增长水平对当期的增长均产生正向效应，这一正向效应主要通过技术进步的模型来体现，过去的技术进步水平为当期和未来的全要素生产率提高打下了良好基础，且上一期的正向作用程度大于滞后两期的效应，系数分别为 0.418 和 0.219；在技术效率模型中，增长的惯性作用不显著。

（1）在主要关注的变量中，常住人口城镇化率（Lnurb）对全要素生产率增长的作用机制具有明显的滞后性。滞后一期的系数为 6.013，在 1% 的水平上显著，即人口城镇化率每提高 1%，全要素生产率增长的可能性将提高 6%；通过对 Tech 模型和 Eff 模型的回归结果进行对比发现，人口城镇化率滞后一期的系数在技术效率模型中并不显著；城镇化建设主要作用于技术进步水平的提高，人口在城镇的集聚形成了技术进步的动力，其系数为 6.765。

同时，在三个模型中，人口城镇化率滞后两期（L2.Lnurb）的系数均显著为负数，分别为 −7.971、−6.089 和 −2.46，这表明人口城镇化建设滞后两期后，大量迁移农民未成功融入城市，成为游离于城市产业工人和农民之间的农民工，市民化程度和城镇化建设质量随之大打折扣，这一滞后的城镇化建设对全要素生产率的增长产生负效应，人口城镇化建设质量不高是当前阻碍我国经济增长效率提升的主要原因。

（2）在反映土地城镇化建设水平的指标上，城市建成区的面积（Lnare）滞后一期的系数显著为 0.712，这表明城市规模的扩大对全要素生产率的增长起到了积极的推动作用。城市规模的扩张吸引了大量创新企业和资本入驻，为技术研发、进步、使用和推广提供了广阔的市场空间，这种效应在技术进步（Tech）模型中较为显著，系数为 0.37，即城市建成区面积每增加 1%，技术进步水平提高的可能性将增加 0.37%；而土地城镇化对于技术效率（Eff）提高的推动作用主要体现在滞后两期（L2.Lnare）上，这意味着在当前我国城市规模扩张的过程中，城市功能及产业、教育、生活服务等配套建设上存在显著的滞后效应，城市建设区面积的扩张在两年后才会显现出对技术效率的推动作用，但这种推动作用在总的全要素生产率增长过程中并不显著。经济新常态下，大量城市中因人口、产业、土地等资源的匹配程度失衡而呈现出的"空城""鬼城"等资源浪费现象，严重阻碍了全要素生产率的提高和经济增长效率的提升；我国的城市建设，要更加注重城市规模的扩张与配套设施的完善相协调。

（3）在控制变量中，人力资本投入中的平均受教育年限（edu）、R&D 科研经费支出（Lnmon）和科研人员从业数量（Lncap）的系数均显著为正，影响系数分别为 0.0376、0.458 和 0.461，这表明在经济增长过程中，人力资本的积累和科技创新的人力、资金投入对全要素生产率的增长都起到积极的推动作用。其中，直接作用于技术创新和研发的资金投入（Lnmon）及科研从业人员数量（Lncap）的影响程度要大于受教育程度（edu）的效应，三者均成为推动全要素生产率增长的重要动力。近年来，受教育程度提高、R&D 科研经费和从业人员数量增加的作用机制主要通过企业经营管理、资源配置和分工合作等因素来促进技术使用效率（Eff）的提高；此外，在技术进步（Tech）模型中，R&D 从业人员的系数显著为 0.171，技术创新人员的形成和培养是推动我国技术进步的主要动力，而受教育程度和 R&D 经费投入对技术进步的作用并不显著。

（4）公路、铁路公里数（Lntri）的影响系数为正的 0.217，且在 1% 的水平上显著。这表明交通运输网络体系的构建与逐步完善对经济增长质量的提高产生了显著的积极效应，是形成经济持续增长的基础。同时，在技术进步（Tech）模型中其系数大于技术效率（Eff）模型，这表明交通条件的改善对技术进步的形成和扩散的推动作用较大，完善的交通设施和基本公共服务网络体系是技术进步的重要实现条件。

此外，外商投资也是促进全要素生产率提高的重要因素，其系数为 0.119，在 1% 的水平上显著。在对外开放的国际背景下，有效吸引外资有利于促进技术创新的扩散和使用效率的提高，是实现未来经济持续增长的动力因素之一。

6.3.3 相关结论

本节从人口城镇化和土地城镇化等具体的城镇化建设实践内容出发，对反映经济增长效率的全要素生产率的变化趋势及其构成部分进行系统测度，并据此进行现状描述。在理论研究的基础上，为进一步验证城镇化建设对经济增长效率的作用程度，VAR 模型实证分析得出：

（1）城镇化建设过程中，人口和土地等生产要素的空间配置形成显著的集聚效应和扩散效应，对全要素生产率的增长起到重要的推动作用；与此同时，我国人口城镇化建设的滞后性拉低了城镇化建设的质量，是当前中国经济发展新常态下阻碍经济增长数量和质量全面提升的重要因素；（2）受教育程度、R&D 的经费投入和从业人员数量的增加是推动经济增长效率提高的重要条件，在经济发展新常态的背景下，通过进一步加大教育投资力度、增加政府对自主研发和创新的支持、增加高水平人才的供给等途径，不断增强中国的自主创新能力及高新技术和知识的产业化能力，是形成新的经济增长动力、实现经济增长方式转变的主要路径；（3）经济增长效率的提高还受到交通设施的改善和对外贸易的发展等因素的影响，交通条件的改善与对外贸易的发展对 TFP 的增长均起到显著的正效应，其中，交通条件的改善分别对技术进步和技术效率的提升起到积极作用；对外贸易的发展则通过技术效率的改善发挥作用；因此，在经济发展的过程中，推动公路、铁路等基础设施条件的改善、坚持对外开放的基本国策是实现未来经济持续有效增长的重要条件。

6.4 本章小结

在经济增速逐渐放缓的新常态下，传统高投入、高污染、高消耗的粗放型增长方式不可持续，转变经济增长方式、提高经济增长效率成为未来经济增长的主要趋势。基于此，本书以中国特色社会主义创新发展科学理念为指导，以反映经济增长效率的全要素生产率为研究对象，对近年来我国 TFP 增长率的发展情况及变动趋势进行测算，得出自 2008 年以来，我国的 TFP 呈负增长，是实现经济结构调整和经济高效增长所面临的关键性问题，而要素空间集聚和配置的城镇化建设通过人力资本的积累、技术创新的扩散及行政体制改革的全面推进等机制对全要素生产率的发展及经济增长效率的提高起到至关重要的作用。为证明这一结论，本章在理论分析的基础上，通过时间序列 VAR 模型对城镇化对全要素生产率增长的效应进行实证分析，得出人口城镇化和土地城镇化等城镇化建设内容对全要素生产率及其构成部分均产生积极的推动作用，且这一推动作用具有一定的滞后性，滞后一期项对经济增长效率的提高具有显著的正效应。

因此，在新型城镇化的建设过程中，要毫不动摇地坚持"创新发展"科学理念的指导，坚持新型城镇化与信息化的同步推进，进一步促进城镇建设与先进技术的深度融合，全面推动智慧城市建设，推动城乡精细化管理，以充分发挥城镇人口集聚与规模扩展对全要素生产率及经济增长效率的推动作用，充分发挥新型城镇化建设数量和质量"双向"提升对技术创新形成及使用效率提高的正向效应。

第7章 城镇化、城乡收入差距与经济增长

2017年，党的十九大提出中国的发展正处于新的历史方位，中国特色社会主义建设步入新时代，社会主要矛盾发生历史性转变，并对生产力的发展与生产关系的调整提出新要求。新时代下，要决胜全面建成小康社会奋斗目标，开启全面建设社会主义现代化国家新征程，就要在"以人为本"的新型城镇化建设推进与经济增长方式转变等过程中，毫不动摇地将发展好、维护好和实现好最广大人民的利益作为根本出发点和落脚点，创造条件更好地满足人民日益增长的美好生活需求，促进发展成果全民共享。

在全面建成小康社会奋斗目标的实现过程中，区域经济发展的不平衡不充分等问题是当前我国经济社会发展面临的主要挑战，而居民收入差距的显著存在且持续扩大则是区域经济发展不平衡的集中体现。改革开放以来，在城乡居民收入水平普遍提高的同时，收入差距持续扩大，到2016年城镇居民的人均收入是农村居民的2.95倍，若考虑到教育、医疗、卫生及生活保障等层面的城乡差异，收入差距问题将更为严峻，城乡二元分化格局更为突显。当前，我国仍有大量人口生活在贫困线以下，且主要集中在农村地区。收入分配不均衡（尤其是城乡居民间的收入差距）是导致居民生产水平存在较大差异的主要原因，严重阻碍着中国特色社会主义协调发展、共享发展等科学理念的实现。在城乡发展与结构变迁中，中国的城镇化建设以人口的城乡流动为基础，真实、直观地反映并直接影响着城乡居民收入的变化（邓金钱，2017）[1]。在我国，

---

[1] 魏下海、王岳龙：《城市化、创新与全要素生产率增长——基于省际面板数据的经验研究》，载于《财经科学》2010年第3期。

农村内部的收入差距程度远大于城市内部（陈宗胜和周云波，2002）[①]，农村人口向城市转移和集聚的城镇化建设，在很大程度上推动着社会资源由收入差距较高的区域向收入差距较低的区域流动。因此，以要素向城市集聚为载体的城镇化建设在很大程度上促进了城乡居民收入分配的合理化，是实现城乡经济协调发展、全面建设小康社会奋斗目标的根本途径（黄小明，2014）[②]。

近五年来，中国的城镇化率以年均1.2%的速度较快增长，8000多万农业转移人口成为城市居民，推动着我国社会形态由传统农业社会向现代工业社会转变。那么，城镇化在促进城乡社会结构变革的同时，是否使居民的收入不平等状况得到有效改善？鉴于此，本章的研究以中国特色社会主义协调发展和共享发展等科学理念为指导，立足于我国经济发展过程中呈现出的城乡居民收入不平衡增长关键问题，坚持以人民为中心的原则，从城镇化建设的视角，对我国经济增长中的城乡居民收入差距进行系统的理论研究和实证探讨。

7.1 城乡收入差距的理论借鉴

7.1.1 刘易斯二元结构论

美国经济学家刘易斯（Lewis，1954）[③]在《劳动力无限供给条件下的经济发展》一文中，以发展中国家的农村剩余劳动力流动为主要研究对象，首次提出了二元经济结构理论。在刘易斯的二元结构模型中，主要假设条件包括：（1）在不发达的经济中，存在以制造业为中心的现代产业部门和以农业为主的传统部门两个部门；（2）劳动力无限供给；（3）劳动工资保持不变，现代工业部门的工资水平取决于传统农业部门的工资。

[①] 陈宗胜、周云波：《再论改革与发展中的收入分配》，经济科学出版社2002年版。

[②] 黄小明：《收入差距、农村人力资本深化与城乡融合》，载于《经济学家》2014年第1期。

[③] Lewis W. A., Economic Development with Unlimited Supplies of Labor. *Manchester School of Economic and Social Studies*, Vol. 22, No. 2, 1954, pp. 139–191.

在现代产业部门和传统农业部门并存的二元经济结构中，农业中存在大量的剩余劳动力，其劳动边际生产率接近于零甚至为负；而城市工业部门的生产率及工资率水平均高于农业部门，吸引着农村剩余劳动力资源由传统农业部门持续向现代产业部门集聚。刘易斯二元结构理论正是从劳动力资源的这一部门间流动视角出发，揭示了发展中国家农村剩余劳动力在不同产业之间流动的基本规律和根本原因。刘易斯（1954）提出，在劳动力的流动过程中，两大部门间收入差距的确定也呈现出一定的规律，现代产业部门工资水平的确定既要能够吸引农村剩余劳动力的转入，同时还尽可能地压缩劳动成本。而假设（2）和（3）表明，现代产业部门在规模扩张的过程中可以根据不变的工资率获得任何数量的劳动力，经济增长的关键制约因素在于资本的积累，投资是推动经济部门扩张和经济增长的根本。

随着经济社会的不断发展，刘易斯二元结构理论模型中对于劳动力无限供给和工资率不变的假设受到挑战。1972年，刘易斯在《对无限劳动力的反思》一文中对基本假设条件进行修正和完善，并提出两个"刘易斯拐点"，即当农村剩余劳动力向现代工业部门转移到一定程度时，劳动力资源变得稀缺，劳动力无限供给转变为有限供给，刘易斯第一拐点到来。在第一拐点出现后，二元经济结构下农业部门劳动生产率的提高为现代工业部门的发展提供了更多的剩余劳动力，传统农业的工资收入随之提高。当传统农业部门与现代工业部门的工资水平和劳动生产率达到同一水平时，刘易斯第二拐点出现，城乡部门间的经济差异逐渐消除，二元经济结构向一元结构转化，城乡一体化的劳动力市场形成。因此，在刘易斯的二元结构模型中，将发展国家的发展历程大体分为两个阶段：第一阶段为劳动力无限供给时期，在此阶段内劳动力处于供给相对过剩的状态，劳动工资率保持不变；第二阶段为劳动力供给短缺时期，传统农业剩余劳动力被现代工业部门吸收完毕，此阶段的工资水平主要取决于劳动力的边际生产率。

在图7-1中，OW′为传统农业部门的工资水平，OW*表示现代经济部门不变的工资水平，W*W′这一部门间工资差异的存在是吸引农村剩余劳动力不断向现代部门集聚的城镇化建设产生的原因；W*SS′为现代工业部门的劳动力供给曲线。在刘易斯第一拐点出现之前，劳动力满足无限供给的假设，不同资本积累程度下工业部门的需求曲线分别为

D_1、D_2、D_3。当资本积累水平为 K_1 时，工业部门的需求曲线 D_1 与不变的工资水平 W^* 交于 S_1 点，对非农劳动力的吸纳量为 L_1。$OL_1S_1W^*$ 为工业部门的成本支出，$D_1S_1W^*$ 为利润，转化为下一期的投资积累，从而推动着需求曲线向外扩张至 D_2，对劳动力的需求量增至 L_2，资本积累水平进一步增至 $D_2S_2W^*$；同理，在资本积累的持续推动下，需求曲线持续向右扩张，工业部门获取的利润量和农村剩余劳动力的转移数量随之逐渐增多。

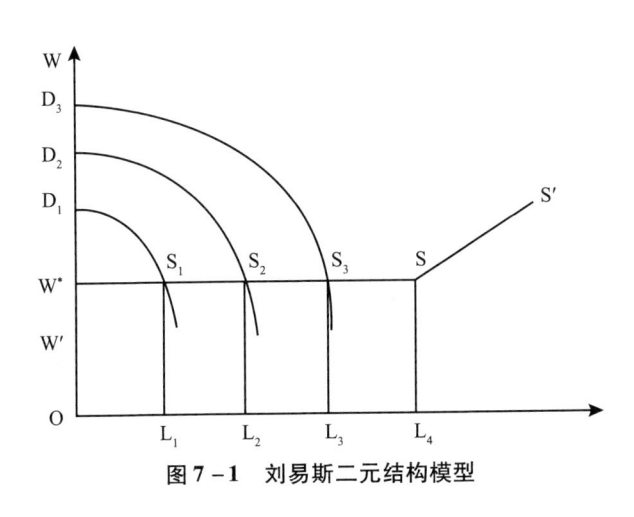

图 7-1 刘易斯二元结构模型

当农村剩余劳动力转移数量达到一定限度 L_4 跨过刘易斯第一拐点时，劳动力无限供给的状况不复存在，工业部门的发展面临着有限劳动供给的束缚，劳动供给曲线由水平的 $W*S$ 曲线转变为向右上方倾斜的 SS' 曲线，工业部门的劳动工资随着劳动力供给的约束而提高，利润额随之发生变动。当农村剩余劳动力全部转移完毕后，农业劳动力的边际生产率提高，劳动工资水平也随之上涨。

7.1.2 库兹涅茨倒 U 假说

库兹涅茨（Kuznets）① 在 1955 年美国经济协会的演讲中，首次对

---

① Kuznets S., Economic *The Spatial Economy*: Cities, Regions and International Trade c Review, Vol. 45, No. 1, April 1955, pp. 1-28.

收入分配与经济发展水平的长期关系进行说明。与刘易斯二元结构论相类似，库兹涅茨的收入分配研究也是建立在农业部门和非农业部门并存的两部门经济结构中。他认为，随着经济水平的提高，居民收入差距呈先扩大后缩小的趋势，从而提出著名的库兹涅茨倒U曲线。

库兹涅茨在其理论体系中提出，在农业和非农业两部门经济中，经济增长是伴随着工业化和城镇化进程的推进而实现的。在经济发展的初级阶段，收入差距呈扩大的趋势，其原因在于：第一，城市内部的收入差距问题与农村相比更加严重，城镇化的不断推进使资源要素由收入差距较小的农村向收入差距较大的城市转移；第二，经济增长是社会储蓄S和资本积累K的函数，在经济发展的第一阶段，社会储蓄和资本主要集中在少数富人手中，经济增长使这部分阶层更加富有。在这两方面因素的共同作用下，经济增长拉大了收入差距，呈上升趋势。随着经济社会的不断发展，收入差异到达一定程度后，这一上升的趋势会随着社会制度的完善、人口结构的转变、信息技术的进步和新兴产业的兴起而逐渐扭转，居民收入水平最终将趋向均衡。

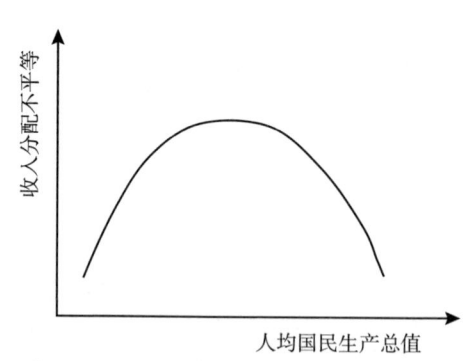

图7-2 库兹涅茨倒U型曲线

库兹涅茨曲线较好地描述了一国收入分配与经济增长之间的长期关系，同时也表明随着经济发展水平的不断提高，发展的重心将逐渐由注重效率向注重公平转移。能否成功跨越库兹涅茨拐点促进经济协调增长是发展中国家摆脱中等收入陷阱、跻身高收入国家的关键。

库兹涅茨倒U型假说揭示了国民经济发展中居民的收入分配与经济增长的关系及长期发展规律，对各国的发展具有较强的指导意义，自提出以来就引起了学者的广泛关注和认可。学者们在库兹涅茨倒 U 曲线的基础上，对其进行修改完善，并将该理论运用于区域经济差异、环境规制以及产业结构等领域的长期趋势研究中，对解释经济增长过程中出现的各项问题提供了良好的理论基础，并对解决中国特色社会主义城镇化建设及城乡居民收入差距等问题具有一定的理论借鉴意义。

7.2　我国城乡收入差距的现状说明

长期以来，学术界对于中国城乡居民的收入差距问题进行广泛探讨。林毅夫等（2003）[①] 研究提出，自 20 世纪 80 年代后期以来，中国的收入差距呈较强的区域性特征；虽区域间的城乡收入差距在不断拉大，但在区域内部却呈现出较强的收敛性，尤其是在东部地区内部逐步形成了"收敛俱乐部"。近年来，随着城镇化建设的不断加快和城镇迁移人口的日益集聚，中国传统的人口红利正逐渐消失（蔡昉等，2000）[②]，如何有效地配置现有的劳动力资源，以有效缩小城乡收入差距应引起足够重视。

对于我国城乡间收入差距的大小及其对经济增长的影响，国内大量学者从不同层面进行测度，其中，林毅夫和刘明兴（2003）等的研究认为城乡收入差距对我国总体收入差距的贡献度在 50% 以上[③]；还有学者认为城乡间收入差距的贡献率高达 70%。对于城乡收入差距的贡献率，学者们根据不同的测度指标，得出不同的结论，结果存在一定争议；但城乡间的收入差距已经成为中国经济增长过程中最值得关注的问题，这一结论得到广泛认可。

有学者从理论研究的视角来证实库兹涅茨倒 U 假说对我国经济增长过程中收入差距变化趋势的适用性，以说明中国的城乡收入差距必将随着经济水平的提高呈现出由逐渐扩大向逐渐缩小过渡的趋势（陈宗

[①③]　林毅夫、刘明兴：《中国的经济增长收敛与收入分配》，载于《世界经济》2003 年第 8 期。

[②]　蔡昉、都阳：《中国地区经济增长的趋同与差异——对西部开发战略的启示》，载于《经济研究》2000 年第 10 期。

胜，1994）①。而陈云松（2015）等学者持相反观点，他们认为在城乡二元体制下，大量迁移农民工难以有效融入城市、实现市民化，城镇化推进产生并加剧了城乡居民的不平等效应②；传统城乡二元结构正向城镇内部"新二元"结构转化。其中，王小鲁和樊纲等（2005）学者③对中国的基尼系数及各省数据进行经验论证，从实证的视角得出当前我国城乡之间及城镇内部的收入差距仍呈持续扩大的态势，倒 U 趋势尚未呈现。很多学者认识到，我国劳动力资源集聚的城镇化建设水平不高是城乡收入差距拐点尚未出现的主要原因（陆铭等，2004）④，并进行充分论证。

当前，学者们从不同视角对我国经济发展过程中面临的收入差距现状进行详细描述，研究一致认可城镇化是收入差距拐点出现的重要条件，但是对于城镇化过程中不同层面的建设内容对城乡收入差距的影响程度到底有多大，其作用机制如何等问题尚未形成系统的研究体系。为解释上述问题，本节的分析以城乡间居民收入差距为研究对象，对中国城乡整体的收入差距及不同区域间的差异进行 Theil 指数分解。

7.2.1 泰尔指数分解

自 1912 年基尼系数提出以来，大量学者采用这一指标对不同国家和地区的收入分配差距进行测度，基尼系数得到广泛使用和推广。据统计，到 2000 年我国的基尼系数已经超过 0.4 的国际警戒线，呈不断扩大的趋势，2008 年达到 0.491；经济发展步入新常态以来，基尼系数虽逐年降低，但 2015 年仍高达 0.46，社会资源和财富逐渐向少数富裕群体集中。随着对收入分配差距主题研究的不断深入，对不同组层间及其内部的收入差距水平及其贡献率的测度逐渐成为学者们关注的重点。而基尼系数在分组测算过程中，难以对各组成部分进行完全分解（Frank

---

① 陈宗胜：《倒 U 曲线的"阶梯形"变异》，载于《经济研究》1994 年第 5 期。
② 陈云松、张翼：《城镇化的不平等效应与社会融合》，载于《中国社会科学》2015 年第 6 期。
③ 王小鲁、樊纲：《中国收入差距的走势和影响因素分析》，载于《经济研究》2005 年第 10 期。
④ 陆铭、陈钊：《城市化、城市倾向的经济政策与城乡收入差距》，载于《经济研究》2004 年第 6 期。

A. Cowell，2007)①，即总的基尼系数除了包括组内差距和组间差距外，还包含相互作用项，而这一交叉项在实际应用过程中难以准确测度和说明。由于分解过程中相互作用交叉项问题的存在，基尼系数的使用大大受到限制。

泰尔指数又称泰尔熵标准，由经济学家泰尔（Theil）于1967年根据熵概念而提出，用以测算收入分配不平等状况，泰尔指数越大表明收入差距问题越严重，反之亦然。泰尔指数所具有的相加可分解性、样本均值与人口数量独立性等优点，很好地突破了基尼系数难以准确测度组间差距和组内差距的限制，被广泛应用于收入差距的相关研究中。

1. 泰尔指数两部门分解

在城镇和农村的两部门经济中（用 $i=1,2$ 来表示，其中 1 代表城镇，2 代表农村），经济主体处于农村或城镇中的某一种状态；$j=1, 2, \cdots, J$ 为省份指标，则在经济社会中共有 $i*j$ 个个体，社会总收入 $Y = \sum_{i=1}^{2} \sum_{j=1}^{J} Y_{ij}$，总人口 $N = \sum_{i=1}^{2} \sum_{j=1}^{J} N_{ij}$。对于社会经济中存在的收入差距不平衡程度，以收入 Y 为权重的泰尔 T 指数表示为：

$$T = \sum_{i=1}^{2} \sum_{j=1}^{J} \frac{Y_{ij}}{Y} \cdot \log\left(\frac{\frac{Y_{ij}}{Y}}{\frac{N_{ij}}{N}}\right) \tag{7.1}$$

其中，Y_{ij} 和 N_{ij} 分别表示经济社会中第 i 部门 j 省的收入总量和人口总数；$\bar{Y}_{ij}$ 和 $\bar{Y}$ 分别代表各省及社会总体的人均收入。

以收入为权重的泰尔 T 指数，对收入较高群组的变化产生的效应比较敏感。而以人口数 N 为权重的泰尔 L 指数对则低收入群组的反应相对较敏感，可表示为：

$$L = \sum_{i=1}^{2} \sum_{j=1}^{J} \frac{N_{ij}}{N} \cdot \log\left(\frac{\frac{N_{ij}}{N}}{\frac{Y_{ij}}{Y}}\right) \tag{7.2}$$

根据研究需要，为重点体现人口集聚的城镇化对居民收入差距的影

---

① Frank A. Cowell, Income Distribution and Inequality Measurement: the Problem of Extreme Values. *Journal of Econometrics*, Vol. 141, No. 2, 2007, pp. 1044-1072.

响,本书选用以人口为权重的 L 指数进行研究。根据泰尔指数的可分解性,对其进行分解,得:

$$L = \sum_{i=1}^{2}\sum_{j=1}^{J} \frac{N_{ij}}{N} \cdot \log\left(\frac{\frac{N_{ij}}{N}}{\frac{Y_{ij}}{Y}}\right) = \sum_{i=1}^{2}\left(\frac{N_i}{N}\right)\sum_{j=1}^{J}\left(\frac{N_{ij}}{N_i}\right) \cdot \log\left(\frac{\frac{N_{ij}}{N_i}}{\frac{Y_{ij}}{Y_i}}\right) + \sum_{i=1}^{2}\left(\frac{N_i}{N}\right) \cdot \log\left(\frac{\frac{N_i}{N}}{\frac{Y_i}{Y}}\right)$$

$$= \sum_{i=1}^{2} \frac{N_i}{N} L_{Wi} + L_{BS} = L_W + L_{BS} \tag{7.3}$$

因此,泰尔指数可分解为城乡内部的组内泰尔指数 L_W 和城乡之间的组间泰尔指数 L_{BS};其中,L_{Wi} 表示农村或城镇内部居民收入差距的泰尔指数。

2. 作用机制及研究假说

为了将城镇化建设指标纳入泰尔指数的分析中,本书借鉴了万广华(2013)[①] 的研究方法,将城乡两部门的人口占比表示为 $W_i = N_i/N(0 \leq W_i \leq 1)$,其中,$W_1$ 为城镇人口占比,代表了人口城镇化建设水平;农村人口占比 W_2 等于 $1 - W_1$。并据此将泰尔 L 指数变形为:

$$L = W_1 L_{W1} + W_2 L_{W2} + W_1 [\log(W_1) - \log(Y_1/Y)]$$
$$+ (1 - W_1)[\log(1 - W_1) - \log(Y_2/Y)] \tag{7.4}$$

为说明人口城镇化率对居民收入差距的作用机制,可对式 7.4 求 W_1 的一阶偏导数,如下:

$$\frac{\partial L}{\partial W_1} = (L_{W1} - L_{W2}) + \log(Y_2/Y_1) \tag{7.5}$$

式 7.5 表明:人口城镇化率 W_1 对于收入不平衡的影响主要体现在 $L_{W1} - L_{W2}$ 和 $\log(Y_1/Y_2)$ 两个方面。第一,$L_{W1} - L_{W2}$ 取决于对城镇内部和农村内部收入差距大小的比较,若农村内部的收入不平衡程度 L_{W2} 大于城镇内部的 L_{W1},一阶偏导数向负数倾斜,即城镇化对收入差距扩大的作用为负,城镇人口规模扩大有利于缩小整体的收入差距;反之,若城镇内部的不平衡程度 L_{W1} 大于农村,则城镇化对收入不平衡的影响向正数倾斜,城镇化建设会加重社会收入的不平衡。第二,收入不平衡水

[①] 万广华:《城镇化与不均等:分析方法和中国案例》,载于《经济研究》2013 年第 5 期。

平还取决于城乡经济水平的总体差异，当城镇经济的总体收入 Y_1 大于农村收入 Y_2 时，$\log(Y_1/Y_2) < 0$，会推动一阶偏导数向负数方向倾斜；反之，则会向正数方向倾斜。因此，只有在城镇经济实力超过农村时，城镇化建设对收入差距缩小的作用机制才能得到发挥。

此外，在其他条件不变的情况下，城镇化对居民收入差距的作用程度还取决于上述两方面因素作用程度的大小。当 $L_{W1} > L_{W2}$ 且 $Y_2 > Y_1$ 时，式 7.5 取值大于 0；当 $L_{W1} < L_{W2}$ 且 $Y_2 < Y_1$ 时，一阶偏导数小于 0；因此，城镇化的作用程度和方向并不是单一的。为了更好地探究其作用机制及拐点的存在性，进一步对 L 求 W_1 的二阶偏导数，如下：

$$\frac{\partial^2 L}{\partial W_1^2} = \frac{-2W_1}{W_1(1-W_1)} \qquad (7.6)$$

因为 $0 \leq W_i \leq 1$，所以二阶偏导数小于 0，人口城镇化建设对收入差距的作用程度呈先增后减的倒 U 型趋势。

根据以上推论，得出如下理论假说：

假说 1. 当农村内部的收入差距不平衡程度大于城镇内部的不平衡程度时，人口由农村向城市转移的城镇化建设有利于降低区域经济发展的整体收入不平衡程度；

假说 2. 城镇化建设对收入差距的抑制作用依赖于城镇经济的有效增长这一重要条件，当城镇经济的发展落后于农村经济时，城镇化缩小收入差距的作用机制难以发挥；

假说 3. 城镇化对收入差距的长期作用呈先增后减的倒 U 型趋势。

7.2.2 中国收入差距的泰尔指数测度及说明

1. 中国的收入差距现状

根据上述分解方法，基于可获得数据的局限性，本章选用 1986～2013 年中国各省份的城乡人均收入、人口数量等指标对收入差距程度进行泰尔指数测度。由于重庆于 1997 年从四川省分离出来成立直辖市，为了保证统计和测算的连贯性，将四川和重庆的年度数据进行合并，样本个体数为 30。

通过图 7-3 可以看出，1986 年以来，中国城乡收入差距主要由城乡组间差距和城乡组内差距构成，呈总体上扬的趋势。与城乡内部的组内差距相比，城乡之间存在的组间差距成为我国整体收入不平衡的最主要原因。近年来，城乡组间差距的贡献率持续在70%以上，到2013年高达88.5%，居民收入的不平衡问题主要根源在于城乡间居民收入的差距。

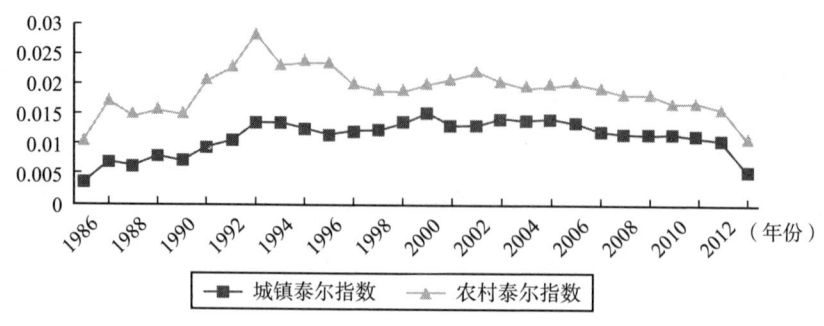

图 7-3　1986~2013 年中国泰尔指数变化趋势及分解①

纵观中国居民的收入不平衡发展历程，大体经历了以下几个阶段：（1）1993 年之前，持续上涨阶段。在改革开放的推动下，家庭联产承包责任制使农村经济得到较大发展；同时，城市内部陆续推行的企业承包制等改革，使城镇经济获得更快的发展。相对于农产品较低的价格而言，在市场经济的推动下，城镇非农产品获得的收益远超过农业收益，城乡之间收入差距不断拉大；此外，在国有企业和非国有制企业之间，员工收入和福利存在的较大差异也加剧了收入的不平衡。（2）1994~1998 年，短暂收缩阶段。在这一阶段，泰尔 L 指数由 0.071 降到 0.06 以下，究其原因可能在于，1994 年分税制财政管理体制的推行，中央和地方在事权和财权上的划分在一定程度上减少了地方经济发展的制度障碍。分税制改革推行初期，地方财政支出使各地经济获得较快增长，收入差距随之缩小。陈安平（2009）对地方政府支出与经济发展关系和收入差距的关系研究，在一定程度上证明了这一结论②。（3）1999~

---

① 由于本文测度的泰尔指数为以人口指标为权重的 L 指数，测算结果比以收入为权重的 T 指标偏低。
② 陈安平：《财政分权、城乡收入差距与经济增长》，载于《财经科学》2009 年第 10 期。

2007 年，逐步扩大阶段。在经过短暂的收缩后，随着城乡之间收入差距的不断扩大，组间差距的贡献逐渐提高。1999 年泰尔指数逐渐回升至 1997 年的水平，2007 年的收入差距超过 1999 年达到 0.092。为了有效抑制收入差距不断扩大的态势，政府陆续推出西部大开发、振兴东北老工业基地和中部崛起等区域经济发展战略。（4）2008~2013 年，缓慢收缩阶段。近年来，在区域经济协同发展战略的带动下，大量农村人口向城市迁移，城镇规模不断扩张，部分农业经济向城镇部门集聚，城乡收入差距中的部分内容向城市内部差距转化，组间贡献的增长速度逐渐放缓，从而使整体收入差距减缓；此外，在国际金融危机的大背景下，我国非农产业的发展受到一定影响，也是收入差距缓减的原因之一。

2. 城乡内部收入差距的比较

除了城乡组间较大的收入差距贡献外，城乡组内的泰尔指数也存在较大差异。根据上文对泰尔指数的分解，城镇化对收入差距抑制作用的发挥依赖于城乡内部收入差距 $L_{W1} - L_{W2}$ 的大小。因此，对我国城乡内部的收入差距进行比较，结果如下：

近年来，我国农村内部的泰尔指数 L_{W2} 远超过城镇 L_{W1}。1986 年农村的泰尔指数是城镇指数的 2.92 倍；之后这一差距虽逐年下降，但 L_{W2} 大于 L_{W1} 的趋势并未改变；到 2013 年这一比例回升至 2.0。因此，与城镇居民的收入差距水平相比，我国农村内部的不平衡问题更加严重。城镇化过程中，人口由收入差距较大的农村向收入相对均衡的城镇迁移，是近年来我国收入差距缓慢收缩的重要途径，这在一定程度上验证了理论假说 1。

改革开放以来，在城镇近郊的农村地区，由于城镇化建设的推进，城市经济逐渐向周边农村辐射渗透，农民的经营性收入、财产性收入等收入经济较大提升，并日益向城市居民收入水平靠拢；而在偏远山区或落后地区，农民的收入来源仍主要依赖于农业生产，由于基础设施和农业机械化水平程度较低，大量农民收入水平和生活环境较差。到 2013 年，在各省的农民中，人均收入最高的上海达 19595 元/人，是收入最低的甘肃省的 3.84 倍。与农民较低的收入相比，城镇人均收入较高的地区集中在北京和上海等地，分别为 44563 元/人和 44878 元/人，是甘肃城镇居民收入的 2.6 倍；与此同时，城镇居民收入的极差值远小于农民群体。

3. 区域间差异比较说明

在上文泰尔指数分解的基础上，为了对我国不同地区和省份数据进行充分的说明，本书借鉴了唐东波和张军（2011）[①]的泰尔指数二阶嵌套分解法，根据我国的行政区域划分，将经济区域细分为东部地区、中部地区、西部地区和东北部地区（分别表示为 j=1, 2, 3, 4）；在不同区域中，省份用 S 指标来表示。将泰尔指数进一步分解为：

$$T = \sum_{i=1}^{2}\sum_{j=1}^{4}\frac{N_{ij}}{N}\left(\sum_{s=1}^{S}\frac{n_{ijs}}{N_{ij}}\log\frac{\frac{n_{ijs}}{N_{ij}}}{\frac{y_{ijs}}{Y_{ij}}}\right) + \sum_{i=1}^{2}\frac{N_i}{N}\left(\sum_{j=1}^{4}\frac{N_{ij}}{N_i}\log\frac{\frac{N_{ij}}{N_i}}{\frac{Y_{ij}}{Y_i}}\right) + \sum_{i=1}^{2}\frac{N_i}{N}\left(\log\frac{\frac{N_i}{N}}{\frac{Y_i}{Y}}\right)$$

$$= \sum_{i=1}^{2}\sum_{j=1}^{4}\frac{N_{ij}}{N}T_{ij} + \sum_{i=1}^{2}\frac{N_i}{N}T_{Dj} + T_{BS} \tag{7.7}$$

其中，T_{ij} 表示 i 部门 j 区域内部的收入差距；T_{Dj} 表示 i 部门内部各区域之间存在的收入差距；T_{BS} 表示城乡间的收入差距。因此，经过二阶嵌套分解后，总的收入差距可分解为：区域内部收入差距、区域间差距和城乡间差距三部分。

在此分解的基础上，对我国不同区域间的居民收入差距和城乡收入差距进行测度。结果发现，区域间收入不平衡问题是我国总体收入差距的重要组成部分。20 世纪 80 年代后期，随着乡镇企业在东部沿海地区如雨后春笋般兴起，东部地区的经济整体迅速发展；与东部非农产业的较快发展相比，中西部的农村仍以农业收入为主，农产品相对较低的价格使农民的实际收入水平较低；1999 年之前，区域间泰尔指数增长缓慢。随着交通、通信和信息技术的快速发展，东部沿海地区的市场经济逐渐被激活，而高新技术产业发展和基础设施建设相对落后的中西部地区发展仍以传统模式为主，在技术差异的推动下，1999 年后不同区域间的居民收入差距增幅加快，仅一年的时间，泰尔指数由 0.09 增至 0.013，2006 年区域间差异达到最大值 0.021。为缩小区域间居民的收

[①] 唐东波、张军：《中国的经济增长、城市化与收入分配的 Kuznets 进程：理论与经验》，载于《世界经济文汇》2011 年第 5 期。

入差距,在西部开发、中部崛起和振兴东北老工业基地等区域协调发展战略的带动下,2007年以来我国区域间居民收入的差异程度稍有回落,后保持较为平稳的增长态势;到2013年,区域间泰尔指数为0.012。

但与城乡组间收入差距的贡献率相比,区域间收入差距的贡献相对较小,2013年区域间差距的贡献率占全国泰尔指数的18%;因此,在我国居民收入差距的构成中,城乡间的组间收入差距是主要的决定性因素,这一指标的贡献率由60%增至80%,城乡居民之间的收入不平衡是解决我国区域发展不平衡问题、有效提升居民消费能力的关键所在。

表7-1 近年来我国各区域的泰尔指数及城乡分解结果汇总

	年份	1986	1990	1995	2000	2005	2010	2011	2012	2013
东部地区	城镇 L_{11}	0.0045	0.0076	0.0118	0.0112	0.0099	0.0069	0.0068	0.0065	0.0085
	农村 L_{12}	0.0067	0.0118	0.0132	0.0090	0.0105	0.0107	0.0096	0.0092	0.0087
	城乡间 L_{13}	0.0118	0.0159	0.0277	0.0314	0.0402	0.0403	0.0369	0.0360	0.0314
	总差距 L_{D1}	0.018	0.0268	0.0405	0.0412	0.0504	0.0488	0.0449	0.0435	0.0399
中部地区	城镇 L_{21}	0.0016	0.0018	0.0038	0.0020	0.0003	0.0001	0.0001	0.0001	0.0003
	农村 L_{22}	0.0029	0.0026	0.0018	0.0008	0.0008	0.0007	0.0007	0.0007	0.0007
	城乡间 L_{23}	0.0206	0.0260	0.0461	0.0434	0.0633	0.0609	0.0574	0.0562	0.0531
	总差距 L_{D2}	0.0233	0.0285	0.0483	0.0446	0.0640	0.0613	0.0579	0.0566	0.0536
西部地区	城镇 L_{31}	0.0006	0.0015	0.0045	0.0013	0.0007	0.0015	0.0015	0.0013	0.0009
	农村 L_{31}	0.0022	0.0037	0.0034	0.0044	0.0055	0.0048	0.0053	0.0052	0.0050
	城乡间 L_{33}	0.0361	0.0398	0.0689	0.0909	0.1103	0.1024	0.0975	0.0954	0.0919
	总差距 L_{D3}	0.0651	0.0692	0.1015	0.1299	0.1510	0.1407	0.1376	0.1346	0.1286
东北部地区	城镇 L_{41}	0.0009	0.0028	0.0008	0.0005	0.0004	0.0025	0.0029	0.0030	0.0031
	农村 L_{42}	0.0009	0.0007	0.0001	0.0006	0.0009	0.0006	0.0004	0.0004	0.0004
	城乡间 L_{43}	0.0141	0.0141	0.0159	0.0240	0.0446	0.0385	0.0339	0.0333	0.0331
	总差距 L_{D4}	0.0150	0.0159	0.0164	0.03147	0.0452	0.0401	0.0358	0.0352	0.0351

注:数据来自各年《中国统计年鉴》和《新中国五十年统计资料汇编》。

此外,近年来我国各区域内的居民收入差距也存在较大差异,其中，收入差距最显著的区域主要集中在城镇化建设和经济发展相对较滞后的西部地区，东部地区内部的收入差距程度较低；造成这种地区性差异的主要原因仍在于城乡间居民收入的不平衡，到2013年，城乡间居民收入差距的贡献率均在71.5%以上，区域内收入差距最大的西部地区这一贡献率是差距最小的东部地区的3.2倍。在各区域的城乡收入差距测度中，根据差异程度由高到低进行排序，分别为西部、中部、东北部和东部地区，2013年四个地区的城乡泰尔指数分别为：0.0919、0.0531、0.0331和0.0314。此外，除了城乡间差异对区域收入差距的影响外，城乡内部存在的收入差距也产生一定的影响，其中，在中部、西部和东部地区，农村内部的居民收入差距程度均大于城市，劳动力资源由农村向本区域内部的城镇迁移有利于降低区域内部整体的收入差距程度。

7.3 城镇化建设对我国城乡收入差距影响的实证分析

7.3.1 城镇化建设对城乡收入差距影响的机制说明

在城乡居民收入差距不断扩大且问题日益深化的背景下，我国经济增长的速度和效率严重受限。在市场经济体制机制日渐完善的过程中，基于城乡居民收入的差距，劳动力、资本、技术、土地等生产要素会自发地由收入较低的农村地区向城镇转移，这一要素集聚的过程成为城镇化建设的主要实现形式。当前，在"以人为本"的新型城镇化建设过程中，有层次地推动社会资源由收入差距较大的农村部门向城市部门转移，为改善民生、提高居民生活质量和实现经济持续有效增长创造了市场空间和条件。

1. 作用机制说明

（1）人口城镇化、消费能力提升与城乡居民收入差距。从需求视角来看，居民消费是拉动中国经济增长的三驾马车之一，在过去40年的高速经济增长过程中，内需对经济增长的作用不容忽视。当前，在外需萎缩和投资受阻的条件下，扩大内需逐渐成为促进经济增长的重要动力①。居民消费是日常生活正常运转的重要组成部分，而家庭的消费能力主要取决于收入水平。

农村剩余劳动力向城镇转移的根本原因在于城镇较高的收入和较好的生存、发展机遇，其核心问题为就业问题。以就业岗位和相应收入的获得为媒介，在城镇化建设过程中，以劳动力迁移为载体的人口城镇化是促进居民消费能力不断提高、有效缩小城乡收入差距的关键。城镇化对居民消费能力提升的作用路径主要包括以下几个方面：

第一，收入效应。在市场经济条件下，由于农业部门的劳动收入远低于城市非农业部门，以获得城镇就业岗位为载体，农村劳动力逐渐向城镇较高收入的岗位转移。农民进城就业，提高了迁移农民及其家庭的整体收入水平，尤其是相对于未实现市民化的农民工而言，其家庭支出仍以农村地区为主，大部分农民工在城市的工资收入或经营收入主要寄回老家用于家庭成员的日常消费，从而外出务工提高了其家庭在当地农村地区的收入水平和消费能力，在一定程度上缩小了城乡居民之间的收入差距。

第二，示范效应。在经济发展过程中，不同团体或个人之间相互关联并推动着社会网络、互惠式规范或信任等社会资本的积累，从而使社会资本成为与物质资本、人力资本同等重要的一种资本形式。在城市中，迁移农民通过与亲友、同乡、同行以及其他人际网络的日常交往，消费行为和消费观念的示范效应得到发挥。首先，迁移农民受到周围城市居民消费行为的影响，消费水平会逐渐向城市居民水平靠拢，在一定程度上提高了城市的整体消费能力和需求；其次，在迁移农民中，大量农民工的家属仍在农村，处于"候鸟式"的迁移状态，农民工在与家人、亲友、同乡交往或者返乡的过程中，将部分打工收入和消费理念扩散到农村，通过示范效用，提高了部分农民的消费需求。

（2）土地城镇化、公共服务供给与城乡居民收入差距。城乡居民收入水平存在差异在很大程度上取决于城乡基础设施和公共服务的不协调，不均衡供给。改革开放以来，我国优先发展城市、"先富带后富"

---

① 刘厚莲：《人口城镇化、城乡收入差距与居民消费需求——基于省际面板数据的实证分析》，载于《人口与经济》2013年第6期。

等区域经济发展战略使社会资本优先流向城市。随着资本投资额的增加，城市固定资产投资取得较快发展，良好的医疗、养老、教育资源在城市中心集聚；而在广大的农村地区，交通、医疗、卫生、教育等公共服务建设薄弱，由于农村社会保障投资的缺位，农民工子女在城市上学需支付高额的费用，同时，基于城乡间医疗统筹制度的双轨制发展模式，使绝大部分农民在城市就医难以享受与城市居民同等的福利和保障。为获得城市公共服务资源，收入较低的农民需支付更高的经济、精神成本，这在很大程度上更加剧了城乡居民之间的收入差距。城乡公共服务业供给水平的差异使城乡居民的收入差距问题更加凸显。其作用机制如下：

首先，土地城镇化建设有利于扩大社会公共服务需求。通过土地城镇化建设途径，有层次、分步骤地加强对农村地区的基础设施和公共服务的供给，在扩大城市规模的同时，使农村基础设施和公共服务建设规划纳入城市体系。土地城镇化建设推动过程中城乡需求的同步增加，对第二、第三产业形成一定的上下游联动效应，对产能过剩的钢铁、水泥等行业形成强大的有效需求，有助于供给侧结构性改革的有序推进与经济结构的优化升级。基础设施建设的乘数效应通过对第二、第三产业形成有效需求，在促进社会资本积累的同时，从需求的视角构成经济增长的重要动力。土地城镇化对促进资本积累发挥着积极的推动作用。

其次，缩小城乡收入差距需不断改善投资结构。随着大中城市各部门投资资金的集聚，资本的边际收益呈递减的趋势。而城市中大量资本的涌入使投资结构发生扭曲，房地产投资和基础设施投资资金闲置、无效，产能过剩等问题频现，投资浪费现象严重；而在广大的农村地区，基础设施建设薄弱、投资资金匮乏的问题依旧严峻。为了引导社会投资结构的不断优化，以城镇化建设为依托，逐步增加对农村地区基础设施与公共服务的建设力度，使农村地区的公共服务水平逐渐向城市地区靠拢；在城市外部渗透效应作用的同时，促使城市近郊的农村自发地实现城镇化，是缩小城乡居民收入差距的重要途径。其机制表现为：土地城镇化→农村基础设施与公共服务条件改善→城乡投资结构优化→城乡差距缩小→人民生活水平整体提高。

近年来，在城镇化建设的持续推动下，乡村振兴战略的提出与大力实施，进一步推动着社会资金向农村地区的转移，农村基础设施和公共服务条件得到有效改善，有利于缩小城乡居民收入差距，实现城乡经济协调、共享式发展。因此，进一步发挥城镇化建设的积极作用，有效缩小城乡居民的收入差距，是践行"协调、共享"等中国特色社会主义科学发展理念，实现"全面建成小康社会"战略目标的重要途径，是中国特色社会主义理论体系的主要实现形式。

7.3.2 经验分析

1. 指标选取及数据说明

本节的实证分析拟以城乡间居民收入差距 L_{bs} 为因变量，对影响因素进行实证测度。主要影响因素选取如下：

（1）城镇化建设水平。为分析城镇化对城乡居民收入差距及经济增长的影响，需将城镇化建设水平设定为主要关注变量。在以人为本的新型城镇化建设背景下，为了准确体现城镇化建设质量的作用程度，将户籍城镇化率设定为人口城镇化建设的主要指标，户籍城镇化率（urb：%）等于城镇户籍人口/总人口数。

除了人口城镇化建设层面的指标外，将土地规模扩大的土地城镇化建设纳入实证分析中，用城市建成区面积（are：平方公里）来表示，为缩小异方差的影响，采用对数形式[①]。

（2）城乡经济总量差异。在泰尔指数分解的理论分析中，城镇化对泰尔指数的一阶偏导数不仅取决于城乡内部的泰尔指数差异，还取决于城乡之间的经济实力和发展状况，因此将城乡经济总量差异（dy）设定为控制变量之一。其中，农村经济总量用 Y_R 表示，等于农村人口数 * 农村居民家庭人均收入（万元）；城镇经济总量 Y_U 等于城镇居民人均可支配收入 * 城镇居民人数（万元）；城乡经济总量差异用城镇经济总量与农村经济总量之间的比例，即 $dy = Y_U/Y_R$。

（3）投资状况。在城镇化的建设过程中，加快推动农村金融产业的发展创新是缩小城乡差距的重要资金保障，由于可获得有效数据的局

---

① 刘耀林、李纪伟、侯贺平、刘艳芳：《湖北省城乡建设用地城镇化率及其影响因素》，载于《地理研究》2014年第1期。

限性，本节拟选用各省每年的贷款额度作为金融业发展程度的代表性指标（loan：亿元）。

交通设施建设水平的提高和交通条件的改善也是缩小城乡收入差距的关键性因素，随着公路、铁路网络体系在全国的建立和逐渐完善，农村与城市之间的要素流通和配置更加便利。因此，本节选取铁路（公路）公里数（tri：万公里）来体现我国交通设施的完善程度。

同时，国家政策对农村地区的发展和农民生活水平改善的支持也是缩小城乡居民收入差距的重要因素。改革开放以来，随着国家发展战略的不断调整，农村经济与城市经济之间的差距不断发生变化，因此，拟选用农业财政支出额（sub：亿元）来测度国家政策对城乡收入差距的影响。

上述数据的样本区间为1986~2013年，为了充分体现地区差异，将省级数据进行城乡数据和区域数据分组，样本总体的描述性统计如下表所示：

表7-2　　　　　　　　变量特征描述性统计

变量名称	均值	标准差	最小值	最大值
L_{bs}	0.0546	0.0168	0.0256	0.0761
urb：%	27.12	4.44	19.8	35.7
are：平方公里	25392.39	11245.18	10161.3	47855.28
dy	1.79	0.95	0.669	3.447
loan：亿元	178186.9	201179.6	8142.72	718961.4
tri：万公里	217.77	127.86	101.86	445.93
sub：亿元	10390.27	29783.29	184.2	124300

注：以上数据均根据各年统计年鉴、中经网及wind数据库整理所得。

2. 实证分析及结论说明

为分析以人为本的城镇化建设对城乡居民收入差距的影响趋势及其潜在关系，结合库兹涅茨倒U假说及前文的理论分析，构建如下模型：

$$L_{bs_t} = c + \alpha_1 urb_t + \alpha_2 urb_t^2 + \alpha_3 lnare_t + \beta_1 lntri_t + \beta_2 lnloan_t + \beta_3 sub_t + \beta_4 dy + \mu_t \tag{7.8}$$

第7章 城镇化、城乡收入差距与经济增长

其中，因变量 L_{bs} 为城乡居民收入差距的泰尔指数，选定城镇化建设指标 urb、urb^2 和 are 为内生变量，tri、loan、sub、dy 为外生变量；为了减小异方差的影响，对城市建成区面积（are）、金融贷款额（loan）、公路铁路公里数（tri）和农业财政支出额（sub）均采取对数形式。

在数理模型构建的基础上，普通的多元回归难以严谨地解释变量间的动态关系，为克服这一问题，本节的实证分析拟采用向量自回归模型（Vector Auto Regression，VAR），将决定城乡收入差距的各内生变量的滞后项纳入模型中，构建联立方程组，如下：

$$Y_t = C_t + \sum_{i=1}^{I} \alpha_i Y_{t-i} + \sum_{j=1}^{J} \beta_j X_{t-j} + \mu_t \qquad (7.9)$$

在 VAR 回归分析中，要确定变量间协整关系的个数需以变量具有平稳性特征为前提，对于非平稳的时间序列，可通过差分使其平稳。

1. 单位根和协整检验

本文使用 EViews 7.0 软件，对内生变量 L_{bs}、urb、lnare 分别进行 ADF 单位根检验，结果显示在5%的显著性水平下，各数据均不平稳，依次进行1、2阶差分检验，二阶差分后各序列通过 ADF 检验变的平稳，因此，采用 I（2）模型。

表7-3　　　　　　　　　ADF 单位根检验

序列名称	ADF 统计量	5% 显著性水平上的临界值	P 值
L_{bs}	0.1829	-1.955	0.73
L1. (L_{bs})	-1.436	-1.955	0.171
L2. (L_{bs})	-5.618	-1.955	0.000
urb	1.879	-1.954	0.982
L1. (urb)	-1.075	-1.954	0.248
L2. (urb)	-5.16	-1.955	0.000
urb^2	1.516	-1.954	0.964
L1. (urb^2)	-0.979	-1.954	0.285
L2. (urb^2)	-5.133	-1.956	0.000

续表

序列名称	ADF 统计量	5%显著性水平上的临界值	P 值
lnare	2.502	-1.956	0.9955
L1. (lnare)	-1.22	-1.954	0.197
L2. (lnare)	-7.137	-1.955	0.0000

2. VAR 模型实证结果及稳定性检验

在协整检验的基础上，建立 VAR 模型，将各内生变量的水平值及差分项的影响进行综合测度（董竹，2011）①。为了对新型城镇化背景下以人为本的城镇化建设水平及其影响进行充分说明，进一步论证回归结果的稳健性，在以城乡居民收入差距为因变量的模型中，将代表迁移数量的常住人口城镇化率的回归结果作为对照组，回归结果如表 7-4 所示。

表 7-4　　　　　　　多元变量时间序列回归结果

	变量名称	常住人口城镇化	户籍人口城镇化
滞后变量	L1. L_{bs}	0.408 * (2.61)	0.525 *** (3.26)
	L2. L_{bs}	-0.521 *** (-4.78)	-0.511 *** (-4.83)
主要关注变量	L1. urb	-0.108 (-0.12)	1.715 (1.48)
	L2. urb	1.220 * (1.37)	2.123 ** (2.28)
	L1. urb^2	-0.488 (-0.36)	-4.804 ** (-2.31)
	L2. urb^2	-1.100 * (-0.79)	-2.184 *** (-1.31)

① 董竹、张云：《中国环境治理投资对环境质量冲击的计量分析—基于 VEC 模型与脉冲响应函数》，载于《中国人口·资源与环境》2011 年第 8 期。

续表

变量名称		常住人口城镇化	户籍人口城镇化
控制变量	lnare	0.0508 ** (3.36)	0.0751 *** (4.73)
	dy	0.0341 *** (4.27)	0.051 *** (5.986)
	ln*loan*	-0.0137 * (-2.84)	-0.036 ** (-5.61)
	lntri	-0.0232 ** (-3.32)	-0.035 *** (-4.03)
	ln*sub*	-0.000652 (-0.76)	-0.002 ** (-2.51)
	_cons	-0.408 ** (-3.77)	-0.689 *** (-5.92)
调整的 R^2		0.9872	0.9891
F 统计量 P 值		0.0000	0.0000
AIC		-31.87081	-31.859
SBIC		-30.12883	-30.117

在常住人口城镇化率和户籍人口城镇化率模型的对比结果中，调整的 R^2 值分别为 0.9872 和 0.9891，F 统计量的 P 值均接近于 0，AIC 和 SBIC 检验值较小，模型通过检验，拟合较好。对模型回归的稳定性进行检验，得出各变量的特征值均在单位圆内，回归结果稳定，如图 7-4 所示。

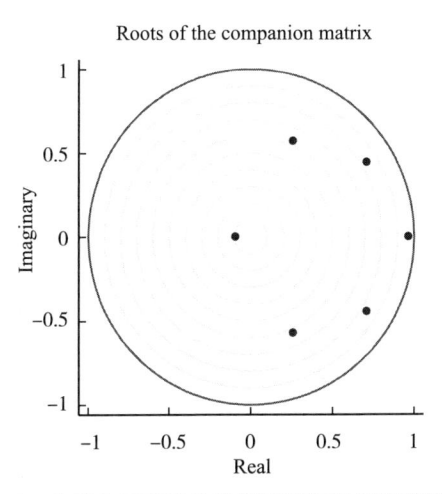

图 7-4 户籍人口城镇化率模型回归结果稳定性检验

3. 脉冲响应

为反映户籍人口城镇化率及其滞后项发生波动对城乡居民收入差距的影响，对内生变量的冲击进行正交分解，绘制脉冲响应图如图 7-5 所示：

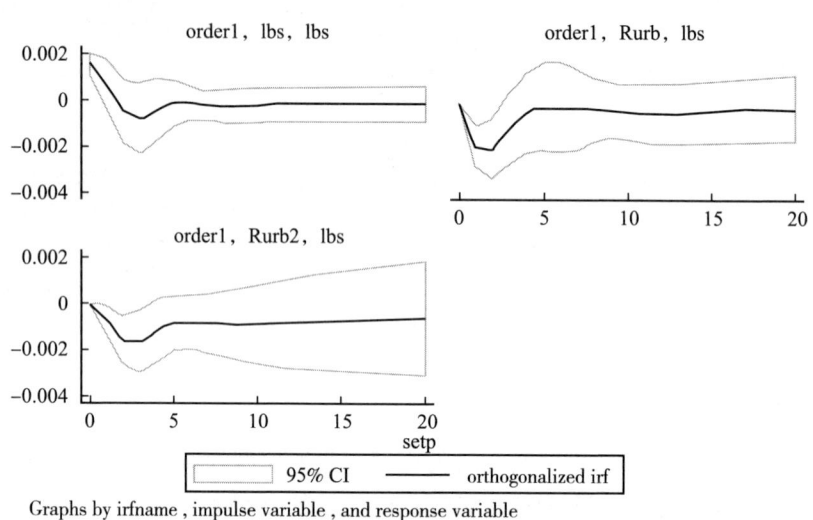

图 7-5 城乡收入差距 Lbs 的脉冲响应

从图 7-5 可以看出，给当期的因变量城乡居民收入差距一个正向的冲击，在之后的 2 期内将产生负向的影响，之后冲击效应逐渐消失，到第 5 期脉冲响应为 0。同时，户籍人口城镇化率的冲击在前 4 期内显著为负，即在本期迁移农民的市民化程度提高，在之后的 1 期内城乡居民的收入差距会呈现缩小的趋势，收入差距问题得到有效缓解，第 2、3 期内仍保持这一冲击，但从第 3 期开始这种冲击的效应逐渐减少，到第 4 期之后，市民化的收入调整效应趋于 0。此外，户籍人口城镇化率的二次项也在前两期表现出负向的冲击效应，之后逐渐消失。

4. 结果分析

从表 7-4 的回归结果可以看出，城乡居民收入差距的变化趋势本身具有显著的惯性，其滞后一期的系数显著为正的 0.525；滞后两期的系数显著为负的 0.511，这一结论表明过去城乡居民收入差距扩大的趋势对当前的收入差距产生正向惯性，上一期收入差距的扩大加剧了当期的收入分配不平衡问题；但随着市场经济的发展和政府宏观调控的完善，前两期的收入差距在当期得到有效缓解，滞后两期的收入差异对当期产生负效用。

在城镇化的影响因素中，户籍人口城镇化率 urb 的一阶滞后项系数不显著，二阶滞后项的系数显著为正的 2.123；户籍人口城镇化率二次项（urb^2）的一阶和二阶滞后项的系数显著为 -4.805 和 -2.184。这表明以人为本的新型城镇化建设对城乡居民收入差距的影响具有一定的时滞性，上期市民化水平的提高对当期的收入差距产生显著的负向效应主要通过二次项发挥作用，市民化水平的提高降低了城乡居民的收入差距程度。同时，户籍人口城镇化率的滞后两期变量对城乡收入水平的影响效应呈现出显著的先增后减倒"U"型趋势，且拐点在 23.63% 的水平上，即当城镇户籍人口占比低于 23.65% 时，新型城镇化建设过程中市民化程度提高引起的社会结构调整推动了城乡居民间收入差距的扩大；当户籍人口城镇化率超过这一拐点后，城乡收入差距会随着市民化水平的提高而缩小。这一结论在一定程度上证明了前文所提出的理论研究假说 3。当前，我国的城镇化建设已经超越了这一拐点，提高户籍人口城镇化率有利于缩小城乡居民收入差距。

同时，将户籍人口城镇化率与常住人口城镇化率的系数进行对比，不难发现，户籍人口城镇化率的影响系数和显著程度远高于常住人口城镇化率，这一结果意味着，在我国的城镇化建设过程中，只实现农村人口向城市迁移的"半城镇化"对缩小城乡居民间收入差距的实际影响较弱，只有将迁移农民纳入到城市建设和公共服务体制之中，使其真正地享有市民的权利，不断提高市民化建设质量、改善民生，才能有效缩小城乡居民收入差距。

在两个模型的对比结果中，控制变量的系数均较为稳定，回归结果稳健。其中，城市规模 lnare 的系数在 1% 的水平下显著为 0.075，究其原因可能如下：首先，在土地城镇化的建设过程中，农村土地转让获得的政府收入主要偏向于对城市的建设和开发，而对农村发展的补贴和转移支付占比较小，土地财政对农村经济的资金支持远小于对城市经济的影响；其次，城镇规模的扩张为城市经济发展提供了更为丰富的土地资源和发展空间，大量企业和资源优先选择向新城转移，对农村投资的可能性进一步降低，城市面积的不断扩大使城镇规模经济得到充分的发挥，而农村的企业集聚程度和非农产业的现代化程度仍处于较低水平，加剧了城乡居民间的收入差距。

城镇经济与农村经济之比 dy 的影响系数为 0.052，且在 1% 的水平上显著，这一结论验证了理论假说 2。即在市场经济的运行过程中，农村经济总量与城镇经济总量的差异是城乡居民收入差距扩大的直接原因之一。要缩小这一差距，就要在城镇化建设的同时，大力发展现代农业，通过农业机械化提高农业生产效率，推动农业适度规模经营；同时，要根据自身特色，鼓励支持农产品深加工、绿色旅游业等支柱产业的形成和壮大，吸引社会投资资金进入与集聚，提升农业农村现代化的经济实力和内生动力。

在反映社会投资状况的指标中，体现投资总水平的贷款额度（lnloan）影响系数显著为 -0.036，这表明随着社会金融产业的创新与发展，尤其是城镇化过程中城镇金融产业向农业部门的扩张与渗透，农村地区的金融设施和业务逐渐完善，有利于缩小城乡居民之间的收入差距；农村土地制度的改革和对农业贷款政策限制的放宽，使银行贷款逐渐成为农民创业的资金来源之一。同时，随着政府对农业财政支出（lnsub）的持续增加，返乡农民再就业和本地农民创业获得更多政策支持和资金保障，近年来，特色养殖业及农产品深工产业获得有效发展，农民收入水平显著提高。金融产业的协同发展及农业财政支持力度的增强使城乡间的投资结构趋于优化，二者对城乡组间泰尔指数的影响系数均显著为负，是实现城乡经济协调发展、增加社会有效需求的重要实现途径。

除投资结构的优化作用外，交通运输网络体系的构建与不断完善也是缩小城乡居民收入差距的基础。在实证回归结果中，公路、铁路网（lntri）的系数显著为 -0.035，这一结论表明我国公路、铁路等交通条件每改善 1%，将带动城乡间居民收入差距缩小 0.024%。城镇化过程中，交通运输业的发展为城乡间劳动力、土地等自然资源与产品的有效配置提供了良好的平台，以交通运输业为代表的基础设施建设为增加农民收入、实现经济健康发展奠定了良好的基础。

7.4 本章小结

本章的研究立足于中国特色社会主义经济发展过程中人民对美好生活的切实需求，从提高居民生活水平的关键因素——城乡居民收入差距问题入手，对反映中国以人为本的新型城镇化建设质量的市民化程度这一指标对于城乡居民收入差距的影响进行机制分析与经验论证。首先，在城乡二元结构理论的基础上，对近年来我国城乡之间、城市内部和农村内部收入差距的泰尔指数进行测算，得出城乡居民收入差距的扩大是中国经济发展新常态以来，经济结构调整和增长质量提升所面临的主要挑战，通过城镇化建设缩小城乡居民收入差距是实现城乡经济协调发展、实现发展成果共享的重要途径。

其次，为详细说明城镇化建设对中国城乡居民收入差距及经济增长的影响，本章以泰尔指数测度的城乡居民收入差异为因变量，对反映城镇化建设质量的户籍人口城镇化率和土地城镇化等指标的收入差距效应进行实证回归，结果表明：（1）劳动力资源的集聚和城市土地规模的扩张等城镇化建设过程，分别在城市和农村的发展中呈现出显著的集聚效应和扩散效应，对城乡经济的协调发展和居民收入的平衡增长产生重要的影响；（2）户籍人口城镇化率的影响系数和作用程度要远远大于常住人口城镇化率，在中国"以人为本"的新型城镇化建设过程中，只注重城镇规模扩张和人口规模扩大的"半城镇化"等传统粗放型建设模式对缩小城乡居民收入差距的作用程度非常有限，只有切实地提高迁移农民的市民化水平，不断提高城镇化建设质量，才能有效地缩小城乡居民收入差距，实现城乡经济的协调增长；（3）此外，户籍人口城镇化率的作用机制具有显著的时滞性，其滞后两阶变量的实证结果特征表明，户籍人口城镇化对城乡居民收入差距的作用程度呈显著的先增后减倒"U"型趋势，其拐点为23.63%。

上述结论表明，以城镇人口的集聚和城市规模的扩张为基础，在促进传统城镇化建设向新型城镇化建设模式转化的同时，加大力度提升城镇化建设质量是有效缩小城乡居民收入差距、实现城乡经济协调和共享发展等目标、实现经济结构优化的重要途径。

第8章 我国城镇化建设的微观样本分析

近年来,"以人为本"的新型城镇化建设成为中国特色社会主义城镇化推进的主要实现形式,其关键在于坚持和落实以人民为中心的原则和指导思想,将工作重心逐步转移到解决迁移农民的切实需求、保护农民的合法权益上来。基于此,在以上章节宏观经济分析的基础上,本章立足于城镇化过程中迁移农民这一微观主体的具体特征和实际需求,从微观视角出发,对迁移农民的个体差异及其在城镇化模式选择和幸福感提升等城镇化建设质量方面的影响因素进行理论分析和实证论证,以更加突出迁移农民在城市生存、发展所面临的切实问题和障碍,为提高我国的城镇化建设质量、推动经济增长效率提升提供借鉴。

8.1 问题的提出

改革开放以来,在城镇化建设的推动下,特大城市和大中城市所具有的产业集聚优势为农村剩余劳动力资源的转移创造了较多的就业岗位和良好的发展空间,向特大城市及大中城市转移成为近年来我国城镇化推进的主要实现形式。农村人口大规模地向大城市的转移和集聚,推动着城镇化的快速发展,同时随之而来的人口压力也对城市发展产生了一定的负面冲击(熊景维,2013)[1]。近年来,我国特大城市和部分大中城市出现了交通拥挤、环境恶化、房价激增、公共资源紧缺等社会问题。由于户籍制度等方面的限制,只有小部分农村剩余劳动力通过努力

---

[1] 熊景维、钟涨宝:《中印农村劳动力转移中的政府角色差异、成因及其启示》,载于《中国软科学》2013年第7期。

获得了城市户籍，真正实现了市民化。而大部分农村转移人口难以融入到城市体系之中，"农民工"群体逐渐壮大，社会矛盾随之深化。为了解决传统城镇化所带的经济社会发展问题，使进城务工的农民工享受到与市民均等的城市公共服务，在"以人为本"的新型城镇化背景下，党的十八届三中全会进一步提出，要为大城市"瘦身"，并全面放开小城镇对于迁移农民的户籍限制，引导农村人口向小城镇转移。《国家新型城镇化规划（2014－2020年）》进一步强调，在全面放开建制镇和小城镇落户限制的同时，要合理、有序地放开50万～100万人口的大中城市落户限制，严格控制城区人口500万以上的特大城市人口规模，以中小城市和小城镇为重点，推进"以人为本"的新型城镇化建设。

随着政府对户籍制度的逐步放开及相关用人制度、公共服务制度等管理体系改革的全面深化，从2000年开始，中国农村人口向城镇转移的数量激增，但获得城市户籍的人数仍相当有限。根据清华大学（2013）对中国城镇化的调查数据显示，我国非农户籍人口仅占全国总人口的27.6%，在过去的20年中，我国的农转非比例仅增长了7.7个百分点，以市民化为核心的城镇化率增长远滞后于常住人口城镇化率，农民转移后的城市融入问题严峻。在新型城镇化背景下，要推动城乡劳动力资源有效流动，研究农村剩余劳动力转移的长效机制具有重要意义。

对于农村剩余劳动力的迁移模式，国内学者的结论存在一定争议，其中，部分学者认为农村人口向中小城市和小城镇迁移能尽快实现城乡融合的协调发展，乡镇企业作为小城镇经济发展的重要支柱，是吸纳农业转移劳动力的主体，城镇化建设要充分发挥中小城市和小城镇的人口蓄水池作用（费孝通，1996）[1]。而有学者认为规模较小的城市，其产业优势和劳动力吸纳能力非常有限，大城市及城市群更容易发挥迁移人口的集聚效应和扩散效应，基础设施和公共服务优势更加明显，中国的城镇化建设要更加注意发挥大城市的吸纳能力（吴迅、曹亚娟，2002等）[2]。在多样化的迁移模式下，农村劳动力的迁移决策受到多方面因

---

[1] 费孝通：《论中国小城镇的发展》，载于《中国农村经济》1996年第3期。
[2] 吴迅、曹亚娟：《农村剩余劳动力转移问题的再讨论》，载于《人口与经济》2002年第4期。

素的作用，其中，托达罗（Todaro，1969）[①]、斯塔克（Stark，1997）[②]等学者从收入的角度进行解释，认为城乡工资收入差距是决定农村劳动力迁移选择的关键因素；在认可收入差距的重要性基础上，布鲁内和科米（Brunello and Comi（2004）[③] 等学者的研究提出城乡在教育、资金、培训等人力资本积累方面存在的差异直接导致了劳动生产率的城乡分割，促使农村和城市分别形成劳动力迁移的推力和拉力。除了物质资本的影响外，还有学者关注到社会资本等非正式制度在人口迁移中的作用，且大量研究表明社会网络的丰富和拓展为外出迁移的农民提供了就业信息和情感支持，有利于降低迁移的成本和不确定性，促进农村剩余劳动力顺利迁向城市；此外，还有学者关注到家庭特征对农村剩余劳动力迁移决策的影响，提出家庭老年、少儿抚养压力的增加对迁移产生一定障碍（Kurt Annen，2003）[④]，在中国的城镇化建设及城乡劳动力流动过程中，能实现举家搬迁是提高城镇化建设质量的关键（吴晓华，1993）[⑤]。当前，学者们的研究从不同视角对城乡劳动力迁移进行探讨，较为全面地分析了农村剩余劳动力迁移的影响因素及障碍，为本章的写作提供了丰富的理论借鉴及文献支撑，但现有研究对于转移距离的影响论证尚不充分，使得相关结论及政策建议的适用性受到局限。

因此，在已有研究的基础上，为系统地说明我国新型城镇化推进过程中农民迁移所面临的具体问题及影响因素，本章以迁移的农村剩余劳动力这一微观视角为研究主体，以迁移模式的微观个体决策为研究对象，从实现人的全面发展目标出发，通过理论研究和实证分析，对影响我国农村剩余劳动力向城镇聚集的制约因素及地区间差异等问题进行深入探讨，为充分挖掘现有劳动力资源优势、提高人力资源空间配置效率提供政策建议。

---

① Todaro M. P., A Model of Labor Migration and Urban Unemployment in Less Developed Countries. *The American Economic Review*, Vol. 59, No. 3, 1969, pp. 138 – 148.

② Stark O., Altruism and beyond: an economic analysis of transfers and exchanges within families and groups. *Population Studies*, Vol. 38, No. 50, 1997, pp. 426 – 426.

③ Brunello G. and Comi S., Education and Earnings Growth: Evidence from 11 European Countries. *Economics of Education Review*, Vol. 23, No. 1, 2004, pp. 75 – 83.

④ Annen K., Social Capital, Inclusive Networks, and Economic Performance. *Journal of Economic Behavior & Organization*, Vol. 50, No. 4, 2003, pp. 449 – 463.

⑤ 吴晓华：《城镇化：我国农业剩余劳动力转移的新阶段》，载于《中国农村经济》1993年第12期。

8.2 我国城乡劳动力迁移的主要特征

近年来，随着城镇化建设在经济增长及增长方式转换中作用的不断增强，规模不断壮大的城乡间迁移人口成为推动城乡间、区域间、产业间经济协调增长与经济结构优化的重要建设主体。根据我国城镇化建设的发展历程及具体特征，将农村剩余劳动力转移的主要途径归纳为：第一，在户籍所在地（本地）的乡镇企业打工或创业，获得非农业收入，即实现离土不离乡的城镇化，包括在农村机关事业单位、乡镇企业、私营企业和个体等企业就业，其中乡镇企业是最主要的迁移渠道。第二，到非户籍所在地的城镇打工或创业，实现既离土又离乡的迁移，包括向省内其他地市迁移和省外迁移两种模式。因此，根据农民迁移地距离的远近，可以进一步将迁移模式分为：第一，迁往户籍所在地的乡镇，农村剩余劳动力实现了就地城镇化；第二，迁往户籍所在地省内的其他城镇，属于就近城镇化；第三，迁往省外其他城镇的农村剩余劳动力，属于异地城镇化。近年来，我国城镇化进程的推进主要依赖于就近城镇化和异地城镇化两种途径。

在城镇化建设稳步推进的基础上，自我国经济发展步入新常态以来，随着人口流动规模总量的增加与增速的下滑，传统的人口红利增长优势逐渐消失，人口结构的转变推动着劳动力资源在城乡之间的流动和配置呈现出如下特征：

1. 农民工数量持续增加

新型城镇化的核心内容实现以人为本的"人的城镇化"，其本质要求和实现形式是推动迁移农民的市民化。根据清华大学（2013）对中国城镇化的调查数据显示，我国非农户籍人口仅占全国总人口的27.6%，农村迁移人口的市民化程度远低于城镇常住人口占比，迁移农民在城市的融入问题严峻。近年来，经济体制改革的持续推动与全面深化为城乡人口的自由、平等流动提供了良好的制度环境，但大部分农村迁移人口仍难以有效融入城市体系，"农民工"这一特殊群体仍显著存在且规模逐年扩大。他们在职业上已经从农民转化为产业工人，但未获得城市的认可，无法享受与市民等同的社会福利和待遇。

表 8-1　　　　2009~2014 年农民工数量及迁移模式选择统计

年份	农民工人数（亿人）	农民工占比（%）	外出务工（亿人）	本地迁移（亿人）	跨省异地迁移（亿人）	省内就近迁移（亿人）	举家外出人数（万人）
2009	2.297	68.94	1.453	0.844	0.7441	0.709	2966
2010	2.422	69.84	1.533	0.889	0.7717	0.761	3071
2011	2.527	70.37	1.586	0.941	0.7473	0.839	3279
2012	2.626	70.78	1.637	0.992	0.7647	0.869	3375
2013	2.689	70.01	1.661	1.028	0.7739	0.887	3525
2014	2.739	69.68	1.682	1.057	0.7867	0.895	3578

注：数据来源于 2009~2014 年全国农民工监测调查报告。

以农民工为代表的农村剩余劳动力，既是推动城乡建设和经济发展的主体，也是介于城市与乡村之间的特殊人群和弱势群体，其转移趋势和主要特征在很大程度上反映了我国城镇化的状况。自新常态以来，我国城镇中农民工这一"边缘群体"的总量呈逐年增大的趋势，占城镇总就业人数的比重约 70%，以农民工群体为代表的城镇化建设质量问题引起广泛关注。2009~2014 年，在迁移的农民工群体中，选择在本地就地城镇化的农民工人数最多，由 8437 万人增至 1.057 亿人，占农民工总量的 38.59%。在选择向外迁移的农民工中，基于较高的迁移成本及经济压力，实现举家搬迁的家庭化迁移比重仅占 13%，大多数农民工的家属仍留在农村，"留守儿童""空巢老人"等社会问题随之产生并逐渐加剧；因此，近年来，选择跨省范围异地城镇化的人口规模虽略有增加，但占比呈逐渐递减的趋势，到 2014 年降至 28.72%；与远距离的跨省迁移相较，选择在省内就近城镇化的人数增长较快，2009~2014 年这一群体的规模由 7092 万人增至 8954 万人，2014 年的占比达 32.69%[①]。

---

① 资料来源：2014 年全国农民工监测调查报告。

2. 人口迁移的区域不均衡

近年来，基于东、中、西部及东北部各区域的经济不平衡发展特征，城镇化的推进与人口迁移亦随之呈现出显著的区域差异。其中，东部地区城市产业发展的区域优势、良好的就业环境和广阔的发展空间对农村剩余劳动力形成较强的吸引力和容纳力，大量农民工倾向于向就业机会相对较好、收入水平较高的东部地区集聚，而经济发展相对滞后的中西部和东北部地区则不同程度地面临着劳动力资源的净流出，尤其是优质人才大量流失的挑战。据统计，2014年在向外省迁移的农民工群体中，中部地区输出的人数最多，为6424万人，其中约90%的人转向东部；西部地区输出的人数为5250万人，且接近83%的人流向东部城市；而东部地区向省外转移的人口规模最少，仅882万人[①]，其中72.6%是在东部地区内部的不同省市间进行流动和迁移，而迁往中西部和东北部的人数较少[②]。

截至2014年，我国东部地区的常住人口城镇化率达到62.2%，而中、西部地区的这一比率仅为48.5%[③]。区域间劳动力资源转移的不均衡，使中西部和东北部地区的人才流失严重，经济增长与方式转变面临更大挑战。

3. 新生代农民工逐渐成为迁移主力

近年来，80、90后异军突起，并成为我国劳动人口的构成主体，外出打工、创业的农民工队伍逐渐年轻化。据农民工监测调查报告显示，到2018年，我国农民工的平均年龄约在40.2岁，51.5%的农民工出生在1980年以后。新生代农民的崛起使城镇化建设呈现出新特征，他们对于外出打工有了新的认知和需求，尤其是获得了大专及以上学历或有一定职业技能的年轻劳动者，对就业、创业环境的优化有更高要求，大量高技能的新生代农民工将就业首选锁定在学校所在的城市或特大城市，其融入城市体系的主动性与综合能力比老一代农民工普遍要高。同时，年轻人对新兴信息技术与通信工具较强的学习、使用及推广能力使异地城镇化的实现更加便利，迁移的距离可以更远。

---

①② 资料来源：中国流动人口发展报告2014。
③ 资料来源：国家新型城镇化规划（2014-2020）。

4. 农民工返乡潮出现

基于农民工群体的大量存在及身份的特殊性，在流向城市就业、工作、生活的基础上，进一步实现市民化成为当前大量农村剩余劳动力迁往城市的重要目标之一。由于城市公共服务与基础设施等资源供给的有限性，我国绝大部分城市中均不同程度地面临着迁移农民的市民化需求难以得到有效满足的困境，大部分农民工及其家属难以均等享有城市医疗、养老、教育、卫生等服务。在城市推力的基础上，随着农村经济的发展与农业现代化建设的推进，为实现举家搬迁，近年来部分农民工在大中城市工作一段时间后被动选择返回家乡或附近的县城发展，"返乡"就业创业成为城乡人口流动的新趋势。因农民工返乡潮的出现，在江浙等地不同程度地出现了用工荒、人才荒等新问题。张强和刘洪银（2011）的研究提出，中国大都市对于农村剩余劳动力的吸纳已接近饱和，传统大规模农村剩余劳动力转向大城市的趋势已接近尾声，我国已经进入农村剩余劳动力转移后阶段[①]。当前，在中国特色社会主义现代化建设的新时代，乡村振兴战略的实施与农业农村现代化建设的推进，使农村非农产业获得较快发展，创业环境及基础设施建设取得较大改善，吸引着大量外出打工的农民主动返乡，"返乡"群体日益多元化。

8.3 城乡劳动力迁移的理论模型构建

托达罗（Todaro）在1969年初次构建并阐述了关于城乡劳动力迁移的理论模型，该模型认为劳动力的迁移决策主要取决于城乡预期收入差距这一因素，并从城市和农村两个部门对劳动力的迁移进行双向流动分析[②]。本章在托达罗模型的分析框架下，借鉴了程名望等（2006）[③]学者对该模型的修正，对农村剩余劳动力选择在农村务农和进城务工的

---

① 张强、刘洪银：《都市郊区农村劳动力转移就业的对策选择——基于北京市郊区的研究》，载于《城市问题》2011年第10期。

② Todaro M. P., A Model of Labor Migration and Urban Unemployment in Less Developed Countries. *American Economic Review*, Vol. 59, No. 1, 1969, pp. 138–148.

③ 程名望、史清华、徐剑侠：《中国农村劳动力转移动因与障碍的一种解释》，载于《经济研究》2006年第4期。

决策分别进行成本—收益分析，用城乡预期净收益差距替代城乡预期收入差异，来分析农村剩余劳动力迁移的决策机制。由于农民自身特征及外部环境差异的客观存在性，其决策及关键因素各有不同，本节的实证分析将从人力资本和社会资本的角度进行论证。

8.3.1 农民城镇化的成本—收益模型构建

在农村和城镇两部门经济中，劳动力根据城乡间预期净收益的差距做出转移决策。研究假设如下：①农村剩余劳动力是理性的，在迁移决策中追求自身利益的最大化；②年龄、性别、健康状况等个体特征外生给定；③农民的迁移决策取决于城乡预期净收益的折现值；④设定每个农民决策的起点（即基期的状况）具有一致性。

1. 未城镇化状况下的成本—收益分析

具有迁移意愿的农民，在流动之前仍以从事农业生产为主要特征，其预期净收益取决于预期农业总收益与总成本之间的差额。在农村的成本主要包括生活成本和农业生产成本两类，其中，生活成本用日常消费水平 C_r 与消费品的物价 P_r 的乘积来表示。农业生产的成本主要包括投入的劳动力成本、农业机械化等技术投入和资金投入三种。

对于农民从事农业生产的预期总收益，本书从以下几个方面进行讨论：①农产品等农业生产经营性收入；②政府对于养殖、种植等的补贴以及对农民的医疗、养老、贫困补助等转移支付收入；③农民土地、房屋、树木等资产所带来的财产性收益，由于这部分收益在农民进城后仍然存在，其财产性收益部分在城乡预期净收益差距的分析中可以忽略。

因此在 t 期，农民未城镇化的情况下，预期净收益可表示为：

$$PTR_R(t) = TR_R(t) - C_R(t) = [Q_r P_Q(t) + TR_r(t)] \\ - [C_r P_r(t) + W_r L_r(t) + A_r P_A(t) + K_r P_k(t)]$$

(8.1)

其中，Q_r、P_Q 为农产品的产量和单位价格；TR_r 表示农民的转移支付收入；$W_r L_r$ 为从事农业生产的劳动力成本，W_r 为农业生产的工资；P_A、A_r 分别表示农业机械设备的使用价格和数量；$K_r P_k$ 表示购买农药、种子、化肥等原料以及养殖业所需的资金投入。

2. 城镇化后的成本—收益分析

根据相关研究，我国目前农村剩余劳动力城镇化后的总成本主要包括找工作的成本、迁移成本和生活成本三个方面。其中，找工作的成本包括：①农民参加职业技能培训所需的费用 $T_u P_T$；②农民获得城镇就业信息的成本 I_u，这部分成本与农民所获得的亲友、同乡、基层政府组织帮助等社会资本量 N 密切相关，社会资本越多农民到城镇找到工作的成本就越低。

向城镇迁移的成本可以通过初次转移时发生的一次性成本 $G_u(0)$ 和持续转移所产生的迁移成本 $G_u(d,t)$ 等来体现，持续性的迁移成本不仅包括交通成本，还包括农民迁移到陌生环境所产生的不适应感和对家人的思念等精神成本，与距离 d 正相关，距离越远，迁移的精神成本和交通成本越高。同时，农民的迁移成本还包括在城镇的日常生活开支以及举家搬迁的成本等。

城镇化后，农村剩余劳动力主要收入来源从农业收入转为非农业收入，包括工资（经营性）收入、农村土地出租带来的流转收益和其他财产性收益等。对于城镇既定的岗位工资 $L_u W_u$，并非所有农村剩余劳动力都能顺利获得，具有一定的可能性，这个可能性用概率 π_u 来表示，获得就业的概率越高，转移人口的数量就越多，二者正相关，该概率与农民的职业技能培训水平 T_u、在城镇的工作经验 E 和社会资本水平 N 等因素正相关。

因此，在 t 期，农村剩余劳动力能够获得的城镇预期净收益 $PTR_C(t)$ 表示为：

$$PTR_C(t) = TR_C(t) - C_C(t) = [\pi_u(T_u, E(t), N) \cdot L_u W_u(t) + V P_V(t)] - [T_u P_T(t) + I_u(N, t) + G_u(d, t) + C_u P_u(t) + C_u^*(n, d, t)] - G_u(0) \tag{8.2}$$

其中，T_u 为培训时间，P_T 为培训的单位价格；日常生活成本用城镇的物价水平 P_u 和生活必需品消费量 C_u 来表示；用 $C_u^*(n, d)$ 来表示举家搬迁的成本，与家庭成员的数量 n、迁移的距离 d 正相关，且 $\frac{\partial C_u^*}{\partial d} > 0$，$\frac{\partial C_u}{\partial d} > 0$；农地的流转收益用流转的土地面积 V 与土地的单位价格 P_v 来表示。

3. 农村剩余劳动力的迁移决策

作为理性的个体，农民在每一期是否向城镇迁移的决策取决于未来预测净收益差异的折现值，用 DPTR(0) 来表示，其数学表达式为：

$$DPTR(0) = \int_{t=0}^{\infty} [PTR_C(t) - PTR_R(t)] \cdot e^{-it} dt \quad (8.3)$$

当预期城乡净收益差距的折现值 DPTR(0)>0 时，则农民城镇化后生活水平会有所提高，理性的农民选择向城镇转移；当 DPTR(0)=0 时，城镇化前后的预期净收益是无差异的，迁移与否对生活水平没有实质性的变化；当 DPTR(0)<0 时，城镇化后的预期净收益会降低，在农村务农会获得更高的预期收益，理性的农民选择不迁移。

4. 农村剩余劳动力城镇化的比重分析

农村剩余劳动力的城镇化规模占全部城镇劳动人口的比重 M(t) 是城乡预期净收益差距的增函数，将 M(t) 进行如下表述：

$$M(t) = \frac{s'}{s}(t) = F\left[\frac{PTR_C(t) - PTR_R(t)}{PTR_R(t)}\right], \quad F' > 0 \quad (8.4)$$

其中，s(t) 为 t 期城镇总的就业人口数，s′(t) 为 t 期迁移到城镇的农村剩余劳动力数量。

8.3.2 作用机制说明

1. 人力资本对农村剩余劳动力城镇化的作用机制

人力资本对农村劳动力资源城镇化的数量和规模发挥作用，主要体现在以下几方面：首先，职业技能培训 T_u 的作用。通过上文理论推导可以发现，在 F′>0 的情况下，只有 $\frac{\partial \pi_u}{\partial T_u} \cdot L_u W_u > P_T$ 时，$\frac{\partial M}{\partial T_u} > 0$，即只有使农村剩余劳动力通过职业技能培训所获得的工资收入部分高于所投入的培训价格，增加技能培训才能促进农村剩余劳动力向城市的转移，培训投入的正效应才能得到发挥；否则，增加培训投入将没有任何实际意义，甚至带来培训成本的损失。在对让农村剩余劳动者进行职业技能培训时要具有针对性，提高技能培训的实用性和有效性。

其次，工作经验 E 的作用。农村劳动力在找工作时所具有的工作经验可以用在城镇工作的时间来衡量，由于 $\frac{\partial M}{\partial E} = \frac{\partial M}{\partial \pi_u} \cdot \frac{\partial \pi_u}{\partial E} > 0$，这表明，在城镇的工作经验越丰富，劳动者向专家型人才转换的能力越强，找到工作的概率越高。对于具有在外打工经验的农民而言，选择异地迁移的可能性更大。

假说 1. 农村剩余劳动力的城镇化比重受到农民所拥有的职业技能和工作经验等人力资本的影响，若要使农民所拥有的职业技能发挥作用，需要对该技能支付相应的报酬；职业技能和工作经验提升对农村剩余劳动力顺利迁移到城镇有正向促进作用。

2. 社会资本因素的作用机制

对社会资本因素作用机制的分析可以通过农村剩余劳动力城镇化比重对其求一阶偏导数来体现，即：

$$\frac{\partial M}{\partial N} = \frac{F'}{PTR_R(t)} \left[\frac{\partial \pi_u}{\partial N} \cdot L_u W_u - \frac{\partial I_u}{\partial N} \right] \tag{8.5}$$

式 8.5 表明亲戚朋友、政府中介组织等社会资本 N 的构建和完善主要通过两个路径发挥作用。首先，由于农村剩余劳动力获得城镇就业岗位和工资的概率与社会资本的数量正相关，所以 $(\partial \pi_u/\partial N) L_u W_u > 0$。其次，由于社会资本与农村剩余劳动力获得有效就业信息的成本负相关，当社会资本增多时，找工作的难度和成本降低，即 $\partial I_u/\partial N < 0$。通过以上两种途径，农民所拥有的社会资本数量与农村剩余劳动力的数量及比重正相关，即 $\partial M/\partial N > 0$。

假说 2. 亲友、同乡、政府组织等社会资本作用的充分发挥，有助于为农民提供更多有效的就业信息，降低迁移成本，有利于促进农村剩余劳动力的城镇化。

3. 迁移距离的远近对农村剩余劳动力城镇化决策的作用机制

在岗位工资既定的条件下，农村剩余劳动力迁移比重与迁移距离的关系如下：

$$\frac{\partial M}{\partial d} = \frac{F'}{PTR_R(t)} \left[-\frac{\partial G_u}{\partial d} - \frac{\partial G_u^*}{\partial d} \right] \tag{8.6}$$

各地区城镇岗位数量及工资既定，不随距离的远近而增减，迁移地距离的远近主要通过农村剩余劳动力承担的成本发挥作用。首先，随着迁移距离的增加，因距离所产生的文化差异和生活习惯差异增大，农民的不适应感会随之增强，精神成本与转移距离正相关。其次，随着迁移距离的增加，农民在城乡间往返的交通费用增大，承担的经济成本增加；同时，由于回家所需的时间较长，往返的几率降低，这对于部分具有"兼业性"性质的农民来说外出打工与家庭难以兼顾，会减少农民城镇化的数量，$\partial G_u/\partial d > 0$。此外，农村剩余劳动力的迁移状况还在很大程度上取决于举家搬迁的程度，而迁移距离的远近直接影响着举家搬迁的经济成本，由于$\partial G_u^*/\partial d > 0$，迁移距离越远，家庭成员的搬迁成本就越高，农民向城镇迁移和在城镇市民化的成本和难度加大。

因此，农民的转移数量及比重与迁移距离负相关，即$\partial M/\partial d < 0$。

假说3. 在各城镇岗位工资既定的条件下，距离家乡较近的城镇迁移成本较低。要实现农村剩余劳动力长效转移，在向遥远的特大城市及大中城市异地迁移的同时，向周边的小城镇就近、就地转移是实现举家搬迁、提高市民化的有效途径。

4. 农业生产投入对农村剩余劳动力迁移的作用机制

农村剩余劳动力的迁移数量与农产品价格负相关，即：

$$\frac{\partial M}{\partial Q_r} = F'\left[\frac{-P_Q(t) \cdot PTR_C(t)}{PTR_R(t)^2}\right] < 0 \tag{8.7}$$

同时，城镇化的数量与农民转移支付收入负相关，即$\partial M/\partial TR_r < 0$，增加农民的农业生产经营性收入和政府对农业的转移支付，提高了农民选择在家务农的总收益，有助于缩小城乡收入差距，农民外出打工的可能性会有所降低。

农业技术的进步和农业机械化水平的提高，推动着农业生产率的提高，对农业劳动力的需求随之减少，农村剩余劳动力的供给数量与之正相关，即：

$$\frac{\partial M}{\partial A} = F'\left[\frac{P_A(t) \cdot PTR_C(t)}{PTR_R(t)^2}\right] > 0 \tag{8.8}$$

同理，$\partial M/\partial V > 0$，这表明农村土地流转的程度对农村剩余劳动力的城镇化水平产生正向影响。农民流转的土地越多，从事农业生产的可能性就越小，外出就业的可能性越大。因此，农村剩余劳动力的城镇化数量与农业技术的进步和农村土地流转机制的推进正相关。

假说 4. 增加农民的农业经营收入和转移支付收入会引起城镇化人口规模的减少，且对于缩小城乡差距具有积极的作用，符合新型城镇化的发展要求。农业机械化水平和农村土地流转水平的提高，能使更多的农村劳动力得到释放，为城镇化提供来源和动力，是实现农村剩余劳动力有效迁移的长效机制之一。

8.4 城镇化模式个体决策的实证研究

8.4.1 指标选取和计量模型构建

在传统城乡二元管理体制的作用下，为了充分体现以人为本的新型城镇化建设内涵和主要任务，本节分别以农民个体的城镇化模式选择和迁移后幸福感变化情况为研究对象，进行以下两阶段分析：

1. 城镇化模式选择模型的构建

在城镇化进程的初级阶段，农民个体的迁移行为及决策是研究的关键，因此，此阶段以农民个体对不同迁移模式的选择为因变量，从人力资本、社会资本等方面构建模型，如下：

$$Dis_i = \alpha_0 + \alpha Hum_i + \beta Soc_i + \varepsilon_i \qquad (8.9)$$

其中，Dis 为因变量，包括跨省的异地城镇化、省内就近城镇化和本地城镇化三种模式；Hum 为人力资本指标，Soc 为社会资本指标，i 代表个体变量，ε 为随机误差项。

（1）人力资本因素的指标选取说明。人力资本的积累受到个体特征和职业技能水平等因素的影响（余秀艳，2013）[①]，其中，个人特征选用年龄（age）、性别（gen）、子女个数（chi）、在家的保险数量（ins）等指标；而反映职业技能水平的指标选取职业技能培训（train）、

---

① 余秀艳：《城市化与城乡收入差距关系—倒"U"型规律及其对中国的适用性分析》，载于《社会科学家》2013 年第 10 期。

工龄（exp）、受教育程度（edu）等。

（2）社会资本因素的指标选取说明。农村剩余劳动力的城镇化，其核心在于就业（宁光杰，2012）[①]，对农民而言，有效的就业信息是解决问题的关键。由于农村在通信、交通、网络等方面的局限，农民通过市场机制获得就业机会的概率较低，大多通过亲友同乡及政府组织的帮助（马红梅等，2013）[②]。因此，本节的分析拟选取找工作是否得到亲友帮助（way）、是否主要与当地人来往（com）等指标。

根据上述指标选取描述，将基本模型式 8.9 扩展为：

$$Dis_i = \alpha_0 + (\alpha_1 age_i + \alpha_2 gen_i + \alpha_3 chi_i + \alpha_4 ins_i) + (\alpha'_1 tra_i + \alpha'_2 exp_i + \alpha'_3 edu_i) + (\beta_1 way_i + \beta_2 com_i) + \varepsilon_i \tag{8.10}$$

2. 城镇化后的幸福感变化模型

在城镇化进程的后期阶段，农民的迁移行为已经发生，对迁移农民的生活质量进行研究是本阶段关注的重点，因此，以城镇化后农民的幸福感变化（Hap）为因变量进行分析。幸福感的变化除受迁移模式选择的影响外，还取决于对迁移前后的工作、经济和生活状况的对比。首先，分别在人力资本和社会资本指标中加入了农民的来源地和迁入地所属区域（area）、婚姻状况及配偶就业可能（othj）等指标；其次，加入城镇化前后的相关经济因素（Eco），包括迁移到城镇后的家庭收入水平和农村老家的抚养压力两方面的因素，由于可获得数据的局限性，农民转移到城镇的经济水平通过在城镇的家庭月收入额（income）、月食品支出占比（rcon）、是否在城镇拥有住房（ownh）等指标来表示；抚养压力采用每年回老家的次数（back）、过去一年寄回家的钱数（mon）等指标。为了减小异方差，对每年寄回家的钱数和家庭月收入等指标取对数形式，将式（8.10）进一步扩展为：

$$Hap_i = \alpha_0 + (\alpha_1 age_i + \alpha_2 gen_i + \alpha_3 chi_i + \alpha_4 area_i) + (\alpha'_1 edu_i + \alpha'_2 tra_i + \alpha'_3 ind_i + \alpha'_4 exp_i) + (\beta_1 way_i + \beta_2 othj_i + \beta_3 com_i) + (\gamma_1 lninc_i + \gamma_2 back_i + \gamma_3 lnmon_i + \gamma_4 ownh_i + \gamma_5 rcon_i) + \varepsilon_i \tag{8.11}$$

---

① 宁光杰：《自我雇佣还是成为工资获得者？——中国农村外出劳动力的就业选择和收入差异》，载于《管理世界》2012 年第 7 期。

② 马红梅、陈柳钦、冯军：《社会资本对民族地区农村劳动力转移决策的实证研究——基于贵州省民族对比分析》，载于《经济与管理评论》2013 年第 2 期。

8.4.2 数据来源及回归结果说明

1. 数据来源说明

为了探究劳动力资源在城乡之间流动的作用机制和影响因素，本节基于 2011 年国家卫计委对江苏、浙江、上海等长三角城市群的流动人口动态监测数据，以农村迁向城镇的流动人口为研究对象，分别对农村剩余劳动力不同城镇化模式的选择及幸福感变动的影响因素进行实证分析。根据有效样本的流向差异，将总样本分为迁入的流动人口和迁出的流动人口两个群体，其中，迁入人口子样本量为 5550 个，迁出人口子样本量为 2670 个。

根据上文对城镇化模式的划分，总样本中选择异地迁移、就近迁移和本地迁移的比重分别为 85.14%、10.5% 和 4.3%。在迁入和迁出子样本中，平均年龄分别为 31 岁和 36 岁，其中 1980、1990 后等新生代农业户籍流动人口分别占到 48.29% 和 27.8%，迁移农民逐渐年轻化；在城镇购买住房的比重分别为 1.21% 和 12.3%，绝大部分农民仍为租房群体，而获得自有住房的比重最低；城镇化后的农民幸福感明显增强的比重均超过 1/3，认为生活变得不幸福的比重仅占 5.8% 和 3.2%。

2. 回归结果说明

（1）在第一阶段的实证分析中，以农民对本地、就近和异地三种城镇化模式的选择决策为因变量，进行 Order Probit 模型回归。为反映地区特征，并验证回归结果的稳健性，拟将迁入、迁出有效样本及东部地区迁入、迁出的子样本[①]的对比结果一并呈现，如表 8-2 所示：

---

① 由于本文以长三角地区的样本（属于东部地区）为研究对象，西部地区、中部地区和东北部地区的子样本中只出现跨省转移这一种途径，因此，选取了东部地区子样本的情况与总样本进行对比分析。

表8-2　　农村流动人口城镇化模式的影响因素回归结果

变量名称	迁入总样本	东部地区迁入的子样本	迁出总样本	迁出到东部地区的子样本
gen	-0.151 *** (0.049)	0.027 (0.082)	-0.074 (0.057)	-0.008 (0.071)
age	0.041 *** (0.004)	0.024 *** (0.006)	-0.006 (0.004)	0.003 (0.005)
chi	-0.359 *** (0.040)	-0.281 *** (0.067)	-0.183 *** (0.046)	-0.215 *** (0.058)
ins	0.162 *** (0.032)	0.129 *** (0.047)	-0.024 (0.035)	0.046 (0.041)
tra	0.017 * (0.054)	-0.039 * (0.089)	0.407 *** (0.065)	0.367 *** (0.080)
exp	0.033 *** (0.006)	0.008 (0.004)	-0.022 *** (0.006)	-0.035 *** (0.007)
edu	0.341 *** (0.057)	-0.004 (0.092)	-0.203 *** (0.065)	-0.248 *** (0.077)
way	-0.206 *** (0.049)	-0.228 *** (0.081)	-0.317 *** (0.057)	-0.242 *** (0.066)
Com	0.789 *** (0.073)	0.358 *** (0.102)	-0.001 (0.066)	0.121 (0.083)
常数项	3.675 *** (0.175)	1.519 *** (0.288)	0.461 ** (0.202)	0.363 (0.243)
调整的 R^2	0.996	0.345	0.426	0.44
样本数	5130	823	2435	1202
LR 检验	427.62	58.58	142.88	103.6

注：括号内为 t 统计量值，*、**、*** 分别表示在10%、5%和1%的水平上显著。

结果表明，农民个体对城镇化模式的选择受到人力资本及社会资本多方面因素的综合影响。在个体特征方面的影响因素中，性别系数显著为负，表明男性选择向外省迁移的可能性要低于女性，这一结论与我国社会传统息息相关，男性作为家庭支柱，在城镇化的决策过程中背负着更多的家庭责任和压力,而女性可以通过婚姻等途径实现向外省异地迁移;但这一性别差距在东部地区子样本中并不显著,主要在西部、中部和东北部等地区的子样本中发挥作用。年龄、在家参与的社保数量等系数在两个样本中均显著为正,即随着年龄的增长,农民选择异地迁移模式的可能性增加;在农村老家参加的社保数量越多,农民的生活压力越小,越有利于实现远距离的城镇化;同时,总样本的系数大于东部地区的子样本,这表明相对于经济发展水平较高的东部地区而言,年龄和在家参与社保等指标的正向效应对中西部流动农民的影响程度更大。

在社会资本的因素中,通过亲友、同乡找工作的系数显著为负,而主要与迁入地人口交往的系数显著为正,这表明能通过亲戚朋友找到的工作的农村流动人口更倾向于选择离家较近的城镇,在就地城镇化模式中社会资本的作用更加显著;子女的个数显著为负,这表明家中子女数量越多,农民选择向外迁移的经济成本和精神成本越高,为规避不必要的风险,子女较多的农民会更倾向于选择向附近的城镇转移;在总样本中,每增加一个孩子,农民选择异地城镇化的概率降低 0.359%,在东部地区子样本中,这一概率为 0.281%。这一结论验证了假说 3。

人力资本因素的回归结果显示:工作经验、受教育程度的系数在总样本中均显著为正,但在东部地区的子样本中不显著,这表明工作经验和受教育程度对农民外地迁移的促进作用主要体现在来源于西部、中部、东北部地区的农村流动人口群体中,在东部地区的农村流动人口中作用较弱。职业技能培训的系数在总样本中显著为正,而在东部地区的子样本中显著为负,主要原因在于职业技能培训的预期收入水平不同,尤其是在东部地区,劳动市场竞争激烈,农民职业技能培训的优势并不明显,甚至预期收益难以支付培训成本;而在人才流失严重的中西部地区,技能培训的优势更容易得到发挥,预期收益较高,接受职业技能培训后农民选择城镇化的概率提高 0.017%,该结论验证了假说 2。

在上述结论的基础上,迁入和迁出的农村流动人口之间也呈现出不同的特征。与迁入的样本不同,迁出人口的工作经验和受教育程度等人力资本的系数显著为负,究其原因在于迁出的农民均来源于经济相对较发达的长三角地区,其中,经验丰富、受教育程度较高等高技能人才对向经济发展水平相对落后且距离较远的中、西部或东北部地区迁移的意愿较低,他们更倾向于选择就地、就近城镇化模式,从而验证了假说 1。

（2）在第二阶段，为体现人的全面发展、改善民生等新型城镇化建设内涵，对城镇化后农民的幸福感变化情况进行实证分析。各样本的回归结果如表8-3所示。

表8-3 农民城镇化后幸福感变化的影响因素回归结果对比

变量名称	迁入的农村流动人口 总样本	就地迁移	就近迁移	异地迁移	迁出的农村流动人口 总样本	就地迁移	就近迁移	异地迁移
gen	-0.029	-0.355	-0.068	-0.023	0.034	0.142	0.010	0.047
age	0.008***	0.021	0.018*	0.008***	0.001	-0.008	-0.015	0.004
chi	0.062**	-0.260	-0.145	0.078***	-0.008	0.308	-0.062	-0.003
以来源于西部地区为参照					以迁移到西部地区为参照			
Mid	-0.091**	—	—	-0.091**	-0.062	—	—	-0.046
Nore	0.052	—	—	0.058	-0.334**	—	—	-0.342*
Est	-0.078	—	—	-0.091	-0.117*	—	—	-0.1
edu	-0.061	-0.180	0.048	-0.073*	-0.114*	-0.235	-0.239	-0.092
以有配偶、就业为参照					以有配偶、就业为参照			
othj1	0.159**	0.343	-0.199	0.195***	-0.101	0.258	-0.254	-0.103
othj2	0.021	0.114	-0.002	0.027	-0.097	-0.192	-0.126	-0.104
rcon	0.290***	-0.455	0.381	0.297***	-0.041	0.180	-0.374	0.031
Lnmon	-0.026***	-0.024	-0.010	-0.029***	0.137***	0.189***	0.171***	0.127***
Lninc	0.220***	0.490*	-0.040	0.260***	0.090**	0.214	0.016	0.090**
以第一产业就业为参照					以第一产业就业为参照			
ind2	-0.376*	1.34	1.819**	-0.844***	0.360	1.054	0.814	0.294
ind3	-0.275	1.128	1.816**	-0.729**	0.456	1.465	0.963	0.346
exp	0.018***	0.017	0.018	0.017***	-0.004	0.001	-0.002	-0.005
back	-0.029*	0.003	-0.030	-0.032	0.016	-0.002	0.078**	-0.004
ownh	0.442***	1.127	0.726***	0.109	0.101	0.593*	0.343	0.028
Com	0.062	-0.063	-0.158	0.142*	0.020	0.155	0.075	0.002
常数项	2.006***	5.418*	2.566*	1.827***	0.077	0.359	0.538	0.084
样本数	5130	167	408	4555	2406	167	408	1831
R^2	0.201	0.660	0.430	0.212	0.288	0.799	0.743	0.233
LR值	175.49	15.41	30.02	164.74	109.39	19.67	43.53	68.62

注：*、**、***分别表示在10%、5%和1%的水平上显著。

LR 检验表明各样本的回归结果良好，能有效地解释经济现象。在迁入长三角地区的农村流动人口样本中，工作经验每增加一年，其幸福感提升的概率增加 0.018%。根据农民所属行业不同，以第一产业为对照，在第二产业就业的农村流动人口其系数显著为负；从不同迁移模式的对比结果来看，就近城镇化和异地城镇化的子样本中在第二、第三产业就业的群体其系数也显著为负，这表明城镇化后，选择迁向外地的农村流动人口，若从事与农业生产相关的产业能促进其较快地适应环境、发挥优势，有利于提高幸福程度。这一结论表明增加对农业技术的投入，大力推动农产品深加工，深化农业产业链发展是经济新常态下提高城镇化建设质量的重要条件。

家庭收入是决定迁移农民幸福感的显著指标，且在迁入人口群体中的影响系数较大，家庭收入每增加 1%，迁入长三角地区的流动农民其幸福感提升的概率将增加 0.22%。此外，迁移农民的幸福感还受到家庭状况的影响，（1）与有配偶且配偶就业的样本相比，没有配偶的农民其系数显著为正，这与预期的有一定差异，原因可能在于当前的城镇化建设过程中迁移农民收入水平整体较低，大量迁移农民配偶的收入难以满足婚姻及家庭压力的需要，出于家庭负担的考虑，有配偶的迁移农民获得幸福感的程度较低；（2）回家的次数系数显著为负，回家的次数越多意味着举家搬迁的程度越低，迁移农民承受的经济、精神成本也越高，幸福度随之降低。

此外，在迁入、迁出的农村流动人口样本间，回归结论也呈现出一定的异质性。在迁入样本中，农民在城镇获得自有住房的影响系数显著为 0.442，这表明迁到长三角城市群后，农民通过获得自有城镇住房实现市民化是幸福感提高的重要条件；但住房带来的正效应在迁出样本中并不太显著。此外，每年寄回老家的钱数这一指标的影响程度在迁入和迁出样本中也呈现出较大的差异，在迁入子样本中，寄回老家的钱每增加 1%，迁移后幸福感提升的概率将随之降低 0.026%，且这种效应主要体现在选择异地城镇化模式的群体中；而迁出农民群体中的这一系数显著为正，寄回家的钱数每增加 1%，幸福感提升的概率提高 0.137%，且在迁出的本地城镇化、就近城镇化和异地城镇化子样本中，该系数均显著，分别为 0.189、0171 和 0.127。上述结论表明，从长三角城市群迁出的农村流动人口更希望将钱寄回老家，他们之中大部分人口将外出打工作为未来返乡的过渡阶段，改善农村老家的生活条件是他们获得幸福感的重要途径；而迁入到长三角的农村流动人口，尤其是来源于中、西部地区的省外流入群体，他们更希望能在当地的城镇中定居，通过购买住房获得城镇户籍，实现市民化，寄回老家的钱成为一种经济负担，对提高幸福感的作用并不显著，因而，提升购房落户能力是这部分农民城镇化的主要目标。

8.5 本章小结

在经济增速逐渐放缓的时代背景下，有效促进农村剩余劳动力资源向城镇转移是经济增长的重要驱动力之一。在我国"以人为本"的新型城镇化建设过程中，根据迁移距离的远近，农民的城镇化模式主要体现为跨省迁移、向省内的其他地市就近城镇化和在本地就地城镇化等模式。

本章的研究以微观个体的行为决策为研究对象，对城镇化过程中迁移农民个体的成本和收益进行系统分析，并在托达罗人口迁移理论模型的基础上，通过对长三角城市群迁移农民的微观个体调研数据进行实证分析，试图找出农民个体对本地城镇化、就近城镇化和异地城镇化等模式进行选择决策的主要影响因素及作用机制，进一步探讨不同城镇化模式下幸福感变化的主要原因。实证结果表明：（1）农民对本地城镇化和就近、异地城镇化等模式的选择决策，主要受到自身特征、职业技能、工作经验等人力资本和亲友同乡、社交网络等社会资本等多重因素的共同作用，是一个系统性的社会问题，人力资本和社会资本积累的正向作用在经济实力相对较弱的中西部地区和东北地区的迁移农民中效应较为显著。（2）迁移距离的远近通过经济、精神等迁移成本发挥作用，与远距离的跨省城镇化相比，本地和就近等近距离的城镇化模式所需的成本较低，是实现农民举家搬迁、提高城镇化效率的有效途径。（3）不同区域的农村流动人口在迁移过程中提高幸福感的因素存在显著的异质性差异，长三角城市群迁出的农民其返乡意愿比较强烈，外出打工的收入主要用于寄回老家，幸福感的提高程度与寄回家的钱数正相关；截然不同的是，迁入长三角城市群的流动人口，尤其是中西部迁出的群体更希望能提高收入水平并购买城镇住房,市民化意愿更加强烈。

因此,在中国特色的新型城镇化建设中,要始终坚持"以人民为中心"的基本原则,充分尊重城乡发展地方特色,充分尊重农民迁移意愿,构建多层次、开放式的城市集群网络体系,激发小城镇发展活力并增强其人口吸纳能力,促进就近就业与本地城镇化;逐渐缩小城乡迁移成本与经济差异,促进城乡人口资源的双向流动与自由配置。要进一步稳定农民耕地、宅基地基本权益,促进城市公共基本服务供给向农村地区延伸,促进城乡公共服务供给的一体化,切实提高迁移农民的生活水平和市民化程度。

第 9 章　政策建议与研究展望

在中国的经济增长过程中，城镇化作为经济社会发展变化的主要过渡形态，对经济增长数量的稳步提升和发展方式的转变起到重要的推动作用。基于中国城镇化建设的具体实践路径，可以将我国的城镇化分为传统城镇化和新型城镇化建设两个阶段，其中，传统城镇化建设以城镇规模的扩张和城市人口的增多等内容为主要实现形式，在促进集聚经济形成与社会形态转换的同时也引发了城乡发展不协调等问题；"新型城镇化"建设的提出，在汲取传统建设模式经验教训的基础上，坚持以人为本，以注重城镇化建设质量的提升为核心，成为当前推动经济增长新动力形成、增长模式优化的重要条件。

中国特色社会主义建设的稳步推进，要立足于中国的基本国情和具体实践，以马克思主义与中国特色社会主义理论体系为指导。近年来，随着新型工业化、城镇化、信息化与农业现代化的同步推进，中国的城镇化建设和经济增长更加注重向创新、协调、绿色、共享等可持续发展模式的转变；当前，中国特色社会主义建设新时代下，在区域整体经济社会发展稳步推进的同时，城乡发展的不平衡成为经济有效增长的主要短板，新型城镇化建设对经济增长的重要性日益突显。在此背景下，要充分发挥城镇化建设对经济增长的推动作用，就要深刻系统地认识到我国城镇化建设的优势和存在的不足，并据此提出针对性的政策建议。因此，本章在以上章节理论分析和实证论证的基础上，以马克思主义城乡关系理论和中国特色社会主义城镇化与经济增长理论为指导，在借鉴国际经验和相关理论的基础上，立足于中国国情和城乡发展现实问题，坚持以人民为中心的立场，从提高城镇化建设质量和发挥城镇化建设对经济增长的正向效应等视角，为促进我国城镇化建设水平的提升与经济持续增长动力的形成提出针对性政策建议。

9.1 提高城镇化建设数量和质量的政策建议

以上章节的理论研究与实证分析，充分论证了合理、有序地推动城镇化建设是当前新常态下实现经济持续、健康增长的重要动力机制。而发挥城镇化的积极作用，需要一定的经济社会条件，只有适应经济发展水平的城镇化建设才能推动经济增长，超前的或滞后的城镇化都不利于经济增长。当前，在中国的经济建设和社会发展过程中，以人为本的新型城镇化建设仍呈现出如下问题：

（1）城市配套建设滞后于土地城镇化的发展。在土地财政和高房价的推动下，为有效缓解劳动力、资金、技术等资源的集聚压力和挑战，近年来我国各等级的城市面积均持续扩张，城镇空间规模和数量迅速增长成为城镇化推进的主要特征和实践路径。土地城镇化建设的较快推进滋生了盲目追求短期经济效率的发展导向，使得很多城市出现了人口和产业的集聚相对滞后，交通、医疗、卫生、教育、社会保障等公共服务难以配套，大量新城空置，尤其是在二三线城市中，新建城市的居民入住率和企业入场率较低，"空城""鬼城"问题频现，房地产业库存较大与高房价、购房难问题并存，城市资源配置效率低。

（2）人口城镇化建设的质量滞后于速度的增长。在以人为本的新型城镇化建设推动下，增进人民福祉、实现人的全面发展成为经济增长的根本目标和落脚点。在城乡二元管理体制下，我国的城镇化建设进程被人为地划分为迁移和市民化两个阶段，人口城镇化建设的数量与质量水平随之相脱节。在城乡户籍制度及相关公共服务管理体制的限制下，获得城市户籍成为迁移农民实现市民化的重要门槛，城乡户籍制度改革的不断推进虽然使这一门槛逐渐降低，但隐藏在户籍制度背后的公共服务差异仍是阻碍人口城镇化建设质量的重要障碍。同时，农民工较低的工资收入和城市不断高涨的房价和医疗、教育等费用，使迁移农民的生活质量长期处于较低水平，市民化的能力较差。

（3）不同等级城市的人口集聚程度不均衡现象严重。随着城市经济的不断发展和中心城市集聚效应、扩散效应的增强，社会优秀资源和政策优惠不断涌向特大城市和大城市，为推动特大城市和大城市规模经济的形成提供了良好的条件，更进一步地增强了这些城市对优质资源的吸引力。近年来，随着人口、资金和技术不断向中心城市集聚，北上广等一线城市逐渐呈现出人口过度集聚、社会资源紧张、环境质量恶化、交通拥挤等城市病问题，迁移农民在特大城市和大城市的竞争能力较弱、生活质量较差。而在东北地区、中西部地区和东部部分地区的中小城市和小城镇，人口密度和产业聚集程度相对较低，且不同程度地面临着优质的人力资本、技术与资金等资源流失的问题。不同等级的城市间人口集聚程度的不均衡问题也成为制约经济增长的重要因素。

过去城镇化建设过程中存在的以上问题，既是制约经济增长的关键，也是未来经济结构调整及改革全面深化的重点。要充分发挥城镇化建设对经济增长的推动作用，就要不断深化改革，促进城镇化建设数量和建设质量的全面提升。因此，本书给出如下政策建议。

9.1.1 完善行政管理体制，全面深化改革

第一，进一步完善区域经济协调发展战略规划。改革是经济发展的强大动力，是区域经济协调增长的制度保障；城乡经济发展的不平衡现状也"倒逼"着行政管理体制的持续完善与改革的全面深化。首先，在区域规划确定与执行过程中要正确处理好政府与市场的关系。在区域人口资源配置及城乡发展规划的制定及实施过程中，要根据人口结构的变动及区域资源供求压力等具体特征，正确处理好政府与市场的关系，充分发挥市场对一般性资源配置的决定性作用，并积极发挥政府宏观调控的作用，实现"看得见得手"和"看不见得手"相辅相成、协同推进。各级政府要以经济体制的改革为基点，全面综合考虑区域内、城乡间各系统、各要素、各主体的发展情况和利益关系，坚持突出地方发展特色与整体协调推进兼顾的原则，通过多元参与、综合评价、系统论证等途径，科学规划区域内生产建设布局，优化区域发展空间建设模式与产业布局规划。其次，进一步明确城市群发展路线及目标定位。基于以陆桥通道、沿长江通道为两条横轴，以沿海、京哈京广、包昆通道为三条纵轴的"两横三纵"城镇化战略格局，进一步明晰以城市群为轴心的城镇化发展路线；加强对现有城市群、在建城市群及潜在城市群的目标定位建设，在继续提升环渤海、长江三角洲、珠江三角洲等现有特大

城市群整体功能和国际竞争力的同时,引导并推动其他新的大城市群和区域性城市群的形成与壮大,形成多层次、开放型城市体系,优化城市网络集群;制定并优化主体功能区制度,充分发挥特大城市和大中城市主体功能区的集聚优势,合理确定各级城市的空间规模与资源密度,进一步优化中心城市与轴线上其他城市及乡村的空间结构与职能定位,构建并完善大中小城市、小城镇及乡村经济社会协调发展、优势互补的网络体系,优化区域内城乡序位与规模结构。此外,在区域经济协调发展规划的制定中,要更加注重对生态经济系统规划、自然保护区规划、工业三废污染处理规划等环境整治规划的建设力度,强化科技支撑在产业结构优化升级中的作用,鼓励区域自主创新,大力扶持新能源产业的发展,为城乡经济增长与资源环境相协调,进一步增强区域经济发展战略总体规划的科学性、指导性及有效性,为全面提升区域经济的发展效率、优化资源空间布局提供政策支撑。

　　第二,积极构建城乡统一的户籍制度。对于阻碍劳动力资源自由配置的户籍制度,在 2014 年《国务院关于进一步推进户籍制度改革的意见》的基础上,近年来我国多次深化对户籍制度的改革力度及执行力度,并取得一定成效,但户籍制度对资源流动与配置的局限仍未全面消除。积极推动各地区城乡居民统一的户口登记制度改革,逐渐消除"农业""非农业"户籍差异,降低迁移农民迁移、融入城市的制度门槛。根据城市经济发展程度的不同及人口密度差异,创新各地户籍制度改革举措,推动城镇化实现途径的多元化。如在人口密集的特大城市和大城市中可进一步完善分批次落户的制度,将在城镇就业五年以上、实现举家搬迁的农村迁移人口及通过上学、参军等途径进入城镇的人口作为进一步市民化的重点群体,分层次、有步骤地将更多的迁移农民逐步纳入到城市公共服务体系之中;对于人口密度相对较低的中小城市和小城镇,全面放开落户限制,降低与户籍相关的用人制度、社会保障制度及公共服务差异对农民工市民化的限制,并加大对人才的培养引进力度,吸引农村劳动力向周边城镇集聚。此外,要以户籍制度的改革为契机,带动公共服务体系改革的进一步完善,转变政府在人口资源空间流动与配置中的职能及作用,使更多的迁移农民均等地享有城市就业、医疗、教育、住房保障等公共服务权益,推动迁移农民由农民工身份逐渐转变为城市主人,缩小户籍城镇化与常住人口城镇化之间的缺口,争取到

2020年实现城镇户籍人口占比超过45%的建设目标，推动以人为本的新型城镇化建设数量与质量的双重提高。通过制度改革和创新，促进城乡劳动力要素市场的融合发展与双向流动，为全面建设小康社会、维护人民当家做主的主体地位提供保障。

第三，促进收入分配体制改革的全面深化。在经济增速持续放缓的新常态下，通过结构性调整来改革传统经济增长过程中出现的问题是促进经济结构优化、形成新的增长点的基础和关键。当前我国的居民收入差距问题（尤其是城乡之间的收入差距）是制约经济增长的重要障碍之一，城镇化建设为全面深化收入体制改革提供了良好的机遇和平台。首先，在城镇化过程中，要通过企业（尤其是国有企业）用人机制的改革，逐渐打破垄断性企业利益集团内部化的格局，为迁移农民参与市场竞争提供均等的机会，以增强企业员工的竞争力和工作效率，提升迁移农民的就业质量和生活水平；其次，坚持以按劳分配为主体，多种分配方式并存的基本分配制度，逐步完善最低工资制度改革，不断增加劳动报酬在初次分配中的比重，提高以体力劳动为主的农民工群体的实际收入，降低城市低收入群体比重；此外，为实现经济增长的效率与公平并重的原则，需不断加强政府税收、财政支出、其他转移支付等手段在再分配中的重要作用，继续优化税收、劳动、人事、工资及社会保障等改革，有序推动家庭财产登记的落实和监督工作，逐步提高对财产税、奢侈品消费税的征收比重，调节过高收入，切实增加人民群众的实际收入，践行发展成果惠及广大人民的共享发展理念，维护社会公平正义。

9.1.2 推动城乡经济协调发展，全面建成小康社会

（1）城镇化建设要以保障农民的合法权益、改善民生为基础。在新型城镇化的推动过程中，尤其是以土地资源为载体的土地城镇化建设过程中，对农村土地的流转和征用直接涉及到广大农民的切身利益，农民作为弱势群体在城镇化建设过程中的合法权益能否得到有效保障是决定城镇化建设成功与否和经济发展质量好坏的根本评价标准。在过去的城镇化过程中，出现了大量农民失地、基本权利和诉求难以得到保障的问题，对经济增长和社会和谐产生负面影响。在未来的新型城镇化建设和经济增长方式转变的过程中，第一，进一步完善对农村土地流转制度

的改革，进一步加大农村土地承包关系确权工作力度，减少土地权属争议，明确农民对耕地、宅基地及其附属用地的基本权利，切实保障农民的土地物权和财产收入；完善农村土地所有权、承包权、经营权分置的管理体系，加大各地区乡村基层政府对农村土地承包经营权流转的管理和服务能力建设，推动农村适度规模经营及模式的多样化，进一步构建并完善产权清晰、权责明确、流转顺畅、分配合理的农村集体产权制度。在对农村土地进行征用和流转的过程中，在确保耕地红线的基础上，尽量降低对农用耕地的破坏程度，以保证耕地质量和农业安全为前提，坚持依法治国的基本原则，严格按照法定程序进行，地方政府需合理规划土地用途和征地规模，严格规范对土地征用手续的申请、审批和公示等程序，加强对土地征用和城镇化建设的监管力度，杜绝为追求土地财政而肆意征地、私自卖地等行为；加大力度构建城乡统筹的建设用地市场，推动农村集体用地与城市建设用地指标合理、合法、有序置换，促进农村集体经营性建设用地与城市国有土地的权益均等；第二，在城镇化建设前期和建设过程中，地方政府要从以人民为中心的立场出发，充分尊重农民的搬迁、市民化的意愿和能力，设立专门的调研机构和咨询部门，试行并不断完善听证制度，对农村拆迁和农民安置等过程中的切实需求和民众意愿给予充分反馈和解答；加大对失地农民的宅基地和被占耕地的补偿及落实力度，在保证失地农民总体生活质量不降低的前提下，对个别困难群众提供保障性住房和基本社保等资助。在当前和今后一段时间内的城镇化建设和经济发展过程中，要以解决约1亿农业转移人口在城镇落户的市民化问题、对城镇中的危房和棚户区进行改造解决好约1亿人的居住问题、引导中西部地区约1亿农村人口就近城镇化的"三个1亿人"工程为重点，通过政策改革从法律源头上保障迁移农民的合法财产收入和经营性收入，以改善民生，维护人民的主体地位。

（2）新型城镇化要与农业农村现代化建设相辅相成。在城市经济持续发展及城市规模不断扩张的背景下，当前，我国仍有40%以上的人口分布在农村地区，城乡二元格局仍显著存在。要实现全面建设小康社会的奋斗目标，在大力发展城市集聚经济的基础上，推动农业农村现代化建设、形成农村自发城镇化的内生动力是关键。近年来，我国的新型工业化、农业现代化和信息化等进程的协同推进为城镇化建设提供了劳动力供给和技术支持，为经济增长方式的转变提供了保障，对城镇经济的发展及辐射能力的增强形成良好的社会环境；而农村经济的发展，仍需以新型工业化、城镇化、农业现代化和信息化的协同推动为条件。中国特色社会主义建设新时代下，以新型工业化和信息化为依托，将农业农村现代化建设与新型城镇化建设相结合，就是要坚持农业农村优先发展，充分发挥城市增长的外溢效应及农村增长的内生动力，逐步实现城乡经济协调发展，全面建设小康社会。

  党的十九大报告提出，坚持农业农村优先发展，就是要按照产业兴旺、生态宜居、乡风文明、治理有效、生活富裕的总要求，建立健全城乡融合发展体制机制和政策体系，加快推进农业农村现代化，因此，农村内生增长动力的形成，关键在于农业农村现代化建设的有序推进。在城镇化建设与新型工业化、信息化协同发展的基础上，补齐农业农村现代化的短板，其主要途径包括：第一，因地制宜，根据农村、农业地区特色，发展农产品深加工产业，发展优质、高效、高附加值的农业经济，深入推动农业与非农产业生产的绿色化、优质化、特色化和品牌化。第二，加大对农业机械化的研发、使用和推广力度，加大对农业科技园、产业园的投资建设力度，提升农业生产的科技进步贡献率，以农业机械化为驱动转变传统农业生产技术水平滞后、国际竞争力不强的弱势；增加对普及农机化的政策倾斜和财政补贴，推动农业生产的机械化，全面提升主要农作物的耕种收综合机械化水平，打破传统小农经济的束缚，加大力度发展适度规模经营；以机械化为动力，调整优化农业生产力布局，提高农业生产效率，为非农产业的发展提供更多的劳动力资源供给。第三，在农业生产现代化的基础上，鼓励发展乡村工业、休闲农业、乡村旅游等绿色非农产业新业态、新模式，逐渐在农村地区形成具有农村特色的非农主导产业，促进农村内部第一产业与第二、第三产业的深度融合，推动工农业发展相互促进，推动城镇化与新农村建设同步发展，缩小城乡差距。第四，逐渐吸引社会资金向农村地区集聚，多元化乡村公共服务供给主体，增强对农村交通、通信设备、教育、医疗等基础设施的投资力度，以城乡均等的基础设施网络体系的构建与完善为平台，节约城乡间要素空间配置的流动成本，促进要素的双向流动与空间配置，缩小城乡基础设施差异，为实现全面建成小康社会提供条件。

因此，在城镇化建设不断推进的过程中，需加大对工业反哺农业、城市支持农村的建设力度。逐步健全城乡经济社会融合发展的体制机制，加快推进城乡之间生产要素和社会产品的平等交换与合理配置，推动城乡间社会公共服务的均等化，推动城乡空间融合发展。

（3）城镇化建设要更加注重对人力资本的投入。人力资本的积累程度决定着城镇化建设的质量；新型城镇化建设的推进要以人才的集聚与培育为核心。近年来，随着农村劳动力转移数量的增加和新增人口增速的减缓，劳动力供给紧张和人力资本水平不高使劳动密集型制造业、服务业的转型升级与持续发展面临较大挑战。在农业机械化水平的不断深入和农村土地改革的推动下，农业规模化经营的发展趋势将释放出更多的农村剩余劳动力，在此背景下，要充分发挥各级政府及其中介组织在人力资本积累与资源配置效率提升中的积极作用，扭转我国城乡发展劳动力供给不足、人力资本积累增量较小、技能水平整体偏低等局面，有效提升农民的人力资本水平，需做到以下几个方面：第一，加大力度促进迁移农民非农就业技能的积累。要从政策层面充分重视城镇化建设中人力资本积累的重要性，在制度改革不断深化与基础教育建设力度持续增强的同时，进一步加大职业教育建设力度，尤其是对迁移农民的非正规教育建设，基层政府可通过各种途径与当地或周边城市的企业建立长期合作，在农村建立多元化的就业服务平台，对有就业意向的农民进行有针对性的职业技能培训；第二，更加注重对新型职业农民的培养。在对迁移农民城镇就业能力提升的同时，加快构建并逐步完善农村地区的新型职业农民培育机制，针对性地制定并开展生产型、服务型及经营型等多元化的农业技能培训；不断创新农业农村现代化建设中农业人力资本积累的方式和内容，对农业产业化经营和创业先进模范进行表彰和鼓励，并将其成功经验进行推广，通过典型示范引领、创业实践助推与专业合作组织帮扶等途径，鼓励农民自发地形成积累就业、自主创业技能的内生动力，加快构建有文化、懂技术、善经营、会管理的多元复合新型职业农民，提高农业生产的人力资本水平。

通过加强对农村迁移人口和农业劳动力人力资本的积累，为城乡经济协调发展提供高技能、高素质的复合型人才，是有效缓解城乡经济发展不均衡、农业农村现代化建设人口及人才流失等问题，降低农民的迁移风险和企业的用人成本的重要条件。

9.2 城镇化建设推动经济增长的政策建议

近年来，我国以人为本的新型城镇化建设稳步推进，促使人口、资金、土地等要素资源在城乡间、区域间、产业间不断流动与集聚，推动着城市集聚经济的形成与扩散效应的发挥；与此同时，基于要素分布的空间差异与人口结构的变动，城镇化对经济增长产生一定的抑制效应。当前，在经济增速换挡的新常态下，要充分发挥城镇化建设的空间红利，促进要素有效集聚、提升资源配置效率，可采取如下举措：

9.2.1 提高社会资源配置效率

（1）推动城乡基础设施投资主体多元化，促进社会公共资源合理配置。为切实提高我国以人为本的新型城镇化建设质量，提升迁移农民的市民化程度是关键。各城市在人口集聚的过程中，均不同程度地面临着基础设施建设财政压力，投资资金不足成为当前城镇化建设质量不高、城市包容能力不强的主要障碍，城市基础设施的建设水平及公共服务资源的供给能力滞后于城镇化的推动速度。为缓解这一财政压力，在城镇化建设过程中，地方政府需不断提高基础设施投资建设规划的科学性、实用性与有效性，鼓励并吸引社会资金加入到城市交通、医疗、养老、卫生、文化等基础设施建设与公共服务供给之中，逐渐推动投资主体多元化，在缓解政府城镇化建设资金压力的同时，提高城市的公共服务供给质量，为有效解决一线城市"城市病"问题提供资金保障。此外，通过政策倾斜和区域发展规划等途径，引导社会资金逐渐向中小城市和小城镇的基础设施与公共服务建设转移，在发挥特大城市和大城市规模经济的同时，不断提高二、三线城市和小城镇的基础设施建设水平，缩小基础设施建设地区差距，促进公共服务均等化，为劳动力资源逐渐由人口密集程度较高的地区向中小城市和小城镇转移提供条件，增强人才吸引力，提高社会资金配置效率，促进区域经济协调发展。

（2）大力提升落后地区吸引力，降低人才流失程度。近年来，随着城镇化的不断推进和市场经济的逐步完善，人口的流动更加频繁，而人才分布的地区间结构性失衡问题随之凸显；人才流失成为中西部地区和东北地区经济增长乏力的重要原因，要实现区域经济持续有效的增长，吸引、留住人才是关键。首先，创新人才理念，优化地区人才集聚的外部环境。政府在人才培养与引进等方面发挥着引擎作用，需以政府为主导，不断转变并创新人才培育、选拔、任用等理念与机制，推动中西部和东北部等人才流失严重地区（尤其是该地区的中小城市和农村）人才引进与培养机制的改革，增加人才引进指标，加大人才引进力度；在吸引外部人才进入的同时，积极培养当地劳动力资源，增加对高学历人才"返乡"的政策支持与补贴力度，打造"留得住"的高层次复合型人才队伍。其次，要通过行政体制改革，建立灵活的区域间人才流动与合作机制，在宏观上构建高效互动、集聚融合、开放生长的区域人才联动机制，加强地区间、城乡间、行业间、单位间科技人员、管理人才、科研项目的纵深合作与融合，推动区域间人才一体化建设。最后，加快发展地方支柱经济，支持乡镇企业和地方领头企业的发展，加大对高新技术企业、科技企业孵化器等创新创业平台的建设，增加企业对知识资本的认可程度，形成吸引人才的产业载体，激活中西部地区和东北部地区的市场活力，激发后发优势，为留住人才、发挥人力资源优势提供场所和空间。

9.2.2 促进城镇化与新型工业化、信息化同步推进

从经济增长的供求状况来看，当前我国商品与服务的供给难以满足人民日益增长的美好生活需要这一矛盾成为新常态下阻碍经济高效增长的主要原因，从供给侧发力，促进经济结构调整和产业结构优化升级是形成持续经济增长动力、提高经济增长质量的重要途径。可采取如下举措：

（1）推动制造业转型升级，促进城镇化与新型工业化良性互动。近年来，随着城市房价的高涨和劳动力成本的上升，大量制造业逐渐向成本较低的城市近郊或农村地区转移，成为城镇化建设的重要构成部分。在产业结构优化升级的过程中，制造业（尤其是装备制造业）的转型升级是其他各行业产业技术进步、结构优化的物质基础和保障。在促进工业产业增值的同时，借助城镇化建设这一重要媒介和平台，在要

素向制造业流动与集聚的过程中形成生产效益全面提升的新模式，探索性发展"互联网+制造业""制造业+服务业"新业态，积极引导传统制造业向生产效率更高、资源消耗较低的高新技术产业和高端服务业转型，通过制造业的优化升级解决技术密集型产品和高新技术产品供给不足的问题，逐步消除高质量产品供给短缺和部分传统产业生产过剩的矛盾。要进一步加强城镇化建设过程中产业空间布局规划的科学性方面的建设，以城市龙头产业为核心，新技术、新产品、新模式、新业态为驱动，形成城乡一体、良性互动的产业集群，并推动高端制造业健康发展所需的物流链、配套链、创新链等支撑体系的构建，全面提升城市与乡村在新型工业化进程中的产业转型升级与转移承接等能力，形成一批特色鲜明、优势突出、动力强劲的制造业产业集群，夯实经济发展基础。此外，还需坚持以绿色发展理念为指导，着力推动城乡绿色发展、循环发展、低碳发展，持续加强对制造业排污的事前、事中和事后监管，在产业结构调整与地区转移的过程中逐渐淘汰部分难以转型升级的高污染、高消耗、高排放的落后产能，通过结构性调整和产业更新，降低工业化过程中的二氧化碳排放量，尽可能减少经济增长对生态环境的干扰和损害，节约利用土地、水、能源等资源，减少无效或低端的产品供给，促进增长质量和增长效率的协同发展，加强城乡生态文明建设。

（2）发展高新技术创新产业，实现新型城镇化与信息化同步推进。20世纪下半叶科技革命的迅速扩张，促成了信息技术与信息产业的形成与较快发展；当前，现代信息技术已经成为重要的生产要素和社会财富，是衡量国家和地区软实力和竞争力的重要标志。在城乡发展过程中，要增强核心竞争力，就要坚持"科技创新是引领发展的第一动力"，充分发挥信息资源优势，推动新型城镇化与信息化深度融合。首先，在进一步深化国际交流与合作、提高技术引进水平的同时，更加注重自身科研能力和自主创新水平的提高。抓住城镇化建设这一重要契机，在城市规模和产业扩张的过程中，不断完善关于鼓励自主创新、推动核心技术产业形成的政策体制，降低技术研发和产业化的行政成本；在鼓励技术研发的基础上，进一步加大对科研创新成果的中试环节和产业化环节的支持力度，加大对产业前沿技术、关键技术和重大公益技术等研究成果产业转化环节的投入，鼓励高校、国企、民营企业和跨国公司等多元主体参与到产业孵化器、加速器的建设中来，构建政产学研用多方协同的科技创新与产业转化新格局，加快破除技术创新和成果转化的体制障碍，打破"技术孤岛"的局限，发挥技术创新的集聚效应和扩散效应。其次，促进城乡发展与现代信息技术的深度融合，打造智慧城市。充分重视信息技术在经济重组及资源空间配置中的重要作用，依托新一代信息与通信技术（ICT）的发展与知识社会的创新，促进物联网、云计算、移动互联和大数据等新兴热点技术创新与城乡治理现代化建设相结合，提高各级治理主体在城乡公共服务及其他治理事项中的现代信息技术使用程度，通过电子政务提升区域社会治理的现代化水平，促进城乡治理信息与治理资源共享，减少空间距离，推动城市发展向数字城市、信息化城市高级形态转变。最后，加快城乡信息产业的发展，提升地区核心竞争力。随着数字经济新时代的到来，信息产业已经成为我国国民经济的支柱产业，充分发挥科技创新在城乡产业优化升级和信息产业引领中的战略支撑作用，需以中心城市为核心，进一步加大对区域信息网络体系的构建与高新技术产业集群的建设，增强战略性新兴产业和服务业对城乡区域经济持续增长的驱动作用，着力推动传统产业与信息产业相结合并向中高端产业转型，大力发展智能家居、路网监控、智能医院、食品药品管理等产业，推动教育、医疗、卫生、就业与社会保障等社会服务的信息化，全面提升地区经济绿色集约发展的技术支撑和竞争优势，推进城乡发展方式由粗放型外延式扩张向精细化内涵式增长过渡。

9.2.3 完善金融服务网络体系

我国的城镇化建设和经济持续增长离不开投资需求的拉动和金融支持的保障；在经济发展新常态下，要进一步发挥投资需求对经济增长的积极作用、促进城乡金融服务体系不断完善，需做好以下几方面的工作：

（1）完善金融组织体系建设，提高金融服务的覆盖率。在城市规模不断扩张的城镇化建设过程中，要注重新型金融组织体系配套建设，构建政策性金融、商业性金融和民营性金融多元发展的新型服务格局，加大金融业对城镇间、城乡间及城乡内部交通干道、信息平台、运输管道等城市集群基础设施建设的支持力度，形成卫星城、城郊和农村地区多层次、广覆盖、可持续的金融服务网络体系，促进城乡金融资源共享，提升城市集群的集聚效应。在发展城市金融服务体系的同时，更加注重增强对农村金融业的建设力度，充分利用互联网资源优势，推动金融服务向中小城镇和乡村延伸，扩宽农村社区金融服务网络；完善涉农贷款担保体系，鼓励并规范村镇银行、小额贷款公司、农民合作组织、乡镇企业和担保机构等新型金融机构和组织的发展，为农业农村现代化建设提供资金保障；进一步加大对农业生产的社会保险体系投资建设力度，提高商业保险对农业生产的服务和保障水平，降低农民的生产、经营风险，使金融业的发展真正惠及广大农民群众。

（2）拓宽融资渠道，增强金融信贷对企业转型升级的服务能力。不断规范信贷程序，优化信贷结构，加大对传统优势产业转型升级、战略性新兴产业和高新技术产业发展、产业地区间转移的金融支持；在充分发挥各大银行和金融机构直接融资规模效应的基础上，鼓励拓展信托、基金、证券、保险等金融业务，促进间接融资；同时，进一步规范和发展民间金融产业，允许民间资本投向委托贷款等部分金融服务内容，加强对金融风险的监管和控制，创造条件促进民间资本与正规金融业务衔接，加大对城镇地方特色产业、新型主导产业、中小型企业转型升级的支持力度，拓宽符合国家产业政策、就业吸纳能力较强的中小企业贷款融资途径，带动更多社会资本参与城镇化建设有效投资，引导社会资金合理、有效地流向实体经济，为经济发展提供资金保障。

（3）促进金融制度创新，提高金融产品服务能力。深化财政分配体制改革，不断改善金融行业的信用体系、机构管理、人员管理、财务管理、风险控制和资本运营等机制，促进金融管理体系的完善；进一步强化对金融机构内部和金融衍生品的监管和风险控制，规范城镇化建设投融资平台，提高我国金融市场抵御国际、国内风险的能力；积极推动金融产品创新，将金融产品的设计、推出与实体经济的切实需求和互联网的发展紧密结合，在进一步加大对城乡道路建设、供水供气、物流网络等基础设施建设支持力度的基础上，增加对城乡生态文明建设、医疗、卫生、教育、社会保障等领域的资金投入，为提升城镇包容能力提供资金保障；面对中小企业融资难和"三农"贷款难等问题，地方政府需积极推动金融机构与中介组织合作，构建多元化的微小企业和"三农"融资服务平台，推动信贷信息和企业信用信息的对称发展，并针对中小企业特征提供个性化的金融产品和服务，以解决民间资本投资难和中小企业融资难的矛盾，缩小金融服务的时间、空间距离，构建普惠金融产业，以发挥金融机构对实体经济的保障作用。

9.3 研究展望

通过大量的文献阅读和资料学习，在毕业论文研究的基础上，本书进一步进行修改完善，但因个人写作能力、现有阅读量及相关数据资料等方面的局限，仍存在许多不足之处。在今后的学习和研究中，将对以下几个方面的问题进行更加深入的探讨：

第一，将会更加突出"以人为本"的新型城镇化建设在经济增长中的地位和作用，立足于经济发展中人的全面发展需求，从经济因素、文化氛围、人力资本和社会保障等层面构建人的城镇化建设水平评级体系，据此对当前我国的城镇化建设质量水平进行更为准确的测度，以更加深入地对城镇化建设与经济增长的相互关系及作用机制进行说明，拟为经济持续健康增长提出更具有针对性的政策建议。

第二，在以后的研究中，将会更加注重对土地城镇化等因素的关注，探讨城乡土地制度改革、城市土地面积的扩张和农村土地征用等因素对城乡居民收入水平和经济增长的具体影响及门槛效应；并将土地问题与当前各城市房价高涨的现状相结合，深入探讨城市规模的扩张和房地产业的发展对居民生活水平（尤其是迁移农民生活质量）的影响，借以提出推动迁移农民市民化进程、提高城镇化建设质量的有效途径和政策建议。

第三，在现有分析的基础上，结合当前"乡村振兴"新战略的实施及人口流动"逆城市化"新特征，拟进一步对城乡间劳动力、资本、技术等要素的双向流动新模式进行研究，探讨乡村振兴与新型城镇化等战略的协同推进在区域经济增长中的作用，以逐渐丰富本书的研究体系和结论。

参 考 文 献

[1] [德] 阿尔弗雷德·韦伯著，李刚剑译：《工业区位论》，商务印书馆 2010 年版。

[2] 柏培文：《中国劳动要素配置扭曲程度的测量》，载于《中国工业经济》2012 年第 10 期。

[3] 曹文莉、张小林、潘义勇、张春梅：《发达地区人口、土地与经济城镇化协调发展度研究》，载于《中国人口·资源与环境》2012 年第 2 期。

[4] 蔡昉：《人口转变、人口红利与刘易斯转折点》，载于《经济研究》2010 年第 4 期。

[5] 蔡昉：《全要素生产率是新常态经济增长动力》，载于《北京日报》2015 年 11 月 23 日。

[6] 蔡昉：《中国经济增长如何转向全要素生产率驱动型》，载于《中国社会科学》2013 年第 1 期。

[7] 蔡昉：《全要素生产率是新常态经济增长动力》，载于《北京日报》2015 年 11 月 23 日。

[8] 蔡昉：《人口转变、人口红利与刘易斯转折点》，载于《经济研究》2010 年第 4 期。

[9] 蔡昉、王德文：《中国经济增长可持续性与劳动贡献》，载于《经济研究》1999 年第 10 期。

[10] 钞小静、惠康：《中国经济增长质量的测度》，载于《数量经济技术经济研究》2009 年第 6 期。

[11] 钞小静、任保平：《中国经济增长质量的时序变化与地区差异分析》，载于《经济研究》2011 年第 4 期。

[12] 陈锐：《现代增长理论视角下的中国经济增长动力研究》，中共中央党校 2013 年。

[13] 陈磊、李颖、邵明振：《经济周期态势与通货膨胀成因分析》，载于《数量经济技术研究》2011年第8期。

[14] 陈凤桂、张虹鸥、吴旗韬等：《我国人口城镇化与土地城镇化协调发展研究》，载于《人文地理》2010年第5期。

[15] 陈安平：《财政分权、城乡收入差距与经济增长》，载于《财经科学》2009年第10期。

[16] 陈宗胜：《倒U曲线的"阶梯形"变异》，载于《经济研究》1994年第5期。

[17] 陈宗胜、周云波：《再论改革与发展中的收入分配》，经济科学出版社2002年版。

[18] 陈仲常：《产业经济理论与实证分析》，重庆大学出版社2005年版。

[19] 陈凤桂、张虹鸥、吴旗韬等：《我国人口城镇化与土地城镇化协调发展研究》，载于《人文地理》2010年第5期。

[20] 程名望、史清华、徐剑侠：《中国农村劳动力转移动因与障碍的一种解释》，载于《经济研究》2006年第4期。

[21] 程开明：《从城市偏向到城乡统筹发展——城市偏向政策影响城乡差距的Panel Data证据》，载于《经济学家》2008年第3期。

[22] 程开明：《中国城市化与经济增长的统计研究》，浙江工商大学2008年。

[23] 程开明：《城市化、技术创新与经济增长——基于创新中介效应的实证研究》，载于《统计研究》2009年第5期。

[24] 董竹、张云：《中国环境治理投资对环境质量冲击的计量分析——基于VEC模型与脉冲响应函数》，载于《中国人口·资源与环境》2011年第8期。

[25] 段文斌、尹向飞：《中国全要素生产率研究评述》，载于《南开经济研究》2009年第2期。

[26] 段小梅：《城市规模与"城市病"——对我国城市发展方针的反思》，载于《中国人口·资源与环境》2001年第4期。

[27] 丁志国、赵宣凯、苏治：《中国经济增长的核心动力——基于资源配置效率的产业升级方向与路径选择》，载于《中国工业经济》2012年第9期。

[28] 丁重、张耀辉：《制度倾斜、低技术锁定与中国经济增长》，载于《中国工业经济》2009年第11期。

[29] 邓小平：《邓小平文选（第3卷）》，人民出版社1993年版。

[30] 樊纲、王小鲁、马光荣：《中国市场化进程对经济增长的贡献》，载于《经济研究》2011年第9期。

[31] 郭峰：《城镇化是经济增长的结果而非原因》，载于《第一财经日报》2013年2月4日。

[32] 高佩义：《中外城市化比较研究（增订版）》，南开大学出版社2004年版。

[33] 郭鸿懋：《运用比较研究方法探索规律性，推动中国城市化发展——评高佩义博士著〈中外城市化比较研究〉（增订版）》，载于《城市》2005年第4期。

[34] 顾海英、史清华、程英、单文豪：《现阶段"新二元结构"问题缓解的制度与政策——基于上海外来农民工的调研》，载于《管理世界》2011年第11期。

[35] 郭庆旺、贾俊雪：《地方政府行为、投资冲动与宏观经济稳定》，载于《管理世界》2006年第5期。

[36] [法] 弗朗勃·佩鲁著，郭春林等译：《发展新概念》，社会科学文献出版社1988年版。

[37] 费孝通：《论中国小城镇的发展》，载于《中国农村经济》1996年第3期。

[38] 范红忠、周阳：《日韩巴西等国城市化进程中的过度集中问题——兼论中国城市的均衡发展》，载于《城市问题》2010年第8期。

[39] [瑞典] 冈纳·缪尔达尔著：《经济理论与不发达地区》，杰拉德·达克沃斯出版公司1957年版。

[40] 龚六堂、谢丹阳：《我国省份之间的要素流动和边际生产率的差异分析》，载于《经济研究》2004年第1期。

[41] 韩琦：《拉丁美洲的城市发展和城市化问题》，载于《拉丁美洲研究》1999年第2期。

[42] 韩廷春：《经济持续增长与科教兴国战略》，载于《经济科学》1999年第2期。

[43] 黄红芳、汪晓霞、宋金萍：《新型城镇化，核心是人的城镇

化》，载于《新华日报》2014年5月27日。

［44］黄国清、李华、苏力华等：《国外农民市民化的典型模式和经验》，载于《南方经济》2010年第3期。

［45］黄群慧：《"新常态"、工业化后期与工业增长新动力》，载于《中国工业经济》2014年第10期。

［46］黄赜琳：《改革开放三十年中国经济周期与宏观调控》，载于《财经研究》2008年第11期。

［47］黄志刚、刘霞辉：《新常态下中国经济增长的路径选择》，载于《经济学动态》2015年第9期。

［48］黄小明：《收入差距、农村人力资本深化与城乡融合》，载于《经济学家》2014年第1期。

［49］［美］赫希曼著，曹征海、潘照东译：《经济发展战略》，经济科学出版社1991年版。

［50］郝寿义、安虎森：《区域经济学》，经济科学出版社1999年版。

［51］郝颖、辛清泉、刘星：《地区差异、企业投资与经济增长质量》，载于《经济研究》2014年第3期。

［52］胡英、陈金永：《1990～2000年中国城镇人口增加量的构成及变动》，载于《中国人口科学》2002年第4期。

［53］胡鞍钢、郑京海：《中国全要素生产率为何明显下降（1995—2001年）》，载于《中国经济时报》2004年3月26日。

［54］金相郁：《中国区域全要素生产率与决定因素：1996—2003》，载于《经济评论》2007年第5期。

［55］金碚：《中国工业的转型升级》，载于《中国工业经济》2011年第7期。

［56］蒋勇、杨巧：《城镇化、产业结构与消费结构互动关系的实证研究》，载于《工业技术经济》2015年第1期。

［57］卡尔·文博特：《大都市边疆——当代美国西部城市》，商务印书馆1998年版。

［58］孔艳芳：《房价、消费能力与人口城镇化缺口研究》，载于《中国人口科学》2015年第5期。

［59］蓝庆新、陈超凡：《新型城镇化推动产业结构升级了吗？——

基于中国省级面板数据的空间计量研究》,载于《财经研究》2013 年第 12 期。

[60] 李子联:《人口城镇化滞后于土地城镇化之谜——来自中国省际面板数据的解释》,载于《中国人口·资源与环境》2013 年第 2 期。

[61] 李通屏:《家庭人力资本投资的城乡差异分析》,载于《社会》2007 年第 7 期。

[62] 李爱民:《中国半城镇化研究》,载于《人口研究》2013 年第 4 期。

[63] 李建伟:《当前我国经济运行的周期性波动特征》,载于《经济研究》2003 年第 7 期。

[64] 李建民:《中国的人口新常态与经济新常态》,载于《人口研究》2015 年第 1 期。

[65] 李敬、陈澍、万广华等:《中国区域经济增长的空间关联及其解释——基于网络分析方法》,载于《经济研究》2014 年第 11 期。

[66] 李子联:《人口城镇化滞后于土地城镇化之谜——来自中国省际面板数据的解释》,载于《中国人口·资源与环境》2013 年第 11 期。

[67] [俄] 列宁著,中央编译局译:《列宁全集》,人民出版社 1995 年版第三版第 4 卷。

[68] 林毅夫、刘明兴:《中国的经济增长收敛与收入分配》,载于《世界经济》2003 年第 8 期。

[69] 刘强:《中国经济增长的收敛性分析》,载于《经济研究》2001 年第 6 期。

[70] 蔺思涛:《经济新常态下我国就业形势的变化与政策创新》,载于《中州学刊》2015 年第 2 期。

[71] 刘伟、张辉:《中国经济增长中的产业结构变迁和技术进步》,载于《经济研究》2008 年第 11 期。

[72] 刘伟、蔡志洲:《技术进步、结构变动与改善国民经济中间消耗》,载于《经济研究》2008 年第 4 期。

[73] 刘伟、蔡志洲:《经济增长新常态与供给侧结构性改革》,载于《求是学刊》2016 年第 1 期。

[74] 刘树成:《中国经济波动的新阶段》,上海远东出版社 1996 年版。

［75］刘建国、李国平、张军涛：《经济效率与全要素生产率研究进展》，载于《地理学科进展》2011年第10期。

［76］刘金全、刘汉：《我国经济周期波动的非对称性检验——基于"三元组"检验方法的新证据》，载于《经济科学》2009年第3期。

［77］刘秉镰、李清彬：《中国城市全要素生产率的动态实证分析：1990—2006——基于DEA模型的Malmquist指数方法》，载于《南开经济研究》2009年第3期。

［78］刘厚莲：《人口城镇化、城乡收入差距与居民消费需求——基于省际面板数据的实证分析》，载于《人口与经济》2013年第6期。

［79］刘耀林、李纪伟、侯贺平、刘艳芳：《湖北省城乡建设用地城镇化率及其影响因素》，载于《地理研究》2014年第1期。

［80］陆铭、陈钊：《城市化、城市倾向的经济政策与城乡收入差距》，载于《经济研究》2004年第6期。

［81］［英］马歇尔著，朱志泰译：《经济学原理（上卷）》，商务印书馆2010年版。

［82］马克思、恩格斯著，中共中央马克思恩格斯列宁斯大林著作编译局译：《马克思恩格斯全集（第3卷）》，人民出版社1960年版。

［83］马克思、恩格斯著，中共中央马克思恩格斯列宁斯大林著作编译局译：《马克思恩格斯选集（第1卷）》，人民出版社1972年版。

［84］马克思、恩格斯著，中共中央马克思·恩格斯列宁斯大林著作编译局译：《马克思恩格斯全集（第31卷）》，人民出版社1972年版。

［85］马克思著，中共中央马克思恩格斯列宁斯大林著作编译局译：《资本论（第1卷）》，人民出版社2004年版。

［86］马克思、恩格斯著，中共中央马克思恩格斯列宁斯大林著作编译局译：《马克思恩格斯全集（第24卷）》，人民出版社1972年版。

［87］马克思、恩格斯著，中共中央马克思恩格斯列宁斯大林著作编译局译：《马克思恩格斯全集（第47卷）》，人民出版社1979年版。

［88］马晓河、胡拥军：《中国城镇化进程、面临问题及其总体布局》，载于《改革》2010年第10期。

［89］马先标：《韩国城市化历史演变回顾》，载于《中国名城》2018年第1期。

[90] 马红梅、陈柳钦、冯军：《社会资本对民族地区农村劳动力转移决策的实证研究——基于贵州省民族对比分析》，载于《经济与管理评论》2013年第2期。

[91] 倪鹏飞：《新型城镇化的基本模式、具体路径与推进对策》，载于《江海学刊》2013年第1期。

[92] 宁光杰：《自我雇佣还是成为工资获得者？——中国农村外出劳动力的就业选择和收入差异》，载于《管理世界》2012年第7期。

[93] 逄锦聚等：《马克思主义中国化进程中的经济学创新》，经济科学出版社2011年版。

[94] 齐明珠：《中国农村劳动力转移对经济增长贡献的量化研究》，载于《中国人口·资源与环境》2014年第4期。

[95] 邱晓华、郑京平、万东华：《中国经济增长动力及前景分析》，载于《经济研究》2006年第5期。

[96] 任远、乔楠：《城市流动人口社会融合的过程、测量及影响因素》，载于《人口研究》2010年第2期。

[97] 宋家乐、李秀敏：《中国人力资本及其分布同经济增长的关系研究》，载于《中国软科学》2011年第5期。

[98] 石忆邵：《中国"城市病"的测度指标体系及其实证分析》，载于《经济地理》2014年第10期。

[99] 史修松、赵曙东：《中国经济增长的地区差异及其收敛机制（1978~2009年）》，载于《数量经济技术经济研究》2011年第1期。

[100] 唐东波、张军：《中国的经济增长、城市化与收入分配的Kuznets进程：理论与经验》，载于《世界经济文汇》2011年第5期。

[101] [英] 威廉·配第著，陈冬野译：《政治算术》，商务印书馆1978年版。

[102] 万广华：《城镇化与不均等：分析方法和中国案例》，载于《经济研究》2013年第5期。

[103] 汪红驹：《防止中美两种"新常态"经济周期错配深度恶化》，载于《经济学动态》2014年第7期。

[104] 王小鲁、樊纲：《中国收入差距的走势和影响因素分析》，载于《经济研究》2005年第10期。

[105] 王建廷：《区域经济发展动力与动力机制》，上海人民出版

社 2007 年版。

[106] 王小鲁、樊纲、刘鹏：《中国经济增长方式转换和增长可持续性》，载于《经济研究》2009 年第 1 期。

[107] 王小鲁、樊纲：《中国收入差距的走势和影响因素分析》，载于《经济研究》2005 年第 10 期。

[108] 王海港、李实、刘京东：《城镇居民教育收益率的地区差异及其解释》，载于《经济研究》2007 年第 8 期。

[109] 王桂新、沈建法、刘建波：《中国城市农民工市民化研究——以上海为例》，载于《人口与发展》2008 年第 1 期。

[110] 王桂新、黄祖宇：《中国城市人口增长来源构成及其对城市化的贡献：1991~2010》，载于《中国人口科学》2014 年第 2 期。

[111] 王金营、杨磊：《中国人口转变、人口红利与经济增长的实证》，载于《人口学刊》2010 年第 5 期。

[112] 王铭：《科学技术与城市化进程》，载于《社会科学辑刊》2007 年第 6 期。

[113] 吴迅、曹亚娟：《农村剩余劳动力转移问题的再讨论》，载于《人口与经济》2002 年第 4 期。

[114] 吴晓华：《城镇化：我国农业剩余劳动力转移的新阶段》，载于《中国农村经济》1993 年第 12 期。

[115] 吴汉良：《我国市镇人口增长来源的动态变化》，载于《经济地理》1988 年第 3 期。

[116] 吴三忙：《全要素生产率与中国经济增长方式的转变》，载于《北京邮电大学学报（社会科学版）》2007 年第 1 期。

[117] 魏下海、王岳龙：《城市化、创新与全要素生产率增长——基于省际面板数据的经验研究》，载于《财经科学》2010 年第 3 期。

[118] 熊景维、钟涨宝：《中印农村劳动力转移中的政府角色差异、成因及其启示》，载于《中国软科学》2013 年第 7 期。

[119] [英] 亚当·斯密著，郭大力、王亚南译：《国民财富的性质和原因的研究（上卷）》，商务印书馆 1972 年版。

[120] 徐德云：《产业结构升级形态决定、测度的一个理论解释及验证》，载于《财政研究》2008 年第 1 期。

[121] 徐杰：《中国全要素生产率的估算及其对经济增长的贡献研

究》，昆明理工大学毕业论文 2010 年。

[122] 燕静宏：《发展农业机械化应对农业劳动力转移》，载于《中国农机化》2008 年第 6 期。

[123] 岳书敬、刘朝明：《人力资本与区域全要素生产率分析》，载于《经济研究》2006 年第 4 期。

[124] 余秀艳：《城市化与城乡收入差距关系——倒"U"型规律及其对中国的适用性分析》，载于《社会科学家》2013 年第 10 期。

[125] 余俊：《中外农村城镇化比较研究》，华中科技大学 2006 年。

[126] 曾湘泉、张成刚：《经济新常态下的人力资源新常态——2014 年人力资源领域大事回顾与展望》，载于《中国人力资源开发》2015 年第 3 期。

[127] 周浩、郑筱婷：《交通基础质量与经济增长：来自中国铁路提速的证据》，载于《世界经济》2012 年第 1 期。

[128] 周申、漆鑫：《经济开放、劳动市场与二元经济结构转化》，载于《财经科学》2009 年第 11 期。

[129] 周叔莲、吕铁、贺俊：《我国高增长行业的特征及影响分析》，载于《经济学动态》2008 年第 12 期。

[130] 张强、刘洪银：《都市郊区农村劳动力转移就业的对策选择——基于北京市郊区的研究》，载于《城市问题》2011 年第 10 期。

[131] 张季风：《战后日本农村剩余劳动力转移及其特点》，载于《日本学刊》2003 年第 2 期。

[132] 张德荣：《"中等收入陷阱"发生机理与中国经济增长的阶段性动力》，载于《经济研究》2013 年第 9 期。

[133] 张宗益、伍焓熙：《新型城镇化对产业结构升级的影响效应分析》，载于《工业技术经济》2015 年第 5 期。

[134] 张风科、郭远杰：《城镇化与经济增长的关系研究——基于国内外年度数据》，载于《区域金融研究》2014 年第 2 期。

[135] 张海峰、姚先国、张俊森：《教育质量对地区劳动生产率的影响》，载于《经济研究》2010 年第 7 期。

[136] 张卉、詹宇波、周凯：《集聚、多样性和地区经济增长：来自中国制造业的实证研究》，载于《世界经济文汇》2007 年第 3 期。

[137] 张杰、卜茂亮、陈志远：《中国制造业部门劳动报酬比重的

下降及其动因分析》，载于《中国工业经济》2012 年第 5 期。

［138］张苏梅、顾朝林、葛幼松、甄峰：《论国家创新体系的空间结构》，载于《人文地理》2001 年第 1 期。

［139］张家唐：《拉美的城市化与"城市病"》，载于《河北大学学报（哲学社会科学版）》2003 年第 3 期。

［140］张雅丽、范秀荣：《中国工业化进程中农村劳动力转移"推力模型"的构建》，载于《西北人口》2009 年第 5 期。

［141］张军、吴桂英、张吉鹏：《中国省际物质资本存量估算：1952—2000》，载于《经济研究》2004 年第 10 期。

［142］章祥荪、贵斌威：《中国全要素生产率分析：Malmquist 指数法评述与应用》，载于《数量经济技术经济研究》2008 年第 6 期。

［143］朱孔来、李静静和乐菲菲：《中国城镇化进程与经济增长关系的实证研究》，载于《统计研究》2011 年第 9 期。

［144］朱信凯：《农民市民化的国际经验及对我国农民工问题的启示》，载于《中国软科学》2005 年第 1 期。

［145］郑玉歆：《全要素生产率的再认识——用 TFP 分析经济增长质量存在的若干局限》，载于《数量经济技术经济研究》2007 年第 9 期。

［146］郑鑫：《城镇化对中国经济增长的贡献及其实现途径》，载于《中国农村经济》2014 年第 6 期。

［147］曾湘泉、刘彩凤：《我国劳动力供需形势分析及展望——对我国"民工荒"与就业难并存的思考》，载于《中国劳动》2006 年第 1 期。

［148］中国人民大学宏观经济分析与预测课题组、刘元春、闫衍：《2014—2015 年中国宏观经济分析与预测——步入"新常态"攻坚期的中国宏观经济》，载于《经济理论与经济管理》2015 年第 3 期。

［149］中国经济增长前沿课题组、张平、刘霞辉等：《中国经济增长的低效率冲击与减速治理》，载于《经济研究》2014 年第 12 期。

［150］Arellano M. and S. Bond. Some Tests of Specification for Panel Data: Monte Carlo Evidence and an Application to Employment Equations. *The Review of Economic Studies*, Vol. 58, No. 2, 1991, pp. 277 – 297.

［151］Annen K. , Social Capital, Inclusive Networks, and Economic Performance. *Journal of Economic Behavior & Organization*, Vol. 50, No. 4,

2003, pp. 449 – 463.

[152] Becker C. M. and Williamson J. G. and Mills E. S., *Indian Urbanization and Economic Growth Since* 1960. Baltimore: The Johns Hopkins University Press, 1991.

[153] Becker C. M. and Williamson J. G., *Indian Urbanization and Economic Growth Since* 1960. Baltimore: The Johns Hopkins University Press, 1991.

[154] Brian C. O'Neill, Xiaolin Ren, Leiwen Jiang and Michael Dalton. The Effect of Urbanization on Energy Use in India and China in the iPETS Model. *Energy Economics*, Vol. 34, 2012, pp. 339 – 345.

[155] Blundell R. and S. Bond. Initial Conditions and Moment Restrictions in Dynamic Panel Data Models. *Journal of Econometrics*, Vol. 87, No. 1, 1998, pp. 115 – 143.

[156] Brunello G. and Comi S., Education and Earnings Growth: Evidence from 11 European Countries. *Economics of Education Review*, Vol. 23, No. 1, 2004, pp. 75 – 83.

[157] Cai Fang and Wang Dewen, Sustainability and Labor Contribution of Economic Growth in China. *Journal of Economic Research (in Chinese)*, No. 10, 1999, pp. 62 – 68.

[158] Combes P. P., Economic structure and local growth: France, 1984 – 1993. *Journal of Urban Economics*, Vol. 47, No. 2, 2000, pp. 329 – 355.

[159] Chow G. C., Capital Formation and Economic Growth in China. *Quarterly Journal of Economics*, Vol. 108, No. 3, 1993, pp. 809 – 842.

[160] Clark, J. S. and J. C. Stabler, Gibrat's Law and the Growth of Canadian Cities. *Urban Studies*, Vol. 28, No. 4, 1991, pp. 635 – 39.

[161] Davis J. C. and J. V. Henderson, Evidence on the Political Economy of the Urbanization Process. *Journal of Urban Economics*, Vol. 53, No. 1, 2004, pp. 98 – 125.

[162] Dekle R., Industrial Concentration and Regional Growth: Evidence from the Prefectures. *Review of economics and statistics*, Vol. 84, No. 2, 2002, pp. 310 – 315.

[163] Douglas W. Caves, Laurits R. Christensen and W. Erwin Diew-

ert, Multilateral Comparisons of Output, Input, and Productivity Using Superlative Index Numbers. *The Economic Journal*, Vol. 92, No. 2, 1982, pp. 73 – 86.

[164] Dixit A. and J. Stiglitz, Monopolistic Competition and Optimum Product Diversity. *American Economic Review*, Vol. 67, 1977, pp. 297 – 308.

[165] Farhana, Khandaker, S. A. Rahman, and M. Rahman, Factors of Migration in Urban Bangladesh: An Empirical Study of Poor Migrants in Rahshahi City. *Social Science Electronic Publishing*, Vol. 9, No. 1, 2012, pp. 105 – 117.

[166] Fisher, Barnard A. G., *The Clash of Progress and Security*. Journal of Women's Health, 1935.

[167] Frank A. Cowell, Income Distribution and Inequality Measurement: the Problem of Extreme Values. *Journal of Econometrics*, Vol. 141, No. 2, 2007, pp. 1044 – 1072.

[168] Fujita M., Krugman P. and A. J. Venbales, *The Spatial Economy: Cities, Regions and International Trade*. Cambridge: MIT Press, 1999.

[169] Gallup J. L., J. D. Sachs and A. D. Mellinger, Geography and Economic Development. *International Regional Science Review*, Vol. 22, No. 2, 1999, pp. 179 – 232.

[170] Glaeser E. L. and Ades A. F., Trade and Circuses: Explaining Urban Giants. *Quarterly Journal of Economics*, Vol. 110, No. 1, 1995, pp. 195 – 227.

[171] Harvey D., *The Urbanization of Capital: Studies in the History and Theory of Capitalist Urbanization*. Johns Hopkins University Press, 1985.

[172] Hansen B. E., Threshold Effects in Non-dynamic Panels: Estimation, Testing and Inference. *Journal of Econometrics*, Vol. 93, No. 2, 1999, pp. 345 – 368.

[173] Hope K. Ronald, Urbanization and Urban Growth in Africa. *Journal of Asian and African Studies*, Vol. 33, No. 4, 1998, pp. 345 – 358.

[174] Henderson J. V. and Kuncoro A., Industrial Centralization in Indonesia. *World Bank Economic Review*, No. 10, 1996, pp. 513 – 540.

[175] Henderson J. V., *Urbanization Economic Geography and Growth*.

Handbook, 2003.

[176] Henderson J. V., *The Effets of Urban Concentration on Economic Growth*. NBER Working Paper Series, 2010.

[177] Henderson J. V., The Sizes and Types of Cities. *American Economic Review*, Vol. 61, No. 2, 1974, pp. 640 – 656.

[178] Henderson J. V., *Urbanization Economic Geography and Growth*. Handbook, 2003.

[179] Jeffrey G. W., Migrant Selectivity, Urbanization, and Industrial Revolutions. *Population and Development Review*, Vol. 14, No. 2, 1988, pp. 287 – 314.

[180] John C. H. Fei and Gustav Ranis, *Growth and Development From an Evolutionary Perspective*. Blackwell Publishers Ltd, 1999.

[181] Jorgenson D. W., Surplus Agricultural Labor and the Development of a Dual Economy. Oxford Economic Papers, Vol. 19, No. 3, 1967, pp. 288 – 312.

[182] Krugman P., The Myth of Asias Miracle. *Foreign Affairs*, Vol. 73, No. 6, 1994, pp. 62 – 78.

[183] Krugman P., History versus Expectations. *Quarterly Journal of Economics*, Vol. 106, No. 2, 1991, pp. 651 – 667.

[184] Krugman P., Increasing Returns and Economic Geography. Journal of Political Economy, Vol. 99, 1991, pp. 483 – 499.

[185] Kuznets S., Economic Growth and Income Inequality. *American Economic Review*, Vol. 45, No. 1, 1955, pp. 1 – 28.

[186] Kolko J., *Urbanization, Agglomeration and Coag-glomeration of Service Industries*. Chicago: Universityof Chicago Press, 2010.

[187] Lewis W. A., Economic Development with Unlimited Supplies of Labor. *Manchester School of Economics and Social Studies*, No. 22, 1954, pp. 139 – 191.

[188] Martin P. and Rogers C. A., Industrial Location Public Infrastructure. *Journal of International Economics*, Vol. 39, 1995, pp. 335 – 351.

[189] Marshall A., *Principles of Economics: an Introductory Volume*. Canada: McMaster University, 1890.

[190] Moomaw R. L. and Shatter A. M., Urbanization and Economic Development: A Bias toward Large Cities. *Journal of Urban Economics*, Vol. 4, No. 1, 1996, pp. 13 – 37.

[191] Nickell S., Biases in Dynamic Models with Fixed Effects. *Econometrica*, Vol. 49, No. 6, 1981, pp. 1417 – 1426.

[192] Ohno K., Avoiding the Middle-income Trap: Renovating Inderstrial Policy Formulation in Vietnam. *ASRAN Economic Bulletin*, Vol. 26, No. 1, 2009, pp. 25 – 43.

[193] Ravenstein E. G., The Laws of Migration. *Journal of the Royal Statistical Society*, Vol. 52, No. 2, 1889, pp. 241 – 305.

[194] Renaud B., *National Urbanization Policy in Developing Countries*. Oxford University Press, 1981.

[195] Rebelo S., Long-run Policy Analysis and Long-run Growth. *Journal of Political Economy*, Vol. 99, No. 3, 1991, pp. 500 – 521.

[196] Raúl Prebisch, Commercial policy in the underdeveloped countries. *American Economic Review*, Vol. 49, 1959, pp. 251 – 273.

[197] Robert J. Barro, *Determinants of Economic Growth: A Cross-country Empirical Study*. Oxford: The MIT Press, 1998.

[198] Renaud and Bertrand, *National Urbanization Policy in Developing Countries*. Oxford University Press, 1981.

[199] Solow R., Technical Change and The Aggregate Production Function. *Review of Economics and Statistics*, Vol. 39, No. 3, 1957, pp. 312 – 320.

[200] Stark O., Altruism and beyond: an economic analysis of transfers and exchanges within families and groups. *Population Studies*, Vol. 38, No. 50, 1997, pp. 426 – 426.

[201] Todaro M. P., A Model of Labor Migration and Urban Unemployment in Less Developed Countries. *American Economic Review*, Vol. 59, No. 1, 1969, pp. 138 – 148.

[202] Volker Krey et al., Urban and Rural Energy Use and Carbon Dioxide Emissions in Asia. *Energy Economics*, Vol. 34, 2012, pp. 272 – 283.

[203] World Bank Group, *World Bank Development Report* 1996.

World Bank Publications, 1996.

[204] Wheaton W. and H. Shishido, Urban Concentration, Agglomeration Economies, and the Level of Economic Development. *Economic Development and Cultural Change*, Vol. 30, 1981, pp. 17 – 30.

[205] Williamson J. G. , Migrant Selectivity, Urbanization and Industrial Revolution. *Population and Development Review*, Vol. 14, No. 2, 1998, pp. 287 – 314.

[206] Williamson J. G. , Regional Inequality and the Process of National Development: A Description of the Patterns. *Economic Development and Cultural Change*, Vol. 13, No. 4, 1965, pp. 3 – 45.

[207] Young A. , Gold into Base Metals: Productivity Growth in the People's Republic of China during the Reform Period. *Journal of Political Economy*, Vol. 111, No. 6, 2000, pp. 1220 – 1262.

后 记

本书是基于博士毕业论文的基础上进一步修改而成。在写作的过程中，得到博士生导师逄锦聚教授的悉心指导。逄老师对本书框架设计及主要观点的认真推敲并提出宝贵建议，使研究体系得以构建并逐步系统化、完善化。感谢山东财经大学董长瑞教授、南开大学宁光杰教授等学者对本书部分内容的指导和帮助。此外，在写作过程中，本书吸收了大量国内外学者的研究成果，在此表示衷心地感谢，书中注释若有疏漏，恳请专家学者给予指正。

本书的出版得到国家社科基金青年项目"'三权分置'改革下农地经营权流动性问题研究（项目编号：17CJL028）"的资助，是其阶段性成果。

孔艳芳
2018 年 10 月 13 日